선생님이 강력 추천하는

국어

개념 PLUS
단원평가

3-1

여러분의 꿈을 응원합니다!!!

민들레에게는
하얀 씨앗을 더 멀리 퍼뜨리고 싶은 꿈이 있고,

연어에게는
고향으로 돌아가 알알이 붉은 알을 낳고 싶은 꿈이 있습니다.

여러분도 가지각색의 아름다운 꿈을 가지고 있지요?
꿈을 향한 마음으로
좋은 결과를 얻기 위해 달려 보아요.

여러분의 그 아름답고 소중한 꿈을 응원합니다.

구성과 특징

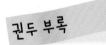
권두 부록

국어 활동 + 핵심잡는 생각그물
『국어 활동』의 내용을 확인하고, 단원별 핵심 내용을 생각그물로 나타내었습니다.

1. 단원 요점 정리 ·
교과서 내용 가운데 가장 중요하고 중심이 되는 내용을 보기 쉽게 정리했습니다.

2. 개념을 확인해요
교과서 개념에 대한 주요 내용을 간단한 문제를 통하여 확인할 수 있습니다.

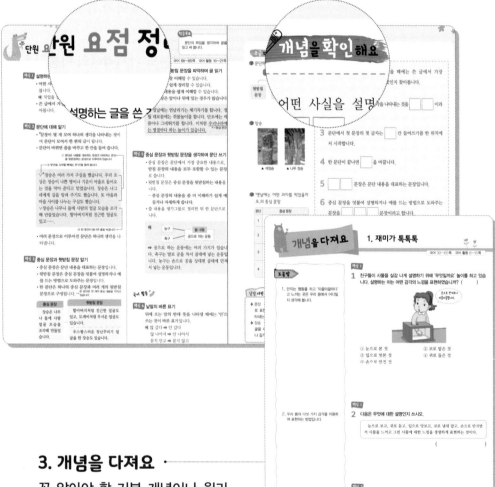

3. 개념을 다져요 ·
꼭 알아야 할 기본 개념이나 원리와 관련된 문제로 꾸몄습니다.

4. 단원 평가 도전 실전

여러 가지 유형의 문제를 단원별로 구
성하고, 도전, 실전으로 난이도를 구분하
여 학습 목표를 이룰 수 있도록 하였습
니다.

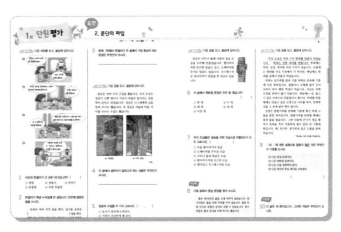

5. 창의 서술형 문제

서술형 평가에 대비할 수 있도록 다양
한 문제로 구성하였습니다.

6. 100점 예상문제

핵심만 콕콕 짚어 중간 범위, 기말 범위,
전체 범위로 구분하여 구성하였습니다.

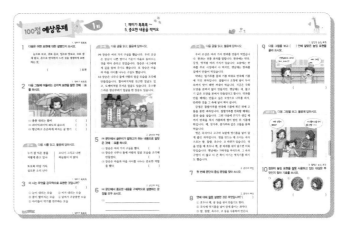

정답과 풀이

별책 부록

스스로 학습할 수 있도록 문제마다 자세한 풀이를 넣었으며 '더 알아볼까요!'
코너를 두어 문제를 정확하고 쉽게 이해할 수 있도록 하였습니다.

이 책의 특징

- 교과서 내용을 모두 반영하였습니다.
- 단원 요점을 꼼꼼하게 정리하였습니다.
- 여러 유형의 평가 문제를 통하여 쉽게 학습 목표를 이룰 수 있습니다.
- 권말 부록(100점 예상문제)으로 학교 시험에 완벽하게 대비할 수 있습니다.

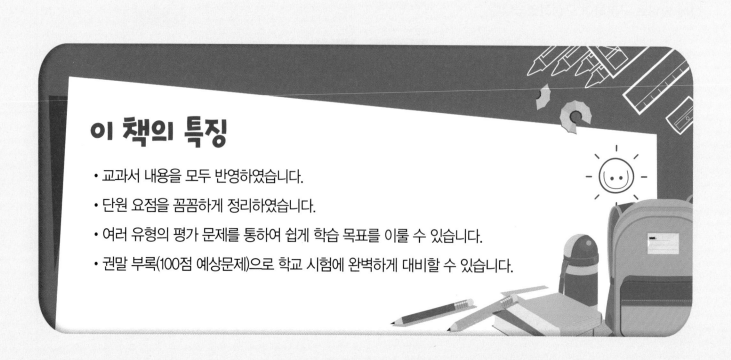

차례

3·1

3~4학년군

국어 3-1

3~4
학년군

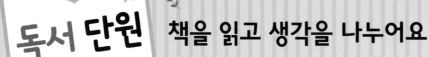

독서 단원 · 책을 읽고 생각을 나누어요

독서 준비 ▷ 읽을 책을 정하고 내용 예상하기

> 책을 고르기에 앞서 선택 기준을 정한 다음 책을 고르면 자신에게 맞는 책을 고를 수 있어요.

책 찾아보기

◯ 책을 고르는 방법을 알아봅시다.

• 평소에 관심이 많았던 내용인가요?
• 읽기에 적당한 쪽수인가요? 적당하지 않다면 너무 적은가요, 많은가요?
• 어느 한쪽 면을 펼쳐서 읽었을 때 모르는 낱말은 몇 개인가요?

누구와 읽을지 정하기

◯ 누구와 읽을지 정해 봅시다.

• 자신이 읽고 싶은 책을 혼자 골라 읽어요.
• 짝과 읽고 싶은 책을 함께 골라 읽어요.
• 모둠 친구들과 의논해 읽고 싶은 책을 함께 골라 읽어요.
• 반 친구들과 의논해 읽고 싶은 책을 함께 골라 읽어요.

혼자서 읽을 때	읽고 싶은 책이 여러 권일 때에는 좀 더 자세히 살펴보고 결정한다. 읽고 싶은 까닭을 생각해서 결정한다.
친구와 함께 읽을 때	친구들이 추천한 책을 함께 살펴보며 친구들의 의견을 듣고 같이 읽고 싶은 책을 의논해서 결정한다.

읽을 책 결정하기

◯ 책 표지와 그림을 살펴보고 내용을 예상해 봅시다.

책 내용 예상하기	• 제목을 살펴보면서 어떤 내용이 나올지 예상한다. • 표지 그림을 보고 책 내용을 예상한다. • 그림을 보면 내용을 쉽게 이해하는 데 도움이 되기도 한다.

독서 ▷ 책 읽기 방법을 정하고 자신의 경험과 관련지어 읽기

읽기 방법 정하기

💬 책을 어떤 방법으로 읽을지 정해 봅시다.

▲ 친구와 번갈아 가며 읽기 　▲ 혼자 소리 내지 않고 읽기 　▲ 선생님께서 읽어 주시는 내용 듣기 　▲ 선생님과 번갈아 가며 읽기

읽기 방법 정하기

🌑 자신의 경험과 관련지으며 책을 읽어 봅시다.

| 인물의 마음 짐작하기 | • 글과 그림에 나타난 인물의 말과 행동을 보고 어떤 마음이 들었을지 짐작해 본다.
 • 자신도 비슷한 경험을 했는지 떠올려 본다.

 자세히 살펴보지도 않고 고슴도치를 먹다니 호랑이는 생각이 깊지 못한 것 같아.
 나도 깜깜한 밤에 검은 봉지가 굴러가는 것을 보고 깜짝 놀라 크게 소리를 지른 적이 있어.
  |

독서 후 ▷ 책 내용을 간추리고 생각 나누기

책 내용 간추리기

🌑 책 한 권을 끝까지 읽고 책 내용을 간추려 봅시다.

• 이야기 글은 누가, 언제, 어디에서, 무엇을 했나를 생각해 보고 간추립니다.
• 설명하는 글은 중요한 낱말을 중심으로 정리한 뒤에 관련 있는 내용을 덧붙이며 간추립니다.

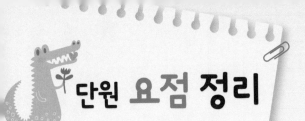

단원 요점 정리 1. 재미가 톡톡톡

핵심 1 느낌을 살려 사물 표현하기

- 감각을 살려 표현하면 실감 납니다. → 예 쉬이익쉬이익 파도의 숨소리
- 감각적 표현은 눈으로 보고, 귀로 듣고, 입으로 맛보고, 코로 냄새 맡고, 손으로 만지면서 사물을 느끼고 그런 사물에 대한 느낌을 생생하게 표현한 것입니다.

예

새싹의 초록 빛 발차기

총총 내리는 봄비

- '무엇일까요' 놀이를 해 봅니다.
- 친구가 설명하는 물건이 무엇인지 알아맞히는 놀이입니다. 물건을 설명할 친구는 상자 안에 있는 물건을 눈으로 보고, 코로 냄새를 맡고, 귀로 소리를 듣고, 손으로 만져 보며 확인해 봅니다.

핵심 2 시에 나타난 감각적 표현 알기

- 시에 나타난 감각적 표현은 대상을 직접 보거나 듣는 것처럼 생생하게 느껴지도록 합니다.
- 시에 나타난 감각적 표현을 읽으면 더 실감 나게 느껴집니다.

시 「소나기」에서 비 내리는 소리를 '또로록'이라고 표현해서 더 실감 나요.

- 시를 읽고 떠오르는 생각이나 느낌을 상상해 봅니다.

핵심 3 이야기에 나타난 감각적 표현 알기

- 이야기책에서 감각을 살려 어떻게 표현했는지를 주의 깊게 읽습니다.
- 예 「바삭바삭 갈매기」 속 감각적 표현
➡ 귀로 들리듯이 표현한 것 – 뿌우우우우웅! / 쿵작 뿡작 띠리리라라. / 바스락! 등
➡ 코로 맡은 냄새를 표현한 것 – 짭조름하고 고소한 냄새에 코끝이 찡했어. 등

핵심 4 이야기를 읽고 생각이나 느낌 나누기

- 이야기의 내용을 파악합니다. → 이야기가 언제, 어디에서 일어났는지 살펴봅니다.
- 인물의 마음을 생각해 봅니다. → 말이나 행동을 통해 생각하기
- 감각적 표현을 찾아봅니다.
- 이야기에 나오는 인물이 되어 이야기 놀이를 해 봅니다.

핵심 5 느낌을 살려 시 낭송하기

- 시의 장면을 상상하며 작품을 읽어 봅니다.
- 감각적 표현의 재미를 살려 시를 낭송합니다.
- 끊어서 낭송하기, 신체로 표현하기 등 다양하게 낭송해 봅니다.

국어 활동

핵심 6 낱말의 바른 표기

- '–장이'와 '–쟁이'를 구분해 봅니다.
- '–장이'는 '어떤 기술이 있는 사람'이라는 뜻을 더하는 말입니다.

예

▲ 옹기장이

▲ 대장장이

- '–쟁이'는 '어떤 특성이 있는 사람'이라는 뜻을 더하는 말입니다.

예

▲ 개구쟁이

▲ 고집쟁이

조금 더 알기

🎲 「공 튀는 소리」

• 글의 종류: 시
• 시의 형식: 3연 14행
• 시에서 느껴지는 감각 찾기 예

재미있게 표현한 부분	그렇게 표현한 까닭
내 맥박을 두들긴다.	잠들려다가 공 튀는 소리를 듣고 깼고, 공이 내 몸속으로 들어가서 튀는 것처럼 느껴졌기 때문이다. 밖에 나가서 공놀이를 하고 싶은 마음을 표현했다.

🎲 감각적 표현 활용하기 예

• 어머니께서 만들어 주신 음식이 맛있을 때
• 친구에게 내가 좋아하는 물건을 설명할 때

🎲 이야기 나누기 놀이 방법

① 모둠에서 이야기에 나오는 인물이 되어 볼 친구를 정합니다.
② 다른 친구들은 이야기에 나오는 인물에게 무엇을 물을지 정합니다.
③ 이야기에 나오는 인물이 된 친구는 다른 친구들 물음에 답합니다.

낱말 사전

★ 실감 나다 실제로 체험하는 것 같다는 뜻으로, 자세하고 생생한 느낌이 든다는 뜻으로 쓰임.
★ 낭송 크게 소리를 내어 글을 읽거나 욈.

개념을 확인해요

1 눈으로 보고, 귀로 듣고, 입으로 맛보고, 코로 냄새 맡고, 손으로 만지면서 느낀 사물에 대한 느낌을 생생하게 표현한 것을 ☐☐☐ 표현이라고 합니다.

2 '쉬이익쉬이익 파도의 숨소리'라는 문장은 ☐ 를 통해 느껴지는 감각을 표현하였습니다.

3 시에 나타난 감각적 표현은 대상을 직접 보거나 듣는 것처럼 ☐☐☐☐ 느껴지도록 합니다.

4 ☐☐☐ 책에서 감각을 살려 어떻게 표현했는지를 주의 깊게 읽습니다.

5 이야기의 ☐☐ 을 파악하며 읽습니다.

6 이야기를 읽고 말이나 행동을 통해 인물의 ☐☐ 을 생각해 봅니다.

7 느낌을 살려 시를 낭송할 때에는 시의 ☐☐ 을 상상하며 작품을 읽어 봅니다.

8 ☐☐☐ 표현의 재미를 살려 시를 낭송합니다.

9 '–☐☐'는 '어떤 기술이 있는 사람'이라는 뜻을 더하는 말입니다.

10 옹기 ☐☐, 고집 ☐☐ 가 올바른 표기입니다.

도움말

1. 만지는 행동을 하고 '미끌미끌하다'고 느끼는 곳은 우리 몸에서 어디일지 생각해 봅니다.

핵심 1

1 친구들이 사물을 실감 나게 설명하기 위해 '무엇일까요' 놀이를 하고 있습니다. 설명하는 이는 어떤 감각의 느낌을 표현하였습니까? (   )

손으로 만져보니 미끌미끌합니다.

① 눈으로 본 것　　　　　　② 코로 맡은 것
③ 입으로 맛본 것　　　　　　④ 귀로 들은 것
⑤ 손으로 만진 것

핵심 1

2. 우리 몸의 다섯 가지 감각을 이용하여 표현하는 방법입니다.

2 다음은 무엇에 대한 설명인지 쓰시오.

> 눈으로 보고, 귀로 듣고, 입으로 맛보고, 코로 냄새 맡고, 손으로 만지면서 사물을 느끼고 그런 사물에 대한 느낌을 생생하게 표현하는 것이다.

(　　　　　　　　　　)

핵심 2

3. 감각적 표현은 어떤 대상이나 사물을 설명할 때 감각이 느껴지도록 생생하게 표현하는 것입니다.

3 감각적인 표현을 넣어 글을 쓰면 좋은 점은 무엇입니까? (   )
① 글을 더 빨리 쓸 수 있다.
② 글을 길게 쓰는 데 도움이 된다.
③ 좀 더 생생하게 표현할 수 있다.
④ 글의 내용을 모두 외울 수 있게 된다.
⑤ 이야기 속 인물의 마음을 간단하게 나타낼 수 있다.

핵심 3

4 감각적 표현을 배울 수 있는 방법을 한 가지 쓰시오.

_____

_____

도움말

4. 텔레비전을 볼 때 다른 사람은 감각적으로 어떻게 표현하는지를 주의 깊게 살펴보는 것도 도움이 됩니다.

핵심 4

5 이야기에 대한 생각과 느낌을 나누는 방법입니다. 알맞지 <u>않은</u> 것은 무엇입니까? (   )

① 인물의 마음이 어떠했을지 생각해 본다.
② 인물이 되어 이야기 나누기 놀이를 해 본다.
③ 이야기의 내용과 사건은 정확히 몰라도 된다.
④ 이야기의 떠오르는 장면을 상상하여 말한다.
⑤ 이야기 속 재미있는 감각적 표현을 이야기한다.

5. 이야기 속 사건이 언제 어디에서 일어났는지 파악합니다.

핵심 5

6 느낌을 살려 시를 읽는 방법으로 알맞지 <u>않은</u> 것은 어느 것입니까?

(   )

① 알맞은 빠르기로 읽는다.
② 알맞은 부분에서 띄어 읽는다.
③ 어려운 낱말은 힘을 주어 읽는다.
④ 가락을 붙여서 노래하듯이 읽는다.
⑤ 분위기에 알맞은 목소리로 읽는다.

6. 시를 읽을 때에는 시의 장면을 상상하며 읽습니다.

핵심 6

7 다음 그림에 어울리는 말을 선으로 이으시오.

(1)    •   • ㉠   개구쟁이

(2)   •   • ㉡   대장장이

7. '-장이'는 어떤 기술이 있는 사람에게 씁니다.

국어 30~65쪽 국어 활동 6~15쪽

서술형

3 진수가 표현한 것은 각각 무슨 소리인지 쓰시오.

(1) "폭!": _____

(2) "팡!": _____

[1~4] 다음 그림을 보고 물음에 답하시오.

중요

4 대화를 보고 ㉠에 들어갈 알맞은 말은 무엇입니까?
(   )

① 슬픈 표현   ② 기쁜 표현

③ 감각적 표현   ④ 꾸며 주는 표현

⑤ 이어 주는 표현

1 엄마와 아이들은 무엇을 하고 있는지 쓰시오.

창밖의 (   )을/를 보며 대화한다.

응용

5 그림에 어울리는 감각적 표현을 말한 친구에게 ○표를 하시오.

(1)   (2)   (3)

2 그림 ❶에서 진희는 무엇을 표현하고 있습니까?
(   )

① 눈으로 본 것   ② 코로 맡은 것

③ 귀로 들은 것   ④ 입으로 맛본 것

⑤ 손으로 만진 것

송송 내리는 봄비   새싹의 초록 빛 발차기   쉬이익 쉬이익 파도의 숨소리

(   )   (   )   (   )

6~8 다음 시를 읽고, 물음에 답하시오.

누가 잘 익은 콩을
저렇게 쏟고 있나

㉠또로록 마당 가득
실로폰 소리 난다

소나기 그치고 나면
하늘빛이 더 맑다

「소나기」, 오순택

6 이 시를 읽고 떠올릴 수 있는 경험은 무엇입니까?
( )

① 소나기를 맞았던 일
② 친구와 다투었던 일
③ 실로폰 연주를 했던 일
④ 어머니와 시장에 갔던 일
⑤ 콩을 쏟아 야단을 맞았던 일

7 말하는 이가 잘 익은 콩을 쏟고 있다고 표현한 까닭으로 알맞은 것에 ○표를 하시오.

소나기 내리는 소리와 콩을 쏟는 소리가
☐ 느껴졌기 때문이다.

(비슷하게 , 다르게)

서술형

8 ㉠의 표현을 넣고 읽을 때 좋은 점을 쓰시오.

_____

_____

9~10 다음 이야기를 읽고, 물음에 답하시오.

큰 배 뒤쪽에서는 아이들이 무언가를 던지고 있었어.
툭툭! 바스락!
어, 이게 뭐지? / 콕콕 쪼아 봤어.
짭조름하고 고소한 냄새에 코끝이 찡했어.
조심스럽게 한 입 깨물어 보았지.
와그작.
바삭! 바삭!
"꺄아악!"
이…… 이 맛은 뭐지?
그건 마치 훌쩍 날아오른 뒤에 바다 한쪽이 "쿵!"
무너져 내린 거대한 구멍 속으로 바닷물과 함께 빨려 드는 느낌이었어.
바삭! 바삭!
"더 먹고 싶어!"
우리는 큰 배를 따라 날았어.
사람들이 던져 주는 바삭바삭을 먹기 위해서는 배에 바짝 붙어서 날아야 했지.
고등어 떼를 잡을 때와는 달랐어.
한 개라도 더 먹기 위해 우리는 싸우듯 날았어.

「바삭바삭 갈매기」, 전민걸

9 갈매기들이 큰 배를 따라간 까닭은 무엇입니까?
( )

① 고등어 떼를 잡기 위해서
② 바다 한쪽이 무너져 내려서
③ 바닷물과 함께 빨려 들어가서
④ 사람들 마을을 구경하고 싶어서
⑤ 사람들이 던져 주는 바삭바삭을 먹기 위해서

서술형

10 갈매기가 바삭바삭을 먹고 어떤 느낌이 들었는지 찾아 쓰시오.

_____

_____

11~13 다음 이야기를 읽고, 물음에 답하시오.

골목 모퉁이를 돌아 바삭바삭을 물어뜯으려는데,
"바삭! 바삭!" / 소리가 들렸어.
어? 얘들은 누구지? / 어째서 이런 곳에…….
털도 빠져 있고, 똥에다가 쓰레기…….
얘네 날 수는 있을까?
그때였어!
"야아아아아옹!"
난 깜짝 놀라서 튀어 올랐어.
웬일인지 잘 날 수가 없었어.
숨이 가쁘고 목이 말랐어.
㉠쿵쾅쿵쾅 심장이 뛰더니 점점 작아져서 좁쌀만 하게 되는 것 같았어.
더 숨이 가빠 왔어.
나는 날개를 젓고 또 저었어.
겨우 날아오른 곳은 어느 빨간 지붕 위였지.
아침 해가 뜨고 있었어.
"뿌우우우웅."

11 귀로 들은 소리를 생생하게 표현한 것이 <u>아닌</u> 것을 두 가지 고르시오. (,   )

① 바삭! 바삭!   ② 깜짝 놀라서
③ 뿌우우우웅.   ④ 야아아아아옹!
⑤ 더 숨이 가빠 왔어.

중요
12 ㉠이 주는 효과로 알맞은 것은 어느 것입니까?
(   )

① 리듬감을 느끼게 한다.
② 갈매기의 놀란 마음이 잘 느껴진다.
③ 고양이의 행동이 웃음과 재미를 준다.
④ 새로운 사건에 대한 기대감을 갖게 한다.
⑤ 낯설고 어색하며 복잡하다는 느낌을 준다.

13 이 글에 나오는 '바삭바삭'은 무엇일지 쓰시오.

(   )

14~15 다음 이야기를 읽고, 물음에 답하시오.

㈎ 기차 타고 쿨쿨, 버스 타고 털털, 다시 타박타박 반나절을 가면 바람만 아는 깊은 산골에 장승 마을이 있어요.
이곳에 장승 친구들이 살고 있지요.
㈏ 낮잠을 자던 퉁눈이 장승이 소리를 질렀어요.
"아휴, 시끄러워. 낮잠 좀 자게 조용히 해."
하지만 밤이 되면 장승 친구들은 신바람이 나요. 팔다리가 생겨 마음껏 뛰어놀 수 있거든요. 날아서 훨훨, 헤엄치며 첨벙첨벙.
그렇지만 날이 밝기 전에 꼭 제자리로 돌아와야 해요. 그 약속을 어기면 다시는 움직일 수 없게 되니까요.
장승 친구들은 환한 보름달 아래에서 숨바꼭질도 해요.
㈐ "꼬끼오!" / 멀리서 새벽닭 소리가 들려오자 뻐드렁니가 소리쳤어요.
"벌써 아침이야! 빨리 돌아가지 않으면 여기서 꼼짝 못 하게 돼!"
모두들 정신없이 달렸어요.
그런데 멋쟁이가 보이지 않아요. 어디에 있는 걸까요?
멋쟁이는 잘난 척하고 꼭꼭 숨어 있다가 그만 날이 밝은 줄도 모른 거예요.
멋쟁이는 이제 밤이 되어도 움직일 수 없게 되었어요.

「으악, 도깨비다!」, 손정원

14 장승 친구들이 밤이 되어 신바람이 나는 까닭은 무엇입니까? (   )

① 낮에는 너무 뜨겁기 때문이다.
② 밤이 되면 뛰어놀 수 있기 때문이다.
③ 낮에는 서 있는 것이 힘들기 때문이다.
④ 밤이 되면 수박을 먹을 수 있기 때문이다.
⑤ 밤이 되면 집으로 돌아갈 수 있기 때문이다.

15 멋쟁이가 꼼짝하지 못하게 된 까닭은 무엇인지 쓰시오.

16~18 다음 시를 읽고, 물음에 답하시오.

풀숲에서
귀여운 강아지를 만났다.

솜털같이 복슬복슬한
꼬리를 살랑살랑

요요요
요요요요
정답게 부르면

우리 집까지
따라올 것 같아
자꾸만 숲길을 뒤돌아보았다.

「강아지풀」, 강현호

16 이 시는 어떤 모습을 표현한 것입니까? (　　　)

① 친구와 노는 모습
② 비바람이 몰아치는 모습
③ 수족관 속 물고기들의 모습
④ 강아지가 졸졸 따라오는 모습
⑤ 강아지풀이 바람에 흔들리는 모습

17 아래의 내용을 표현한 말은 무엇인지 이 시에서 찾아 쓰시오.

> 팔이나 꼬리 따위를 가볍게 자꾸 흔드는 모양.

(　　　　　　　　)

18 이 시에 나타난 감각적 표현이 **아닌** 것을 모두 고르시오. (　　,　　)

① 숲길
② 강아지
③ 살랑살랑
④ 복슬복슬
⑤ 요요요 / 요요요요

국어 활동

19 다음 보기 를 보고 '–장이'와 '–쟁이'의 뜻으로 알맞은 것을 선으로 이으시오.

▲ 고집쟁이　　　▲ 대장장이

(1)　–장이　　•　　　　•㉠　어떤 특성이 있는 사람

(2)　–쟁이　　•　　　　•㉡　어떤 기술이 있는 사람

20 다음 보기 에서 알맞은 말을 골라 빈칸에 쓰시오.

보기

옹기장이　　옹기쟁이　　멋장이　　멋쟁이

(1) 옹기를 만드는 사람을 (　　　　　　　　)라고 해.
(2) 우리 이모는 옷을 잘 입는 (　　　　　　　　)야.

1~5 다음 시를 읽고, 물음에 답하시오.

이틀째 앓아누워
학교에 못 갔는데, 누가 벌써
학교 갔다 돌아왔는지
골목에서 공 튀는 소리 들린다.

탕탕—
땅바닥을 두들기고
탕탕탕—
담벼락을 두들기고
탕탕탕탕—
꼭 닫힌 창문을 두들기며
골목 가득 울리는
소리

내 방 안까지 들어와
이리 튕기고 저리 튕겨 다닌다.

까무룩 또 잠들려는 나를
뒤흔들어 깨우고는, 내 몸속까지
튀어 들어와 탕탕탕—
내 맥박을 두들긴다.
　　심장의 박동

　　　　　　　　　　「공 튀는 소리」, 신형건

1 '나'는 왜 학교에 못 갔습니까? (　　　)

① 방학을 해서
② 친구와 싸워서
③ 이틀째 앓아누워서
④ 숙제를 하지 않아서
⑤ 공놀이를 하다가 다리를 다쳐서

2 이 시를 읽으면 주로 어떤 느낌이 듭니까? (　　　)

① 눈으로 보는 듯한 느낌
② 귀에 들리는 듯한 느낌
③ 냄새가 나는 듯한 느낌
④ 혀로 맛을 보는 듯한 느낌
⑤ 손으로 만져 보는 듯한 느낌

3 '나'와 비슷한 경험을 떠올려 이야기한 것은 어느 것입니까? (　　　)

① 선생님께 공놀이를 잘한다고 칭찬을 받았다.
② 아버지께서 그만 놀고 공부를 하라고 하셨다.
③ 밤에 총 쏘는 소리가 들려서 방 안에 꼭꼭 숨어 있었다.
④ 내가 자고 있을 때 친구들끼리 재미있는 놀이를 해서 기분이 나빴다.
⑤ 폐렴에 걸려 병원에 입원한 적이 있는데 아프기도 했지만 너무 심심했다.

서술형

4 공이 내 맥박을 두들긴다고 표현한 까닭은 무엇일지 쓰시오.

_____

_____

응용

5 3연에서 표현한 것으로 알맞은 것에 ○표를 하시오.

(1) 밖에서 공을 가지고 놀던 친구가 실수로 내 방 창문 너머로 공을 찼다. (　　　)
(2) 공 튀는 소리가 창문을 넘어 방에 있는 '나'의 귀에 들리는 것을 표현했다. (　　　)

6 다음은 무엇에 대한 설명인지 쓰시오.

> • 대상을 직접 보고 듣는 것처럼 생생하게 느껴지도록 한다.
> • 눈으로 보고, 귀로 듣고, 입으로 맛보고, 코로 냄새 맡고, 손으로 만지면서 느낀 사물에 대한 느낌을 생생하게 표현한 것이다.

(　　　　　　　)

7~8 다음 이야기를 읽고, 물음에 답하시오.

우리는 한동안 바삭바삭을 맛볼 수 없었지만, 잊을 수가 없었어.

사람들 마을 이곳저곳을 찾아다녔지.

㉠비슷해 보이는 것은 앞다투어 깨물어 보았고, 운이 좋으면 부스러기 같은 것을 발견할 때도 있었어.

때로는 부둣가에 모여 소리쳤어.

㉡"꺄악! 깍! 끼룩! 끽!"

사람들은 먹다 남은 생선 대가리 같은 것만 던져 줬어.

그건 ㉢끈적거리고 비린내만 나지, 맛이 없었어.

자꾸만 화가 났어.

㉣"고소하고 짭조름하고 바삭바삭한 그걸 달라고!"

달이 밝은 어느 날 밤에 난 사람들이 살고 있는 마을 깊숙이 들어갔어.

어디선가 고소하고 짭조름한 냄새가 나는 것 같았거든.

깊은 골목 안쪽에서 크고 살찐 개를 만났어.

개를 묶고 있는 쇠사슬은 꽤나 무거워 보였어.

"고소하고 짭조름한 맛이 나고 요렇게 생긴 거 못 봤어? 바삭바삭 소리도 나는데……."

그 개는 별로 가르쳐 주고 싶지 않은 것 같았어.

큰 개가 사납게 짖어 댔지만 결국 바삭바삭이 있는 곳을 알게 해 줬지.

나는 정말 행복했어.

바삭바삭을 꽉 물고 달렸어.

달리고 달렸어.

7 ㉠~㉣ 가운데 감각적 표현으로 보기 **어려운** 것은 어느 것인지 기호를 쓰시오.

( )

8 바삭바삭을 발견한 갈매기는 어떻게 행동했는지 쓰시오.

9~10 다음 이야기를 읽고, 물음에 답하시오.

기차 타고 쿨쿨, 버스 타고 털털, 다시 타박타박 반나절을 가면 바람만 아는 깊은 산골에 장승 마을이 있어요.

이곳에 장승 친구들이 살고 있지요.

지루한 한낮, 멋쟁이 장승이 뻐드렁니 장승을 놀렸어요.

"하하, 넌 이가 뻐드러져 수박 먹기 좋겠다."

뻐드렁니가 눈을 흘기면서 말했어요.

"그럼 수박 좀 가져와 봐. 이 '잘난 척 왕자'야!"

그러자 낮잠을 자던 퉁눈이 장승이 소리를 질렀어요.

"아휴, 시끄러워. 낮잠 좀 자게 조용히 해."

하지만 밤이 되면 장승 친구들은 신바람이 나요. 팔다리가 생겨 마음껏 뛰어놀 수 있거든요. 날아서 훨훨, 헤엄치며 첨벙첨벙.

그렇지만 날이 밝기 전에 꼭 제자리로 돌아와야 해요. 그 약속을 어기면 다시는 움직일 수 없게 되니까요.

장승 친구들은 환한 보름달 아래에서 숨바꼭질도 해요.

"꼭꼭 숨어라. 머리카락 보인다."

"야, 이빨 보인다."

"아이고, 넌 배꼽 보여."

"주먹코도 보인다!"

별빛처럼 맑은 웃음소리가 밤하늘을 수놓아요.

9 장승 마을은 어디에 있습니까? ( )

① 혼잡한 역   ② 깊은 산골
③ 고요한 강가   ④ 복잡한 도시
⑤ 조용한 바닷가

10 멋쟁이가 놀렸을 때 뻐드렁니의 기분은 어떠하였겠습니까? ( )

① 기뻤을 것이다.   ② 즐거웠을 것이다.
③ 언짢았을 것이다.   ④ 신이 났을 것이다.
⑤ 재미있었을 것이다.

11~13 다음 이야기를 읽고, 물음에 답하시오.

(가) "꼬끼오!" / 멀리서 새벽닭 소리가 들려오자 뻐드렁니가 소리쳤어요.

"벌써 아침이야! 빨리 돌아가지 않으면 여기서 꼼짝 못 하게 돼!"

모두들 정신없이 달렸어요. / 그런데 멋쟁이가 보이지 않아요. 어디에 있는 걸까요?

멋쟁이는 잘난 척하고 꼭꼭 숨어 있다가 그만 날이 밝은 줄도 모른 거예요.

멋쟁이는 이제 밤이 되어도 움직일 수 없게 되었어요. / 친구들이 밤마다 놀러 왔지만 멋쟁이는 조금도 즐겁지 않았어요.

(나) 어느 날, 멋쟁이는 물에 비친 제 얼굴을 보고 깜짝 놀랐어요.

멋쟁이의 얼굴은 곰팡이도 슬고 조금씩 썩어 가고 있었거든요.

"내 얼굴이 왜 이렇게 됐지? 정말 이상해졌잖아!"

멋쟁이는 엉엉 울고 말았어요.

11 멋쟁이가 꼼짝하지 못한 까닭은 무엇입니까? (   )

① 친구들보다 달리기를 못해서
② 친구들에게 잘난 척을 잘해서
③ 밤이 되어도 움직이지 않아서
④ 돌아가지 않겠다고 다짐을 해서
⑤ 날이 밝은 줄도 모르고 숨어 있어서

12 움직일 수 없게 된 멋쟁이의 모습으로 알맞지 <u>않은</u> 것은 무엇입니까? (   )

① 썩고 있었다.　　　② 엉엉 울었다.
③ 한숨만 쉬었다.　　④ 곰팡이가 슬었다.
⑤ 조금은 즐거웠다.

13 (가)와 (나) 문단을 읽고 떠오른 생각이나 느낌을 바르게 말한 것에 ○표를 하시오.

(1) 장승 친구들이 밤에 신나게 노는 장면이 재미있었어.　　　　　　　　　　　(　　)

(2) 멋쟁이 장승이 다시 움직일 수 있는 방법이 없는지 궁금했어.　　　　　　　(　　)

14~15 다음 이야기를 읽고, 물음에 답하시오.

"자, 어서 멋쟁이를 찾아보자!"

앞장서던 뻐드렁니가 외쳤어요.

"저기다!"

자동차 불빛을 따라가 보니, 트럭에 실려 가는 멋쟁이가 보였어요.

장승 친구들은 옹기랑 멋쟁이를 싣고 가는 도둑들을 놀래 주기로 했어요.

도둑들은 도깨비처럼 살아 움직이는 장승들을 보고 너무 놀라 도망쳤어요.

장승 친구들은 도둑들을 물리치고 멋쟁이를 구해 냈어요.

뻐드렁니가 말했어요.

"멋쟁이야, 놀렸던 것 미안해. 우리가 힘을 합치면 이렇게 널 찾고 마을을 지킬 수 있다는 것을 몰랐어."

멋쟁이도 웃으며 말했지요.

"고마워, 얘들아. 마을로 돌아간다는 것이 정말 꿈만 같아. 나 좀 꼬집어 봐."

멋쟁이를 구하고 마을을 지키게 된 장승들은 신바람이 났어요.

언덕을 넘고 개울을 건너 바람만 아는 깊은 산골로 돌아갔지요. 오늘 밤에도 장승 마을에서는 별빛처럼 맑은 웃음소리가 들릴 거예요.

14 도둑들이 도망친 까닭은 무엇입니까? (   )

① 살아 움직이는 장승들을 보고 놀라서
② 장승들이 막대기로 치며 혼을 내어서
③ 자동차 불빛처럼 환한 빛을 보고 놀라서
④ 도깨비들이 날아가서 트럭 앞을 가로 막아서
⑤ 장승들이 도둑들에게 다가가서 소리를 질러서

서술형

15 멋쟁이 장승은 도둑들에게 잡혀갔을 때 어떤 기분이 들었을지 쓰시오.

_____

_____

16~18 다음 시를 읽고, 물음에 답하시오.

1연 풀숲에서
　　귀여운 강아지를 만났다.

2연 솜털같이 복슬복슬한
　　꼬리를 살랑살랑

3연 요요요
　　요요요요
　　정답게 부르면

4연 우리 집까지
　　따라올 것 같아
　　자꾸만 숲길을 뒤돌아보았다.

「강아지풀」, 강현호

16 강아지풀의 모습을 어떤 동물에 빗대어 표현하였는지 쓰시오.

（　　　　　　　　　）

17 이 시에서 감각적 표현이 드러나는 부분을 모두 찾아 ○표를 하시오.

(1) 1연 (　　　)　　(2) 2연 (　　　)
(3) 3연 (　　　)　　(4) 4연 (　　　)

18 다음은 이 시에 대한 생각이나 느낌입니다. ㉠과 ㉡에 알맞은 말을 각각 쓰시오.

> '　㉠　'를 읽으니까 강아지풀을 정답게 부르는 소리가 들리는 것 같아. 또, 이렇게 흉내 내는 말을 써서 감각적으로 표하니까 느낌이 더 　㉡　지는 것 같아.

(1) ㉠: (　　　　　　　　)
(2) ㉡: (　　　　　　　　)

19~20 다음 시를 읽고, 물음에 답하시오.

바위 틈새 속에서
쉬지 않고 송송송.

맑은 물이 고여선
넘쳐흘러 졸졸졸.

푸고 푸고 다 퍼도
끊임없이 송송송.

푸다 말고 놔두면
다시 고여 졸졸졸.

「산 샘물」, 권태응

19 다음은 이 시에서 나타난 감각적 표현을 설명한 것입니다. ㉠과 ㉡을 표현한 말을 이 시에서 찾아 쓰시오.

> ㉠샘물이 바위 틈새에서 솟아나는 모양과 ㉡샘물이 넘쳐흐를 때 들리는 소리를 표현하였다.

(1) ㉠: (　　　　　　　　).
(2) ㉡: (　　　　　　　　).

서술형

20 이 시를 읽고 시에 대한 느낌을 이야기하고 있습니다. 빈칸에 알맞은 말을 써넣으시오.

현수	나는 이 시를 읽으니까 끊임없이 샘솟는 샘물의 모습에서 활기찬 느낌이 들어.
지윤	나는 맑은 산 샘물의 모습에서 ＿＿＿＿＿

1~2

누가 잘 익은 콩을
저렇게 쏟고 있나

또로록 마당 가득
실로폰 소리 난다

소나기 그치고 나면
하늘빛이 더 맑다

1 소리가 들리듯이 표현한 연을 찾아 쓰시오.

(   )

2 소나기가 오는 소리를 어떻게 표현하였는지 쓰고, 그렇게 표현한 까닭을 쓰시오.

(1) 표현한 소리: _____

(2) 그렇게 생각한 까닭: _____

_____

3 다음 그림에 어울리는 감각적 표현을 쓰시오.

_____

어느 날, 멋쟁이는 물에 비친 제 얼굴을 보고 깜짝 놀랐어요.
멋쟁이의 얼굴은 곰팡이도 슬고 조금씩 썩어 가고 있었거든요.
"내 얼굴이 왜 이렇게 됐지? 정말 이상해졌잖아!"
멋쟁이는 엉엉 울고 말았어요. / 며칠이 지난 뒤, 멋쟁이한테 놀러 갔던 짱구가 헐레벌떡 달려와서 말했어요.
"없어졌어. 멋쟁이가 감쪽같이 사라져 버렸어!"
"뭐라고? 어떻게 된 거지?"
모두들 놀랐어요. / 짱구가 말했어요.
"사람들이 자꾸 옹기를 가져가더니 멋쟁이도 데려간 것 같아."
"빨리 도망가자! 안 그러면 우리도 멋쟁이처럼 잡혀갈 거야."
퉁눈이가 주먹을 불끈 쥐고 대답했어요.
"그럼 멋쟁이를 그냥 내버려 두자는 말이야?"
"없어진 멋쟁이를 어디서 찾겠니? 그러다 우리도 잡혀가면 어떡해?"
결국 장승 친구들 사이에 싸움이 벌어졌어요.
"여긴 돌아가신 옹기 할아버지가 만들어 준 우리 마을이야. 끝까지 이곳을 지키겠다고 한 약속 벌써 잊어버렸어?"
모두들 정신이 번쩍 났어요.
그래요. 지금까지 그 약속을 잘 지켰기 때문에 장승 친구들은 밤마다 자유롭게 움직일 수 있었던 거예요.

도움말

밤이 되면 자유롭게 움직일 수 있는 장승 친구들의 이야기입니다.

4 멋쟁이가 자신의 얼굴을 보고 깜짝 놀란 까닭을 쓰시오.

4 인물이 한 행동을 살펴봅니다.

5 장승들이 옹기 할아버지와 한 약속으로 얻은 것은 무엇인지 쓰시오.

장승들과 옹기 할아버지는 ((1)　　　　) 약속했다.
그 약속 덕분에 장승 친구들은 ((2)　　　　) 있었다.

5 장승들이 움직일 수 있는 까닭은 무엇인지 살펴봅니다.

6 이 글에 나오는 멋쟁이와 면담을 하려고 합니다. 친구의 물음에 멋쟁이 장승이 어떻게 대답하였을지 상상하여 쓰시오.

6 인물의 마음이 어떠했을지 생각해 보고 그에 어울리는 목소리로 대답합니다.

 멋쟁이 장승님, 움직일 수 없게 됐을 때 어떤 기분이 들었나요?

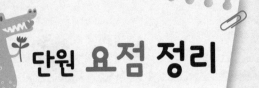

단원 요점 정리

2. 문단의 짜임

핵심 1 설명하는 글을 쓴 경험 나누기
- 어떤 사실을 설명하는 글을 써 본 경험을 떠올려 봅니다.
  - ㉠ 직업을 설명하는 글, 책을 설명하는 글
- 쓴 글에서 가장 중심이 되는 문장은 무엇인지 찾아봅니다.

핵심 2 문단에 대해 알기
- ★문장이 몇 개 모여 한 가지 생각을 나타내는 것이며 문단이 모여서 한 편의 글이 됩니다.
- 문단이 바뀌면 줄을 바꾸고 한 칸을 들여 씁니다.

① 문단은 내용을 대표하는 문장과 대표하는 문장을 뒷받침하는 문장으로 이루어져 있습니다.

② 문단을 시작할 때에는 한 칸을 들여 씁니다.

> ∨★장승은 여러 가지 구실을 했습니다. 우리 조상은 장승이 나쁜 병이나 기운이 마을로 들어오는 것을 막아 준다고 믿었습니다. 장승은 나그네에게 길을 알려 주기도 했습니다. 또 마을과 마을 사이를 나누는 구실도 했습니다.
> ∨장승은 나무나 돌에 사람의 얼굴 모습을 조각해 만들었습니다. 할아버지처럼 친근한 얼굴도 있고…….

③ 한 문단이 끝나면 줄을 바꿉니다.

- 여러 문장으로 이루어진 문단은 하나의 생각을 나타냅니다.

핵심 3 중심 문장과 뒷받침 문장 알기
- 중심 문장은 문단 내용을 대표하는 문장입니다.
- 뒷받침 문장은 중심 문장을 덧붙여 설명하거나 예를 드는 방법으로 도와주는 문장입니다.
- 한 문단은 하나의 중심 문장과 여러 개의 뒷받침 문장으로 구성됩니다. 한 문단은 한 개의 중심 내용을 가지고 있습니다.

중심 문장	뒷받침 문장
장승은 나무나 돌에 사람 얼굴 모습을 조각해 만들었습니다.	할아버지처럼 친근한 얼굴도 있고, 도깨비처럼 무서운 얼굴도 있습니다.
	우스꽝스러운 장난꾸러기 얼굴을 한 장승도 있습니다.

핵심 4 중심 문장과 뒷받침 문장을 파악하며 글 읽기
- 글의 내용을 잘 이해할 수 있습니다.
- 글의 내용을 쉽게 정리할 수 있습니다.
- 설명하는 내용을 쉽게 이해할 수 있습니다.
- 중심 문장은 앞이나 뒤에 있는 경우가 많습니다.

> ㉠ 설날에는 연날리기나 제기차기를 합니다. 정월 대보름에는 쥐불놀이를 합니다. 단오에는 씨름이나 그네뛰기를 합니다. 이처럼 우리나라에는 명절마다 하는 놀이가 있습니다. └중심 문장

핵심 5 중심 문장과 뒷받침 문장을 생각하며 문단 쓰기
- 중심 문장은 문단에서 가장 중요한 내용으로, 뒷받침 문장의 내용을 모두 포함할 수 있는 문장으로 씁니다.
- 뒷받침 문장은 중심 문장을 뒷받침하는 내용을 씁니다.
  - 중심 문장의 내용을 좀 더 이해하기 쉽게 예를 들거나 자세하게 씁니다.
- 쓸 내용을 생각그물로 정리한 뒤 한 문단으로 씁니다.

㉠
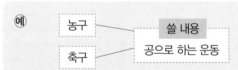

➡ 공으로 하는 운동에는 여러 가지가 있습니다. 축구는 발로 공을 차서 골대에 넣는 운동입니다. 농구는 손으로 공을 상대편 골대에 던져서 넣는 운동입니다.

국어 활동

핵심 6 낱말의 바른 표기
뒤에 오는 말의 반대 뜻을 나타낼 때에는 '안'으로 쓰는 것이 바른 표기입니다.
- ㉠ 않 갔다 ➡ 안 갔다
  - 않 나아서 ➡ 안 나아서
  - 묻지 안고 ➡ 묻지 않고

조금 더 알기

문단의 구조

중심 문장

| 뒷받침 문장 | 뒷받침 문장 | 뒷받침 문장 |

장승

▲ 석장승　　　▲ 나무 장승

「옛날에는 어떤 과자를 먹었을까요」의 중심 문장

문단	중심 문장
1	우리 조상은 여러 가지 한과를 만들어 먹었습니다.
2	약과는 밀가루를 꿀과 기름 따위로 반죽해 기름에 지진 과자입니다.
3	강정은 찹쌀가루를 반죽해 기름에 튀긴 뒤에 고물을 묻힌 과자입니다.
4	엿은 곡식이나 고구마 녹말에 엿기름을 넣어 달게 졸인 과자입니다.

낱말 사전

★ 문장　생각이나 감정을 말과 글로 표현할 때 완결된 내용을 나타내는 최소의 단위.
★ 장승　돌이나 나무에 사람의 얼굴을 새겨서 마을 또는 절 어귀나 길가에 세운 푯말.

개념을 확인해요

1　어떤 사실을 설명하는 글을 읽을 때에는 쓴 글에서 가장 ☐☐ 이 되는 낱말은 무엇인지 찾아봅니다.

2　문장이 몇 개 모여 한 가지 생각을 나타내는 것을 ☐☐ 이라고 합니다.

3　문단에서 첫 문장의 첫 글자는 ☐ 칸 들여쓰기를 한 위치에서 시작합니다.

4　한 문단이 끝나면 ☐ 을 바꿉니다.

5　☐☐ 문장은 문단 내용을 대표하는 문장입니다.

6　중심 문장을 덧붙여 설명하거나 예를 드는 방법으로 도와주는 문장을 ☐☐☐ 문장이라고 합니다.

7　한 문단은 ☐☐ 의 중심 문장과 여러 개의 뒷받침 문장으로 구성됩니다.

8　중심 문장과 뒷받침 문장을 구별하여 읽으면 글의 내용을 잘 ☐☐ 할 수 있습니다.

9　뒷받침 문장을 쓸 때에는 중심 문장의 내용을 좀 더 이해하기 쉽게 ☐ 를 들어 쓸 수 있습니다.

10　뒤에 오는 말의 반대 뜻을 나타낼 때에는 '않'으로 쓰면 틀리고 '☐'으로 쓰는 것이 바른 표기입니다.

도움말

1. 글을 대표하는 문장을 찾아봅니다.

2. 한 문단은 한 개의 중심 문장과 여러 개의 뒷받침 문장으로 구성돼 있습니다.

3. 문단의 내용이 너무 복잡하고 길면 읽는 사람에게 부담을 주거나 혼동을 주어 내용을 명확하게 전달할 수 없습니다.

핵심 2

1 다음 글에서 가장 중심이 되는 문장은 무엇인지 쓰시오.

> 로봇은 여러 가지 일을 합니다. 감시용 로봇은 도둑이 집에 들어오는지 살피는 일을 합니다. 해양 탐사 로봇은 바다 깊은 곳에 가서 그곳의 상태를 조사합니다. 정확하게 수술하는 의료용 로봇도 있습니다.

_____

핵심 2

2 다음 설명하는 것은 무엇인지 빈칸에 알맞은 말을 쓰시오.

> [　　　　]은 문장이 몇 개 모여 한 가지 생각을 나타내는 것이며
> [　　　　]이 모여서 하나의 글이 됩니다.

(　　　　　　　　　)

핵심 2

3 문단에 대한 설명을 알맞게 말한 친구에게 ○표를 하시오.

(1)　　　　　　　　　(2)　　　　　　　　　(3)

한 문단에는 두 개의 생각을 담는 것이 좋아.

문단이 시작될 때 첫 글자는 한 칸을 들여 써야 해.

한 문단의 뒷받침 문장은 길고 많을수록 자세하여 좋아.

(　　)　　　　　　(　　)　　　　　　(　　)

핵심 3

4 중심 문장에 대한 설명으로 알맞지 <u>않은</u> 것은 어느 것입니까? (　　　)

① 문단의 내용을 대표한다.
② 문단에서 가장 중요한 문장이다.
③ 문단에서 예를 들어 설명하는 문장이다.
④ 문단의 내용 전체를 포함하는 문장이다.
⑤ 하나의 문단에는 하나의 중심 문장만 있다.

4. 중심 문장과 뒷받침 문장을 잘 구분
합니다.

핵심 4

5 다음 ㉠~㉣을 중심 문장과 뒷받침 문장으로 나누어 기호를 쓰시오.

> ㉠설날에는 연날리기나 제기차기를 합니다. ㉡정월 대보름에는 쥐불놀이를 합니다. ㉢단오에는 씨름이나 그네뛰기를 합니다. 이처럼 ㉣우리나라에는 명절마다 하는 놀이가 있습니다.

(1) 중심 문장 : (　　　　　　　　)
(2) 뒷받침 문장 : (　　　　　　　　)

5. 중심 문장은 글의 앞에만 있지 않습니다.

핵심 5

6 다음 중심 문장에 알맞은 뒷받침 문장을 한 개만 쓰시오.

> 우리 주위에는 여러 가지 직업이 있다.

6. 중심 문장에 어울리는 뒷받침 문장은 중심 문장을 뒷받침하는 내용을 씁니다.

핵심 6

7 다음 문장에 알맞은 낱말을 (　　) 안에서 골라 ○표를 하시오.

친구에게 (안 , 않) 좋은 일이 생기지 않도록 기도하자.

7. '안'과 '않'을 구분해 씁니다.

1~3 다음 그림을 보고 물음에 답하시오.

❶ 한결아, 여기가 바로 로봇 박물관이란다.

이모, 신기한 로봇이 많아요.

한결

❷ 이것은 감시용 로봇이란다. 도둑이 들어오면 주인에게 알려 주지.

로봇이 강아지처럼 생겼어요.

❸ 해양 탐사 로봇이구나. 사람 대신 바다 깊은 곳에 가서 그곳 상태를 조사한단다.

어, 이 로봇은 꽃게처럼 생겼어요.

❹ 수술을 도와주는 의료용 로봇도 있어요. 의사가 정확하게 수술할 수 있도록 도와준다고 해요.

1 이모와 한결이가 간 곳은 어디입니까? (   )

① 병원   ② 경찰서   ③ 바닷가
④ 동물원   ⑤ 로봇 박물관

2 한결이가 학급 누리집에 쓴 글입니다. 빈칸에 알맞은 말을 쓰시오.

> 로봇은 여러 가지 일을 합니다. 감시용 로봇은
> (   ) 일을 합니다.
> 해양 탐사 로봇은 바다 깊은 곳에 가서 그곳의 상태
> 를 조사합니다. 정확하게 수술할 수 있도록 도와주
> 는 (   ) 도 있습니다.

3 문제 2번에서 한결이가 쓴 글에서 가장 중심이 되는 문장은 무엇인지 쓰시오.

_____

4~5 다음 글을 읽고, 물음에 답하시오.

> 장승은 여러 가지 구실을 했습니다. 우리 조상은 장승이 나쁜 병이나 기운이 마을로 들어오는 것을 막아 준다고 믿었습니다. 장승은 나그네에게 길을 알려 주기도 했습니다. 또 장승은 마을과 마을 사이를 나누는 구실도 했습니다.

▲ 나무 장승   ▲ 돌 장승

「장승」

4 이 글에서 글쓴이가 말하고자 하는 내용은 무엇인지 쓰시오.

_____

5 장승의 구실을 두 가지 고르시오. (,   )

① 농사가 잘되게 도와준다.
② 가족이 건강하게 해 준다.
③ 나그네에게 길을 알려 준다.
④ 어려운 일을 모두 해결해 준다.
⑤ 마을과 마을 사이를 나누어 준다.

6~7 다음 글을 읽고, 물음에 답하시오.

장승은 나무나 돌에 사람 얼굴 모습을 조각해 만들었습니다. 할아버지처럼 친근한 얼굴도 있고, 도깨비처럼 무서운 얼굴도 있습니다. 우스꽝스러운 장난꾸러기 얼굴을 한 장승도 있습니다.

6 이 글에서 뒷받침 문장은 모두 몇 개입니까?
( )

① 한 개　　　② 두 개
③ 세 개　　　④ 네 개
⑤ 다섯 개

7 우리 조상들은 장승을 어떤 모습으로 만들었는지 모두 고르시오. (, ,)

① 마을 할아버지의 얼굴
② 도깨비처럼 무서운 모습
③ 나무나 돌과 똑같은 모습
④ 할아버지처럼 친근한 모습
⑤ 재미있고 우스꽝스러운 모습

서술형

8 다음 글에서 중심 문장을 찾아 쓰시오.

불은 원시인의 삶을 크게 바꾸어 놓았습니다. 원시인들은 불을 피워 추위를 이겨 냈습니다. 불을 피워 사나운 동물의 공격도 피할 수 있었습니다. 원시인들은 불로 음식을 익혀 먹기도 했습니다.

_____

_____

9~10 다음 글을 읽고, 물음에 답하시오.

㉠우리 조상은 여러 가지 한과를 만들어 먹었습니다. ㉡한과는 전통 과자를 말합니다. 한과에는 약과, 강정, 엿처럼 여러 가지가 있습니다. 요즘에는 한과를 주로 시장에서 사 먹지만, 옛날에는 한과를 집에서 만들어 먹었습니다.

약과는 밀가루를 꿀과 기름 따위로 반죽해 기름에 지진 과자입니다. 꿀물이나 조청에 넣어 두어 속까지 맛이 배면 꺼내어 먹습니다. 지금은 국화 모양을 본떠서 많이 만들지만, 옛날에는 새, 물고기 같은 모양으로 만들었다고 합니다. 약과를 만들 때에는 만들고 싶은 모양으로 나무를 파서, 반죽한 것을 그 속에 넣어 찍어 냅니다.

강정은 찹쌀가루를 반죽해 기름에 튀긴 뒤에 고물을 묻힌 과자입니다. 찹쌀가루를 반죽할 때에는 꿀과 술을 넣습니다. 그런 다음에 끈기가 생길 때까지 반죽을 쳐서 갸름하게 썰어 말린 뒤 기름에 튀깁니다. 깨, 잣가루, 콩가루와 같은 고물을 묻혀 먹습니다.

「옛날에는 어떤 과자를 먹었을까요」

9 ㉠과 ㉡에 대한 설명으로 알맞지 않은 것은 무엇인지 기호를 쓰시오.

㉮ ㉠은 중심 문장이다.
㉯ ㉡은 뒷받침 문장이다.
㉰ ㉡은 ㉠을 설명하여 준다.
㉱ ㉡은 문단의 중심 생각을 나타낸다.

( )

서술형

10 이 글은 세 문단입니다. 그러한 까닭은 무엇인지 쓰시오.

_____

_____

11~13 다음 글을 읽고, 물음에 답하시오.

❶ 강정은 찹쌀가루를 반죽해 기름에 튀긴 뒤에 고물을 묻힌 과자입니다. 찹쌀가루를 반죽할 때에는 꿀과 술을 넣습니다. 그런 다음에 끈기가 생길 때까지 반죽을 쳐서 갸름하게 썰어 말린 뒤 기름에 튀깁니다. 깨, 잣가루, 콩가루와 같은 고물을 묻혀 먹습니다.

❷ 엿은 곡식이나 고구마 녹말에 엿기름을 넣어 달게 졸인 과자입니다. 엿을 만드는 데 쓰이는 곡식으로는 쌀, 찹쌀, 옥수수, 조 따위가 있습니다. 엿을 만들 때 호두나 깨, 콩 따위를 섞으면 더욱 맛있습니다. 옛날에는 가락엿을 부러뜨려, 그 속의 구멍이 더 많고 더 큰 쪽이 이기는 엿치기를 하기도 했습니다.

11 ❶, ❷ 문단의 중심 문장을 각각 찾아 쓰시오.

문단	중심 문장
❶	
❷	

응용

12 강정을 만들 때 가장 마지막에 할 일은 무엇입니까?
( )

① 고물을 묻힌다.
② 기름에 튀긴다.
③ 찹쌀가루를 반죽한다.
④ 갸름하게 썰어 말린다.
⑤ 끈기가 생길 때까지 반죽을 친다.

13 이 글을 읽고 친구들이 이야기를 나누고 있습니다. 빈칸에 알맞은 대답을 쓰시오.

가락엿을 부러뜨려, 그 속의 구멍이 더 많고 더 큰 쪽이 이기는 놀이를 무엇이라고 하는지 아니?

응, 그것은 [ ]라는 놀이야.

( )

14~15 다음 글을 읽고, 물음에 답하시오.

㈎
석유 — 소금
⊙
물고기

㈏ 우리는 바다에서 많은 것을 얻습니다. 바닷물로 소금을 만들 수 있습니다. 바다에서 석유도 얻을 수 있습니다. ⓒ

14 ㈏ 문단의 내용을 참고하여 ⊙ 안에 들어갈 생각그물의 중심 내용을 쓰시오.

15 생각그물 ㈎로 보아, ⓒ에 들어갈 뒷받침 문장으로 알맞은 것은 어느 것입니까? ( )

① 수영을 할 수 있습니다.
② 물고기가 사라지고 있습니다.
③ 바다로 여행을 가고 싶습니다.
④ 바다가 점점 더러워지고 있습니다.
⑤ 바다에서 물고기를 잡을 수 있습니다.

[16~17] 다음 글을 읽고, 물음에 답하시오.

> ㉠공으로 하는 운동에는 여러 가지가 있습니다. ㉡축구는 발로 공을 차서 골대에 넣는 운동입니다. ㉢농구는 손으로 공을 상대편 골대에 던져서 넣는 운동입니다. ㉣피구는 공을 던져 상대를 맞히는 운동입니다.

16 ㉠~㉣을 중심 문장과 뒷받침 문장으로 나누어 기호를 쓰시오.

(1) 중심 문장: (　　　　　　　　　)
(2) 뒷받침 문장: (　　　　　　　　　)

중요

17 ㉠과 같은 역할을 하는 문장을 찾는 방법으로 알맞은 것은 어느 것입니까? (　　　)

① 문단을 대표하는 내용을 찾아본다.
② 예를 들어 설명하는 부분을 찾아본다.
③ 문단에 쓰인 문장의 개수를 세어 본다.
④ 다른 내용을 보충하는 부분을 찾아본다.
⑤ 문단을 자세히 설명하는 부분을 찾아본다.

서술형

18 다음 뒷받침 문장에 알맞은 중심 문장을 쓰시오.

[　　　　　　　　　　　] 우리의 안전을 지켜 주시는 경찰관이 있습니다. 우리를 가르쳐 주시는 선생님이 있습니다. 또 맛있는 음식을 만들어 주시는 요리사도 있습니다.

19 다음 글을 읽고 ㉠과 ㉡을 각각 바르게 고쳐 쓰시오.

> 오늘은 공휴일이어서 학교에 ㉠않 갔다. 친구들이랑 축구를 하려고 먼저 현지에게 전화를 걸었다. 현지는 지난번에 다친 발이 아직 ㉡않 나아서 축구를 할 수 없다고 했다. 민철이는 집이 가까워서 전화하지 않고 집으로 찾아갔다. 민철이가 마침 집에 있어서 함께 축구를 할 수 있었다.

(1) ㉠: (　　　　　　　　　)
(2) ㉡: (　　　　　　　　　)

20 다음 글에서 바른 표기에 ○표를 하시오.

(1) 친구에게 (안 , 않) 좋은 일이 생기지 않도록 기도하자.
(2) 친구는 까닭도 묻지 (않고 , 안고) 나를 도와주었습니다.
(3) 평소에 운동을 하지 (않았다면 , 안았다면) 몸이 많이 약해졌을 거야.

1~2 다음 대화를 보고, 물음에 답하시오.

1 다음 오른쪽 그림과 같은 상황에서 필요한 로봇은 어떤 로봇인지 찾아 쓰시오.

(   ) 로봇

2 각 로봇이 하는 일에 알맞게 선으로 이으시오.

(1)	감시용 로봇 •	• ㉠ 도둑이 집에 들어오는지 감시한다.
(2)	해양 탐사 로봇 •	• ㉡ 바다 깊은 곳에 가서 그곳 상태를 조사한다.

3~5 다음 글을 읽고, 물음에 답하시오.

장승은 여러 가지 구실을 했습니다. 우리 조상은 장승이 나쁜 병이나 기운이 마을로 들어오는 것을 막아 준다고 믿었습니다. 장승은 나그네에게 길을 알려 주기도 했습니다. 또 장승은 마을과 마을 사이를 나누는 구실도 했습니다. 장승은 나무나 돌에 사람의 얼굴 형태를 조각해 만들었습니다. 할아버지처럼 친근한 얼굴도 있고, 도깨비처럼 무서운 얼굴도 있습니다. 우스꽝스러운 장난꾸러기 얼굴을 한 장승도 있습니다.

3 이 글은 크게 몇 개의 내용으로 구분할 수 있는지 쓰시오.

(   ) 개

4 이 글에서 고쳐야 할 점을 두 가지 고르시오.

(,   )

① 한 문단을 너무 짧게 썼다.
② 뒷받침 문장을 너무 많이 썼다.
③ 한 문단에 두 개의 중심 문장이 있다.
④ 문단을 시작할 때 첫 칸을 들여 쓰지 않았다.
⑤ 중심 문장에 어울리지 않는 뒷받침 문장이 있다.

5 장승은 어떻게 만드는지 찾아 쓰시오.

장승은 (   )
조각해 만든다.

중요

6 다음 글을 읽고 중심 문장과 뒷받침 문장을 구분해서 쓰시오.

> 설날에는 연날리기나 제기차기를 합니다. 정월 대보름에는 쥐불놀이를 합니다. 단오에는 씨름이나 그네뛰기를 합니다. 이처럼 우리나라에는 명절마다 하는 놀이가 있습니다.

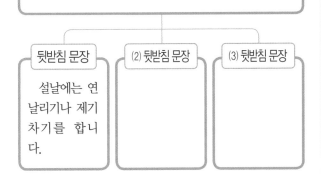

(1) 중심 문장

뒷받침 문장 | (2) 뒷받침 문장 | (3) 뒷받침 문장

설날에는 연날리기나 제기차기를 합니다.

서술형

7 친구들과 같이 전통 과자를 먹었던 경험을 쓰시오.

설날에 가족과 함께 강정을 맛있게 먹었어.

할머니께서 달콤한 약과를 주셔서 먹은 적이 있어.

8~10 다음 글을 읽고, 물음에 답하시오.

❶ 우리 조상은 여러 가지 한과를 만들어 먹었습니다. 한과는 전통 과자를 말합니다. 한과에는 약과, 강정, 엿처럼 여러 가지가 있습니다. 요즘에는 한과를 주로 시장에서 사 먹지만, 옛날에는 한과를 집에서 만들어 먹었습니다.

❷ 약과는 밀가루를 꿀과 기름 따위로 반죽해 기름에 지진 과자입니다. 꿀물이나 조청에 넣어 두어 속까지 맛이 배면 꺼내어 먹습니다. 지금은 국화 모양을 본떠서 많이 만들지만, 옛날에는 새, 물고기 같은 모양으로 만들었다고 합니다. 약과를 만들 때에는 만들고 싶은 모양으로 나무를 파서, 반죽한 것을 그 속에 넣어 찍어 냅니다.

8 다음은 무엇에 대한 설명인지 쓰시오.

> 우리 조상이 옛날부터 만들어 먹던 전통 과자

( )

9 ❷ 문단에서 중심 문장에 어울리는 뒷받침 문장을 쓴 방법은 무엇입니까? ( )

① 중심 문장에 대한 예를 들었다.
② 중심 문장의 내용을 짧게 간추렸다.
③ 중심 문장과 비슷한 다른 문장을 썼다.
④ 중심 문장의 내용을 자세히 설명하였다.
⑤ 중심 문장의 내용을 여러 번 반복하였다.

10 약과를 만드는 차례에 맞게 기호를 쓰시오.

> ㉠ 기름에 지진다.
> ㉡ 꿀물이나 조청에 넣어 둔다.
> ㉢ 밀가루를 꿀과 기름 따위로 반죽한다.

( ) → ( ) → ( )

11~13 다음 글을 읽고, 물음에 답하시오.

❶ 강정은 찹쌀가루를 반죽해 기름에 튀긴 뒤에 고물을 묻힌 과자입니다. 찹쌀가루를 반죽할 때에는 꿀과 술을 넣습니다. 그런 다음에 끈기가 생길 때까지 반죽을 쳐서 갸름하게 썰어 말린 뒤 기름에 튀깁니다. 깨, 잣가루, 콩가루와 같은 고물을 묻혀 먹습니다.

❷ 엿은 곡식이나 고구마 녹말에 엿기름을 넣어 달게 졸인 과자입니다. 엿을 만드는 데 쓰이는 곡식으로는 쌀, 찹쌀, 옥수수, 조 따위가 있습니다. 엿을 만들 때 호두나 깨, 콩 따위를 섞으면 더욱 맛있습니다. 옛날에는 가락엿을 부러뜨려, 그 속의 구멍이 더 많고 더 큰 쪽이 이기는 엿치기를 하기도 했습니다.

11 ❶, ❷ 문단을 읽고 알맞은 것을 골라 ○표를 하시오.

• 두 문단은 중심 문장이 문단의 (처음 , 끝)에 있다.

12 다음은 한과 중 어떤 과자에 대한 설명인지 찾아 ○표를 하시오.

찹쌀가루를 반죽해 기름에 튀긴 뒤에 고물을 묻힌 과자입니다.

(1)	(2)	(3)
▲ 약과	▲ 강정	▲ 엿
( )	( )	( )

서술형

13 엿치기는 어떻게 하는 놀이인지 찾아 쓰시오.

_____

_____

주의

14 다음 문장의 뒷받침 문장으로 알맞지 않은 것은 어느 것입니까? ( )

우리는 바다에서 많은 것을 얻는다.

① 바닷물로 소금을 만들 수 있다.
② 바다에서 석유를 얻을 수 있다.
③ 산은 우리에게 맑은 공기를 제공하여 준다.
④ 바다에서 여러 가지 해산물을 얻을 수 있다.
⑤ 밀물과 썰물의 차이를 이용하여 발전소를 만들어 전기를 얻을 수 있다.

15~16 다음 글을 읽고, 물음에 답하시오.

㉠공으로 하는 운동에는 여러 가지가 있습니다. 축구는 발로 공을 차서 골대에 넣는 운동입니다. 농구는 손으로 공을 상대편 골대에 던져서 넣는 운동입니다. 피구는 공을 던져 상대를 맞히는 운동입니다.

15 ㉠에 대해 바르게 말한 것을 찾아 ○표를 하시오.

(1) 중심 문장을 설명해 주는 뒷받침 문장이다.

( )

(2) 문단에서 가장 중요한 내용으로 중심 생각을 나타내는 문장이다.

( )

응용

16 이 글에서 뒷받침 문장은 중심 문장을 어떻게 뒷받침하고 있습니까? ( )

① 예를 들었다.
② 의견을 제시하였다.
③ 간단히 정리하였다.
④ 여러 번 강조하였다.
⑤ 반대되는 예를 들었다.

17 친구들이 '다양한 직업'에 대하여 말하고 있습니다. 친구들이 말한 생각을 바탕으로 글을 쓸 때에 누구의 말을 중심 문장으로 정하면 좋을지 쓰시오.

(   )

서술형

18 다음 중심 문장을 읽고 예를 들어 뒷받침 문장을 한 가지 쓰시오.

중심 문장	우리가 주변에서 볼 수 있는 곤충은 여러 가지가 있다.
뒷받침 문장	_____ _____

19 다음 글을 읽고 중심 문장과 뒷받침 문장으로 구분하여 쓰시오.

    동물들은 보호색으로 자신의 몸을 지킵니다. 나뭇잎을 기어 다니는 애벌레는 초록색이어서 눈에 잘 띄지 않습니다. 나방은 나무껍질과 비슷한 보호색으로 천적을 속입니다. 개구리도 사는 곳에 따라 녹색이나 갈색으로 색깔을 바꾸어 자신을 보호합니다. 카멜레온은 주변 환경에 따라 색깔을 바꾸는 대표 동물입니다.

「동물들의 보호색」

중심 문장	(1)
뒷받침 문장	(2)
	나방은 나무껍질과 비슷한 보호색으로 천적을 속입니다.
	개구리도 사는 곳에 따라 녹색이나 갈색으로 색깔을 바꾸어 자신을 보호합니다.
	(3)

20 다음 글을 읽고 ㉠에 들어갈 중심 문장으로 알맞은 것은 무엇입니까? (   )

    | ㉠ | 햄스터는 작고 귀엽게 생겼습니다. 햄스터는 영리해서 똥오줌도 스스로 가립니다. 또 햄스터는 자기 집을 늘 깨끗하게 청소합니다. 햄스터는 종류도 다양합니다. 그래서 내가 키우고 싶은 종류를 선택해서 기를 수 있습니다.

「내가 좋아하는 동물, 햄스터」

① 나는 동물을 좋아합니다.
② 나는 햄스터를 좋아합니다.
③ 햄스터를 괴롭히면 안 됩니다.
④ 햄스터의 종류는 여러 가지입니다.
⑤ 햄스터는 좁은 공간에서도 기를 수 있습니다.

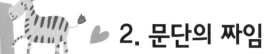
1~3

> (가) 약과는 밀가루를 꿀과 기름 따위로 반죽해 기름에 지진 과자입니다. 꿀물이나 조청에 넣어 두어 속까지 맛이 배면 꺼내어 먹습니다. 지금은 국화 모양을 본떠서 많이 만들지만, 옛날에는 새, 물고기 같은 모양으로 만들었다고 합니다. 약과를 만들 때에는 만들고 싶은 모양으로 나무를 파서, 반죽한 것을 그 속에 넣어 찍어 냅니다.
>
> (나) 엿은 곡식이나 고구마 녹말에 엿기름을 넣어 달게 졸인 과자입니다. 엿을 만드는 데 쓰이는 곡식으로는 쌀, 찹쌀, 옥수수, 조 따위가 있습니다. 엿을 만들 때 호두, 깨, 콩 따위를 섞으면 더욱 맛있습니다. 옛날에는 가락엿을 부러뜨려, 그 속의 구멍이 더 많고 더 큰 쪽이 이기는 엿치기를 하기도 했습니다.

도움말

옛날 과자의 종류와 특성에 대해 설명하고 있는 글입니다.

1 약과를 만드는 과정을 차례대로 쓰시오.

(1) [   ]

↓

(2) [   ]

↓

(3) [   ]

1 (가) 문단의 내용을 차례대로 정리해 봅니다.

2 옛날에 만들어 먹던 약과와 요즘 만들어 먹는 약과의 차이점을 쓰시오.

_____

_____

2 밀가루를 반죽해 기름에 지진 뒤에 국화 모양을 본떠서 만든 과자가 약과입니다.

3 이 글을 읽고 엿을 만드는 재료를 사러 시장에 가기 전에 간단하게 메모를 하였습니다. 빈칸에 들어갈 내용을 쓰시오.

(1) 만드는 방법	
(2) 필요한 재료	

3 (나) 문단을 읽고 해당하는 내용에 맞게 써 넣어 봅니다.

4~6

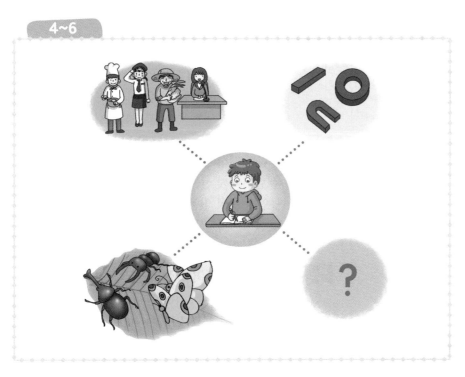

도움말

⭐ 평소 자신이 쓰고 싶었던 것에 대해
자세히 알아보고 글을 써 봅니다.

2
단원

4 자신이 쓰고 싶은 글은 무엇인지 쓰시오.

4 글의 내용을 좀 더 체계적으로 쓸 수 있
도록 자신이 쓰고 싶은 내용을 알맞게 떠
올려 봅니다.

5 문제 **4**번에서 정한 쓸 내용을 생각그물로 정리하여 쓰시오.

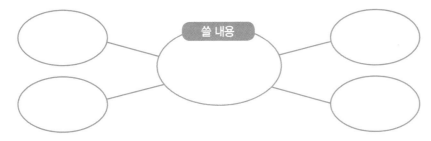

쓸 내용

5 마음속에 지도를 그리듯이 생각그물을 이
용하여 떠올리면 더 쉽게 정리할 수 있습
니다.

6 자신이 **5**번에서 정리한 내용에 대한 정보를 찾아보고 중심 문장과 뒷받침
문장을 정하여 한 문단으로 정리하여 쓰시오.

6 뒷받침 문장에서 중심 문장의 내용에 대
한 예를 들 수도 있습니다.

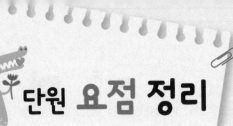

단원 요점 정리

3. 알맞은 높임 표현

핵심 1 높임 표현을 사용하는 경우 알기

• 높임 표현이란 대상을 높여서 말하는 것으로 대상을 ★공경하는 마음이 담겨 있습니다.
• 어른들께 높임 표현을 사용하지 않는다면 예의가 없게 느껴지고 어른들이 기분이 안 좋으실 것입니다.
• 높일 대상이 웃어른인지 아닌지, 말하는 사람과 어느 정도 친한지, 듣는 사람이 혼자인지 여럿인지 등에 따라 높임 표현이 달라집니다.
• 듣는 사람이 말하는 사람보다 웃어른일 때 높임 표현을 사용합니다.

진수야, 이 책이 재미있을 것 같아.

아버지, 이 책이 재미있을 것 같아요.

→ 듣는 사람이 동생인 경우와 아버지인 경우로 서로 다릅니다.

• 행동하는 사람이 말하는 사람보다 웃어른일 때 높임 표현을 사용합니다.

저기 진호가 간다.

저기 선생님께서 가신다.

→ 교문 안으로 들어가는 사람이 각각 친구와 선생님입니다.

• '누구에게'에 해당하는 사람이 말하는 사람보다 웃어른일 때 사용합니다.

동생에게 줄 선물이야.

어머니께 드릴 선물이야.

→ 선물을 줄 사람이 동생인 경우와 어머니인 경우로 서로 다릅니다.

높임 표현을 사용하는 경우가 많이 있습니다.

핵심 2 높임 표현을 사용하는 방법 알기

문장을 '요'로 끝맺어 듣는 사람을 높이기도 합니다.

• '-습니다'를 써서 문장을 끝맺습니다.
예 아버지, 학교에 다녀왔습니다.
• 높임을 나타내는 '-시-'를 넣습니다.
예 선생님께서도 여기로 오시니?
• 높임의 대상에게 '께서'나 '께'를 사용합니다.
예 할머니께 선물을 드릴게요.
• 높임의 뜻이 있는 특별한 낱말을 사용합니다.
예 할아버지 ★진지 잡수세요.
→ '밥'의 높임 표현의 낱말

핵심 3 높임 표현과 언어 예절을 생각하며 대화하기

• 겸손한 마음을 지닙니다.
• 상대를 존중하고 공경하는 마음을 지닙니다.
• 물건을 높이는 높임 표현을 사용하지 않습니다.

예

이 신발은 인기 있는 신발이세요. (×)
이 신발은 인기 있는 신발이에요. (○)

핵심 4 높임 표현을 사용해 역할놀이 하기

• 높임의 대상에 맞게 알맞은 높임 표현을 사용해야 합니다. → 사람이 아닌 대상을 높여서 표현하지 않습니다.
• 높임의 방법에 맞게 높임을 나타내야 합니다.
• 높이는 상대를 존중하고 존경하는 마음이 있어야 합니다.

국어 활동 ♥

핵심 5 ★받침소리의 변화

• 받침 'ㅎ'은 뒤따르는 소리에 따라 발음을 달리해야 합니다.
• 받침 'ㅎ'이 'ㄱ'을 만나면 [ㅋ]으로, 'ㄷ'을 만나면 [ㅌ]으로, 'ㅈ'을 만나면 [ㅊ]으로 발음됩니다.
예 않고 → [안코]
쌓지 → [싸치]

높임 표현을 사용하는 경우

• 상대방에게 공경하는 마음을 나타내기 위해서는 높임 표현을 사용하여 말해야 합니다.

• 처음 만나거나 여러 사람 앞에서 발표할 때와 같이 예의를 갖추어야 하는 자리에서는 높임 표현을 사용합니다.

높임의 뜻이 있는 특별한 낱말 알기 예

• 사람 – 분
• 나이 – 연세
• 묻다 – 여쭙다
• 딸 – 따님
• 데리다 – 모시다
• 보다 – 뵙다
• 자다 – 주무시다
• 먹다 – 잡수시다, 드시다
• 집 – 댁
• 생일 – 생신
• 아프다 – 편찮으시다
• 주다 – 드리다

「백화점, 편의점 등에서 물건을 높이는 말, 들어 보셨나요?」에 나온 잘못된 높임 표현

• 구두를 가리켜 "특별 할인 제품이시고요."라고 했습니다.

• 커피를 가리켜 "나오셨습니다."라고 했습니다.

• 말하는 대상이 사물인 경우에 높임 표현을 사용하지 않습니다.

낱말 사전

★ 공경 공손히 받들어 모심.
★ 진지 '밥'의 높임 표현.
★ 받침소리 글자의 구성에서 마지막 소리인 자음. '감', '공'에서 'ㅁ', 'ㅇ' 등을 가리킴.

1 ☐☐☐☐ 이란 대상을 높여서 말하는 것입니다.

2 높임 표현에는 대상을 ☐☐ 하는 마음이 담겨 있습니다.

3 높임 표현은 듣는 사람이 말하는 사람보다 ☐☐☐ 이거나 여러 명일 때 사용합니다.

4 '☐☐☐☐'에 해당하는 사람이 말하는 사람보다 웃어른일 때에는 높임 표현을 사용합니다.

5 높임 표현을 사용하여 문장을 끝맺을 때에는 '-습니다'나 '☐'를 씁니다.

6 행동하는 사람을 높일 때에는 문장을 끝맺는 말에 '-☐-'를 넣습니다.

7 '밥'을 높임의 뜻이 있는 특별한 낱말로 바꾸면 ☐☐가 됩니다.

8 ☐☐을 높이는 높임 표현을 사용하지 않습니다.

9 받침 'ㅎ'은 뒤따르는 소리에 따라 발음이 달라지는데 'ㄱ'을 만나면 [☐]으로 발음됩니다.

10 '쌓지'를 소리 나는 대로 표기하면 '☐☐'가 됩니다.

3. 알맞은 높임 표현

도움말

1. 부모님, 선생님과 같은 어른들께 말할 때 사용하는 말을 생각해 봅니다.

2. 웃어른이 아닌 사람을 찾아봅니다.

3. 어머니는 웃어른이므로 높임 표현을 사용하려면 문장을 어떻게 끝맺어야 할지 생각해 봅니다.

핵심 1

1 다음은 무엇에 대한 설명인지 쓰시오.

> 웃어른을 공경하는 마음을 담아 하는 말로 상대방을 높여서 이르는 말.

(   )

핵심 1

2 다음 중 높임 표현을 사용하지 않아도 되는 사람은 누구입니까? (   )

① 부모님   ② 할머니   ③ 선생님
④ 내 짝꿍   ⑤ 할아버지

핵심 2

3 상황에 알맞은 높임 표현을 골라 ○표를 하고, 높임을 나타낸 방법에 맞게 빈칸에 들어갈 말을 써넣으시오.

어머니, 학교에 (1) (다녀왔다, 다녀왔습니다).

(2) 문장을 '–(   )'을/를 써서 끝맺었다.

핵심 3

4 다음 중 높임 표현이 잘못 사용된 문장은 어느 것입니까? (　　　)

① 이모, 빨리 뵙고 싶어요.
② 할머니, 건강히 잘 지내세요?
③ 삼촌, 그곳 날씨는 어떠신가요?
④ 엄마, 차려 주신 간식 잘 먹었습니다.
⑤ 충분히 사용하신 뒤에 돌려 달라고 전해 드리렴.

도움말

4. 높임의 대상이 아닌 것을 높인 경우를 찾아봅니다.

3
단원

핵심 4

5 다음 문장을 어머니를 높이는 경우에 맞게 바꾸어 쓰시오.

어머니가 공원에 간다.

↓

5. 높임의 대상이 어머니이므로 대상에 알맞은 말을 사용해야 합니다.

핵심 5

6 다음 보기 의 밑줄 그은 낱말은 어떻게 발음되는지 쓰시오.

보기

노력하지 <u>않고</u> 좋은 결과를 얻을 수는 없다.

[　　　　　　　　]

6. 받침 'ㅎ'이 'ㄱ'을 만나면 어떤 소리로 발음되는지 생각해 봅니다.

1 높임 표현에 대한 설명으로 알맞은 것은 어느 것입니까? (   )

① 공식적인 자리에서만 사용한다.
② 친구에게 진심을 전할 때 사용한다.
③ 웃어른을 공경하는 마음이 담겨 있다.
④ 할아버지가 내 동생에게 하는 말이다.
⑤ 친구나 동생처럼 아랫사람에게 하는 말이다.

2~3 다음 대화를 보고, 물음에 답하시오.

2 대화 (가)와 (나)에서 말하고자 하는 내용이 같은데도 다르게 말한 까닭을 쓰시오.

• (   )이 다르기 때문이다.

3 대화 (나)에서 사용한 높임 표현은 무엇인지 찾아 쓰시오.

• 문장을 (   )로 끝맺었다.

4~5 다음 대화를 보고, 물음에 답하시오.

4 대화 (가), (나)에서 높임의 대상이 된 사람은 각각 누구인지 선으로 이으시오.

(1) 대화 (가)   •   • ㉠ 아버지

(2) 대화 (나)   •   • ㉡ 선생님

 주의

5 대화 (가)와 (나)에서 문장을 끝맺는 말에 공통으로 쓰인 높임 표현은 무엇인지 찾아 기호를 쓰시오.

㉠ 높임을 나타내는 '-시-'를 사용했다.
㉡ 문장을 '요'로 끝맺어 듣는 사람을 높였다.
㉢ 높임의 뜻이 있는 특별한 낱말을 사용했다.

(   )

6 다음 대화에서 높임을 표현한 방법을 찾아 모두 ○표를 하시오.

(1) 높임을 나타내는 '−시−'를 사용했다. ( )

(2) 높임의 대상에게 '께서'나 '께'를 사용했다. ( )

(3) 높임의 뜻이 있는 특별한 낱말을 사용했다. ( )

7 다음 중 '께'나 '께서'를 넣어 높임을 나타낸 문장을 두 가지 고르시오. (,)

① 오늘이 바로 할머니의 생신이다.

② 지후야, 우리 아버지께 편지 쓰자.

③ 설날에 할아버지께 세배를 하였다.

④ 우리 선생님의 취미는 독서라고 하셨다.

⑤ 어머니, 친구네 집에서 놀다 오겠습니다.

8 남자아이가 빨간색으로 표시된 말을 사용한 까닭을 쓰시오.

9 다음 그림을 보고 상황에 알맞은 말을 골라 ○표를 하시오.

(1)

(2)

(3)

10 높임을 나타내는 방법으로 알맞지 않은 것은 어느 것입니까? ( )

① 문장을 '−습니다'로 끝맺는다.

② 높임을 나타내는 '−시−'를 넣는다.

③ 높임의 대상에게 '께서'나 '께' 사용한다.

④ 듣는 사람이 좋아하는 낱말을 사용한다.

⑤ 높임의 뜻이 있는 특별한 낱말을 사용한다.

11 ㉠을 웃어른께 하는 말로 바르게 고쳐 쓰시오.

_____

12 정음이와 대화한 할머니의 마음이 좋지 않으셨습니다. 할머니께서 정음이에게 하실 말씀을 쓰시오.

> 정음아, 웃어른과 대화할 때에는 _____
> _____

13 다음 글에서 사용한 높임 표현에 대해 알맞게 말한 것에 ○표를 하시오.

> 구두 판매원: 이 구두는 특별 할인 제품이시고요.
>
> 커피 가게 점원: 주문하신 아메리카노 나오셨습니다.
>
> 휴대 전화 판매원: 이 핸드폰은 매진되셨어요.

(1) 듣는 사람이 웃어른이므로 '-님'을 붙여 말했다.
( )

(2) 높임을 나타내는 '-시-'를 사용해 물건을 높였다. ( )

14 대화 ㈎에서 남자아이가 높임 표현을 사용한 까닭은 무엇이입니까? ( )

① 교실이기 때문이다.
② 여러 명이 듣기 때문이다.
③ 친구들을 공경하기 때문이다.
④ 듣는 사람이 한 명이기 때문이다.
⑤ 친구들을 웃어른이라고 생각했기 때문이다.

15 ㉠에 알맞은 말을 모두 찾아 기호를 쓰시오.

㉮	㉯	㉰
선생님, 할 말이 있어.	선생님, 드릴 말씀이 있어요.	선생님, 드릴 말씀이 있습니다.

( )

16 훈민이가 한 말 가운데에서 잘못된 점을 찾아 바르게 고쳐 쓰시오.

> 선생님: 종이접기를 하고 남은 색종이를 사물함에 넣어 두세요.
> 정음: 네.
> 훈민: 정음아, 선생님이 뭐라고 했어?
> 정음: 남은 색종이를 사물함에 넣어 두라고 하셨어.

(1) 잘못된 점	
(2) 바르게 고쳐 쓴 문장	

17 다음 훈민이가 말한 것을 바르게 고쳐 말한 것은 무엇입니까? (   )

① 옆집 아주머니가 집에 있어?
② 옆집 아주머니가 댁에 있어?
③ 옆집 아주머니가 집에 있으셔?
④ 옆집 아주머니께서 집에 계실까?
⑤ 옆집 아주머니께서 댁에 계실까요?

18 높임의 뜻이 있는 특별한 낱말이 아닌 것은 어느 것입니까? (   )

① 댁   ② 께서
③ 주다   ④ 드리다
⑤ 계시다

국어 활동

19 다음 상황을 보고 친구들이 나눈 대화입니다. 빈칸에 알맞은 말을 쓰시오.

진규	(1) ( )을/를 높여서 말하였어. 그런데 어떤 방법으로 높임을 나타낸 거지?
윤서	(2) '모시고'와 같이

20 다음 밑줄 그은 낱말은 어떻게 발음되는지 쓰시오.

> 기초를 쌓지 않고 건물을 지을 수는 없다.

[   ]

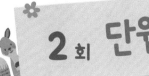

1~3 다음 대화를 보고, 물음에 답하시오.

(가) 저기 진호가 간다.

(나) 저기 선생님께서 가신다.

(다) 동생에게 줄 선물이야.

(라) 어머니께 드릴 선물이야.

1 대화 (가)~(라)에서 높임 표현을 사용한 대화를 모두 골라 기호를 쓰시오.

( )

2 대화 (나)와 (라)에서 사용한 높임 표현 두 가지를 고르시오. (,)

① 저기 ② 께서
③ 보여 ④ 싶어
⑤ 드릴

3 대화 (라)에서 사용한 높임 표현을 찾아 모두 ○표를 하시오.

(1) 높임을 나타내는 '-시-' 넣기 ( )
(2) 문장을 '-습니다'를 써서 끝맺기 ( )
(3) 높임의 대상에게 '께서'나 '께' 사용하기 ( )
(4) 높임의 뜻이 있는 특별한 낱말 사용하기 ( )

4 다음과 같은 방법으로 높임 표현을 사용한 문장은 어느 것입니까? ( )

> 높임의 대상에게 '께서'나 '께'를 사용하였다.

① 부모님, 사랑합니다.
② 아버지께 생일 선물을 받았다.
③ 주말에 이모 댁에 놀러 가기로 하였다.
④ 할머니와 함께 공원으로 산책을 나갔다.
⑤ 오늘따라 집안일을 하시는 어머니의 손이 거칠어 보였다.

서술형

5 다음 대화에서 알맞은 높임 표현에 ○표를 하고, 높임의 대상과 높임을 표현한 방법을 쓰시오.

(1) 어머니, 학교에 (다녀왔다 , 다녀왔습니다).

(2) 높임의 대상 : ( )

(3) 높임을 표현한 방법 : _____

_____

6~8 다음 대화를 보고, 물음에 답하시오.

(가)

할아버지께서 오셨어요.

(나)

할머니께 선물을 주다.

(다)

할아버지 진지 잡수세요.

6 대화 (가)에 사용된 높임 표현에 알맞지 <u>않은</u> 설명은 어느 것입니까? (   )

> "할아버지께서 오셨어요."

① 높인 대상은 '할아버지'이다.
② 사용된 높임 표현은 '오셨어요'이다.
③ '가'를 사용하여 높임을 나타내었다.
④ 문장을 '-요'로 끝내 높임을 나타내었다.
⑤ 말을 듣는 사람을 높이기 위하여 높임 표현을 사용하였다.

7 대화 (나)에 빨간색으로 표시된 낱말을 상황에 맞게 고쳐 쓰시오.

> 할머니께 선물을 (   ).

8 대화 (다)를 보고 현수와 윤서가 이야기를 나누었습니다. 빈칸에 알맞은 말을 쓰시오.

현수	(1) ( )을/를 높여서 말하였어. 그런데 어떤 방법으로 높임을 나타낸 거지?
윤서	(2) _____ 을 사용하였어.

9 다음 낱말과 높임의 뜻이 있는 특별한 낱말을 짝지은 것 가운데에 <u>틀린</u> 것은 무엇입니까? (   )

① 집 – 댁
② 사람 – 분
③ 묻다 – 묻어요
④ 데리다 – 모시다
⑤ 먹다 – 잡수시다, 드시다

10 다음 문장을 알맞은 높임 표현을 사용하여 고쳐 쓰시오.

> 할머니, 물어볼 것이 있어요.
>
> ↓

11~12 다음 대화를 보고, 물음에 답하시오.

11 할머니께서 정음이와 대화하면서 기분이 좋지 않으셨다면 그 까닭은 무엇일지 찾아 ○표를 하시오.

(1) 정음이가 친구에게 사용하는 말로 대화해서
( )

(2) 정음이가 할머니의 질문에 엉뚱한 대답을 해서
( )

서술형

12 다음은 할머니와 정음이가 나눈 대화입니다. 정음이가 어떻게 대답해야 할지 쓰시오.

할머니	정음아, 할머니께 높임 표현을 사용하여 다시 대답해 보렴.
정음	

13 다음 중 높임 표현이 <u>잘못</u> 사용된 문장은 어느 것입니까? ( )

① 가전제품은 3층입니다.

② 이모, 빨리 뵙고 싶어요.

③ 주문하신 음식 나왔습니다.

④ 할머니, 건강히 잘 지내세요?

⑤ 작은 것은 천 원이시고 큰 것은 이천 원이세요.

14~15 다음 대화를 보고, 물음에 답하시오.

14 대화 (가)에서 아버지와 정음이가 높인 대상은 각각 누구인지 선으로 이으시오.

(1) 아버지 ·   · ㉠ 할머니

(2) 정음 ·   · ㉡ 아버지

15 대화 (나)에서 빨간색으로 표시된 부분을 바르게 고쳐 말한 친구에게 ○표를 하시오.

(1) 끝을 '-습니다'를 사용해서 '신발습니다.'로 고쳐야 해.

(2) 신발은 사물이므로 '신발이에요.'로 말하는 것이 맞아.

(3) 사물은 높이면 안 되기 때문에 '신발이다.'라고 간단하게 말하는 것이 맞아.

( )   ( )   ( )

16~18 다음 글을 읽고, 물음에 답하시오

　선생님께서 수업 시간에 쓴 학생들의 활동지를 보고 계셨습니다. 그러다가 수현이를 찾으셨습니다.

선생님: 김수현, 수현이 어디 있니?
훈민: 조금 전에 화장실에 간 것 같던데요.
선생님: 그럼 수현이가 교실에 들어오면 좀 오라고 하렴.
훈민: 네.

　잠시 뒤, 수현이가 교실에 들어와 자리에 앉았습니다. 훈민이는 수현이를 보고는 다가가서 말합니다.

훈민: 수현아, 선생님이 너 ㉠오래.
수현: 그래. 그런데 높임 표현이 좀 이상한 것 같지 않니?
훈민: 아, 선생님이 너 오시래. 아니다, ㉡선생님께서 너 오시라고 하셔. 이 표현이 맞아?

16 어떤 상황입니까? (　　　)

① 선생님께서 훈민이를 찾고 계신다.
② 선생님과 훈민이는 같은 반 친구이다.
③ 선생님과 수현이가 만나 대화하고 있다.
④ 훈민이와 수현이가 선생님보다 웃어른이다.
⑤ 훈민이가 선생님께서 하신 말씀을 수현이에게 전하였다.

17 ㉠을 알맞은 높임 표현으로 쓰시오.

(　　　　　　　　　).

18 ㉡에서 훈민이가 잘못 말한 것을 찾고 바르게 고쳐 쓰시오.

(　　　　　　　) ➡ (　　　　　)

19 파란색으로 쓰인 부분에 주의하며 높임을 표현한 방법을 보기 에서 골라 번호를 쓰시오.

보기

① '-습니다'또는 '요'를 써서 문장을 끝맺는다.
② 높임을 나타내는 '-시-'를 넣는다.
③ 높임의 대상에게 '께'나 '께서'를 쓴다.
④ 높임의 뜻이 있는 특별한 낱말을 사용한다.

(1)

아버지와 함께 할머니를 모시고 병원에 다녀왔습니다.

• 남자아이가 높임을 표현한 방법:
(　　　　, 　　　　)

(2)

분명한 목소리로 발표해야 해요.

• 남자아이가 높임을 표현한 방법:
(　　　　　　　)

20 파란색으로 쓰인 낱말의 'ㅎ'이 어떻게 발음되는지 쓰시오.

(1) 노력하지 않고 좋은 결과를 얻을 수는 없다.
[　　　　　　　　　]

(2) 기초를 쌓지 않고 건물을 지을 수는 없다.
[　　　　　　　　　]

국어 86~107쪽 국어 활동 22~39쪽

1 다음 보기 와 같이 높임 표현을 사용하는 경우를 한 가지 쓰시오.

보기

길에서 이웃집 아저씨를 뵈었을 때

도움말

⭐ 할머니, 할아버지, 부모님, 선생님 등 높임 표현을 써야 하는 웃어른과의 관계에서 일어날 수 있는 일을 생각해 봅니다.

2~3

옛날, 어느 마을에 젊었을 때부터 고기 파는 일을 하던 바우라는 노인이 있었습니다.

어느 날, 젊은 양반 두 사람이 거의 같은 시간에 고기를 사러 왔습니다. 먼저 온 양반은 박 노인에게 이렇게 말했습니다.

"바우야, 쇠고기 한 근만 다오."

"알겠습니다."

박 노인은 건성으로 대답하며 대충 고기를 잘라 주었습니다. 그런데 뒤이어 들어온 양반은 깍듯하게 좋은 말투로 부탁했습니다.

"박 서방, 쇠고기 한 근만 주시오."

"아이고, 네. 조금만 기다리시지요."

박 노인은 웃으면서 대답하고, 가장 좋은 부위의 고기를 뭉텅 잘라 주었습니다. 먼저 고기를 산 양반이 가만히 보니 자기가 산 것보다 고기가 좋아 보이고 양도 훨씬 많아 보였습니다.

그는 박 노인에게 버럭 화를 내며 말했습니다.

"야, 바우야! 똑같은 한 근인데, 어째서 이렇게 다르게 주느냐? 말 좀 해 봐라!"

박 노인이 태연히 대답했습니다.

"그러니까 손님 것은 바우 놈이 자른 것이고, 이분 것은 박 서방이 자른 것이기 때문이랍니다."

「박바우와 박 서방」

2 '박바우'와 '박 서방'은 누구를 가리키는 말인지 쓰시오.

2 고기를 파는 노인을 어떻게 부르고 있는지 살펴봅니다.

3 박 노인이 젊은 양반 두 사람의 말을 들었을 때 각각 어떤 마음이 들었을지 쓰시오.

3 같은 사람을 가리키더라도 어떤 호칭으로 부르느냐에 따라 느낌이 다릅니다.

4 다음 그림을 보고 여자아이와 대화하는 할머니의 마음은 어떠할지 쓰시오.

애야, 무엇을 그렇게 재미있게 보니?

지난겨울에 찍은 내 사진이야, 할머니도 한번 볼래?

---

4 높임 표현을 사용해야 하는 까닭과 연관 지어 생각합니다.

5 다음 보기 와 같이 높임의 뜻이 있는 특별한 낱말을 사용하여 짧은 글을 지으시오.

보기

옆집 아주머니께서 댁에 계실까요?

---

5 높임의 뜻이 있는 특별한 말을 떠올려 씁니다.

---

6 웃어른께 문제 **5**번과 같이 말해야 하는 까닭을 쓰시오.

6 할아버지, 할머니, 부모님, 선생님 등 웃어른께 높임 표현을 사용하는 까닭을 생각해 봅니다.

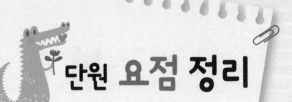

단원 요점 정리 · 4. 내 마음을 편지에 담아

핵심 1 *마음을 전한 경험 나누기

• 마음을 전하는 말을 할 때에는 어떤 마음을 전할지 떠올려 봅니다.
• 마음을 전하는 말을 하는 까닭이 잘 드러나게 이야기해야 합니다.
• 어떤 상황에서 마음을 전하면 좋을지 알아봅니다.
 예 할머니의 생신 때 →축하하는 마음
  친구가 책을 빌려줬을 때 →고마운 마음
  달리기하다 친구가 넘어졌을 때 →위로하는 마음

> 마음을 나타내는 '이럴 때에는 이렇게 말해요' 놀이 하기
> 1. 서너 명씩 짝을 짓는다.
> 2. 상황 카드를 그림이 보이지 않게 책상 위에 뒤집어 놓는다.
> 3. 가위바위보를 해서 이긴 사람이 상황 카드를 하나 골라 그 상황에 알맞은 마음을 나타내는 말을 한다.
> 4. 알맞게 대답했으면 고른 상황 카드는 자기에게 두고 다음 사람에게 차례를 넘긴다. 상황 카드를 모두 쓰면 놀이를 마친다.

핵심 2 *편지를 읽고 마음을 나타내는 말 익히기

• 편지를 읽고 마음을 나타내는 말을 찾아봅니다.
• 자신이 경험한 일을 바탕으로 마음을 나타내는 말을 전합니다.
• 마음을 전하는 말을 듣거나 편지, 쪽지, 전자 우편 등을 받은 경험을 떠올려 봅니다.

> 마음을 나타낼 때에는 "괜찮아.", "잘했어.", "고마워."와 같이 쓸 수 있어요.

핵심 3 글을 읽고 글쓴이의 마음 짐작하기

• 글쓴이가 어떤 일을 겪었는지 살펴봅니다.
• 글쓴이의 말이나 행동에 나타난 마음을 짐작해 봅니다.
• 글쓴이가 자신의 마음을 표현한 말이나 행동을 찾아봅니다. →글쓴이의 마음을 짐작하는 데 도움이 되는 말과 행동을 파악해야 합니다. 또 비슷한 경험을 떠올려 봅니다.

핵심 4 마음이 잘 드러나게 편지 쓰는 방법

• 전하고 싶은 마음이 잘 나타나게 씁니다.
• 전하고 싶은 마음을 드러내는 표현을 사용하고, 그때 자신의 생각이나 느낌을 자세히 씁니다.
 – 예 리디아가 쓴 편지를 읽고 리디아의 마음을 나타내는 낱말 알아보기

> 하늘을 날 듯 신난다.
>
> 가슴이 벅차다.
>
> 가슴이 너무 쿵쿵거려서 아래층 손님들한테까지 제 심장 뛰는 소리가 들릴 것만 같아요.
>
> 즐겁다.
>
> 기쁘다.

• 편지의 형식에 맞게 씁니다. →받을 사람, 첫인사, 전하고 싶은 말, 끝인사, 쓴 날짜, 쓴 사람을 갖추어 씁니다.

핵심 5 마음을 담아 편지 쓰기

• 주변에서 마음을 전하고 싶은 사람을 떠올려 봅니다.
• 떠올린 사람에게 전하고 싶은 마음을 정리해 봅니다.
• 마음을 나타내는 말로 전하고 싶은 마음이 잘 드러나게 편지를 써 봅니다.
• 편지를 잘 썼는지 스스로 확인해 봅니다.

편지의 형식에 맞게 썼다.	➡
마음을 전하고 싶은 일을 잘 나타냈다.	➡
그때의 생각이나 느낌을 자세하게 썼다.	➡
마음을 나타내는 말을 알맞게 썼다.	➡

매우 잘함: ◎, 잘함: ○, 보통: △

국어 활동

핵심 6 편지에 대해 이해하기

• 편지를 읽고 마음을 나타내는 말을 잘 알고 있는지 살펴봅니다.
• 전하려는 마음이 잘 드러나게 쓰고, 편지 형식을 갖춰 씁니다.
• 마음이 드러나게 편지 쓰는 방법을 확인합니다.

 조금 더 알기

마음을 나타내는 말

인물의 마음	해야 할 말
칭찬하는 마음	"자랑스러워.", "정말 잘했어.", "나도 너를 닮고 싶어." 등
격려하는 마음	"힘들지?", "힘내.", "응원할게.", "포기하지 마." 등
위로하는 마음	"속상했지?", "다음에는 더 잘할 수 있을 거야." 등

「리디아의 정원」 줄거리

• 1930년대에 미국이 경제적으로 아주 어려웠던 때의 이야기입니다.

줄거리: 리디아는 아버지가 일자리를 잃고 생활이 어려워져서 도시에서 빵 가게를 하는 외삼촌 댁으로 간다. 리디아는 그곳에서 틈틈이 빵 가게 옥상에 꽃밭을 가꾼다. 어느 날 그 꽃밭을 본 외삼촌은 몹시 감격하게 된다. 그리고 일주일 뒤, 외삼촌은 리디아에게 직접 만든 케이크와 함께 기쁜 소식을 전해 준다.

뜻이 비슷한 낱말

• 서로 바꾸어 써도 뜻이 바뀌지 않는 뜻이 비슷한 낱말을 사용하면 내용이 더욱 풍부하게 됩니다.

예
놀랍다
상당하다 — 굉장하다 — 훌륭하다
크다

낱말 사전

★ 마음 사람이 다른 사람이나 사물에 대하여 감정이나 의지, 생각 등을 느끼는 것.
★ 편지 안부, 소식 등을 적어 보내는 글.

✏️ 개념을 확인해요

1 "고마워.", "미안해.", "축하해." 등은 ⬜⬜ 을 나타내는 말입니다.

2 책을 빌려준 친구에게는 ⬜⬜⬜ 마음을 전합니다.

3 격려하는 마음을 전하기 위해서는 "⬜⬜."와 같은 말을 할 수 있습니다.

4 "자랑스러워.", "정말 잘했어.", "나도 너를 닮고 싶어." 등은 ⬜⬜ 하는 마음을 나타내는 말입니다.

5 글을 읽고 글쓴이의 마음이 어떠한지 알아보려면 글쓴이가 어떤 ⬜ 을 겪었는지 정리해 봅니다.

6 글에 나타난 글쓴이의 ⬜ 이나 행동을 통해 마음을 짐작할 수 있습니다.

7 글쓴이의 마음을 이해하려면 글쓴이와 비슷한 ⬜⬜ 을 떠올려야 합니다.

8 ⬜⬜ 를 쓸 때에는 전하고 싶은 마음이 잘 드러나게 써야 합니다.

9 편지를 쓸 때에는 전하고 싶은 마음을 드러내는 ⬜⬜ 을 사용합니다.

10 '받을 사람 → 첫인사 → 전하고 싶은 말 → ⬜⬜⬜ → 쓴 날짜 → 쓴 사람'의 차례에 따라 편지를 씁니다.

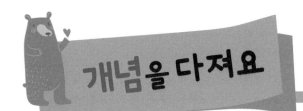

도움말

1. 어떤 일이 뜻대로 되지 않아 실망하는 친구에게 해 줄 수 있는 말입니다.

2. 마음을 나타내는 말에는 '기쁘다, 슬프다, 고맙다, 미안하다, 화가 난다.' 등이 있습니다.

3. 인물이 하는 말이나 행동을 살펴보면 인물의 마음을 짐작할 수 있습니다.

핵심 1

1 다음과 같은 말은 어떤 상황에서 할 수 있는 말인지 쓰시오.

> 그래도 포기하지 않고 꾸준히 연습하면 다음에는 더 좋은 결과가 있을 거야.

(   ) 마음을 전할 때

핵심 2

2 다음 중 마음을 나타내는 말이 <u>아닌</u> 것은 어느 것입니까? (   )

① 재빠르다.   ② 미안하다.
③ 흐뭇하다.   ④ 화가 나다.
⑤ 기분이 나쁘다.

핵심 3

3 ㉠의 말에 나타난 '나'의 마음은 어떤 마음인지 쓰시오.

> ㉠"제 머리핀인데 왜 민주가 꽂고 갔어요?"
> "네가 일찍 일어나서 챙기지 않으니 그런 일이 생기지. 오늘은 그냥 다른 것으로 하고 가. 그러다 지각하겠다."
> 민주가 내 물건을 마음대로 가져간 건데 어머니께서는 내 탓이라고 하신다. 어머니께서는 늘 동생 편만 드신다.

(   )

핵심 4

4 마음이 드러나게 편지를 쓰는 방법입니다. 빈칸에 알맞은 말을 쓰시오.

전하고 싶은 마음을 표현하는 낱말을 사용하고, 그때 자신의 생각이나 ☐ 을 자세히 써야 한다.

( )

4. 자신의 생각이나 느낌이 잘 드러나게 편지를 써야 합니다.

핵심 5

5 다음은 편지의 형식입니다. 빈칸에 알맞은 말을 쓰시오.

받을 사람 → 첫인사 → ☐ → 끝인사 → 쓴 날짜 → 쓴 사람

( )

5. 편지에서 말하려고 하는 내용이 나타나는 부분은 어디인지 생각해 봅니다.

핵심 6

6 다음 편지글에 나타난 글쓴이의 마음은 무엇인지 쓰시오.

보고 싶은 할머니

챙겨 주신 꽃씨, 정말 고맙습니다. 기차가 흔들거리고 있어요. 졸음이 옵니다. 깜빡깜빡 잠이 들 때마다 저는 꽃 가꾸는 꿈을 꿉니다.

( )

6. 마음을 나타내는 말을 찾아봅니다.

1 남자아이가 책을 빌려 주고 있습니다. 여자아이는 어떤 마음을 표현하면 좋을지 쓰시오.

(   ) 마음

2~3 다음 그림을 보고, 물음에 답하시오.

2 희준이가 찬영이에게 어떤 마음을 전하면 좋은 상황입니까? (   )

① 미안한 마음   ② 고마운 마음
③ 칭찬하는 마음   ④ 축하하는 마음
⑤ 위로하는 마음

서술형

3 희준이가 찬영이에게 어떤 말로 마음을 전하면 좋을지 쓰시오.

찬영아, _____

_____

4~5 다음 편지를 읽고, 물음에 답하시오.

나리에게

나리야, 안녕? 나 민경이야.

나리야, 어제 ㉠네가 내 가방을 들어 주어서 고마웠어. 내가 팔을 다쳐서 가방을 어떻게 들까 걱정했는데 ㉡네가 와서 도와준다고 했을 때 정말 기뻤어. 그런데 어제는 고맙다는 말을 제대로 하지 못해서 이렇게 편지를 써.

㉢지난 체육 시간에 너와 달리기 경주를 해서 내가 졌잖아. 달리기만큼은 자신 있었는데 내가 지니까 많이 속상했어. 그래서 그동안 너한테 말도 제대로 하지 않았어. 그런데 ㉣너는 오히려 나를 걱정해 주고 가방도 들어 주어서 미안했어.

나리야, 고마워! 너는 운동도 잘하고, 마음도 참 따뜻한 멋진 친구야. 앞으로도 친하게 지내자. 안녕.

2000년 4월 13일
민경이가

4 누가 누구에게 마음을 전하는 글을 썼는지 쓰시오.

• (   )이가 (   )
에게 썼다.

주의

5 민경이의 마음이 잘 드러나 있는 말이 <u>아닌</u> 것은 무엇입니까? (   )

① 나리야, 고마워!
② 네가 내 가방을 들어 주어서 고마웠어.
③ 네가 와서 도와준다고 했을 때 정말 기뻤어.
④ 지난 체육 시간에 너와 달리기 경주를 했는데 내가 졌잖아.
⑤ 너는 오히려 나를 걱정해주고 가방도 들어 주어서 미안했어.

호준이에게

호준아, 나 민재 형이야.

한 달 동안이나 저녁마다 줄넘기 연습을 열심히 하는 너를 보면서 네가 기특하고 대단하다고 생각했어. 그런데 어제 있었던 줄넘기 대회에서 상을 받지 못했다는 소식을 들었어. 많이 속상했지? 그래도 포기하지 않고 꾸준히 연습하면 다음에는 더 좋은 결과가 있을 거야.

형은 항상 너를 응원하고 있어. 그럼 안녕.

20○○년 4월 15일
민재 형이

6 이 글은 어떤 마음을 전하는 글입니까? ( )

① 미안한 마음
② 고마운 마음
③ 사과하는 마음
④ 축하하는 마음
⑤ 위로하는 마음

7 친구들이 이 글에서 마음을 나타내는 말을 찾고 있습니다. 잘못 찾은 친구에게 × 표를 하시오.

(1) '속상했지?'가 있어.

( )

(2) 나는 '응원하고 있어.'라는 말을 찾았어.

( )

(3) '좋은 결과가 있을 거야.'도 마음을 나타내는 말이야.

( )

(4) '그럼 안녕.'이라는 인사도 마음을 나타내고 있어.

( )

'내가 가장 좋아하는 미술 시간인데…….'

이게 다 민주와 어머니 때문이다. 나는 책상에 엎드렸다. 눈물이 날 것 같았다.

그때 단짝 친구 소은이가 나를 불렀다.

"민서야, 너희 어머니께서 이거 너 주라고 하셨어."

내 물감이었다.

"우리 어머니 만났어?"

"교문 앞에서 만났는데, 시간이 없어서 그러신다며 나한테 대신 전해 달라고 하셨어."

나는 어머니 말씀에 대꾸도 하지 않고 학교에 왔는데, 어머니께서는 출근하느라 바쁘신데도 학교까지 오셔서 물감을 주고 가셨나 보다. 집에 가서 어머니께 죄송하다고 말씀드려야겠다.

「어머니와 물감」

8 이 글의 끝에 나타난 민서의 마음으로 가장 알맞은 것은 어느 것입니까? ( )

① 두렵다.
② 실망스럽다.
③ 하기 싫다.
④ 잘하고 싶다.
⑤ 후회가 된다.

9 민서가 가져오지 않은 준비물은 무엇인지 쓰시오.

( )

10 민서가 어머니께 죄송한 마음이 든 까닭은 무엇입니까? ( )

① 책상에 엎드려 운 것
② 단짝 친구 소은이와 다툰 것
③ 교문 앞에서 어머니와 만난 것
④ 물감을 새로 사 달라고 떼를 쓴 것
⑤ 어머니 말씀에 대꾸도 하지 않고 학교에 온 것

11~15 다음 편지를 읽고, 물음에 답하시오.

> 엄마, 아빠, 할머니께
>
> 가슴이 너무 쿵쿵거려서 아래층 손님들한테까지 제 심장 뛰는 소리가 들릴 것만 같아요.
>
> 오늘 점심때 짐 외삼촌이 가게 문에 '휴업'이라는 팻말을 걸고는 에드 아저씨와 엠마 아줌마와 저에게 위층으로 올라가서 기다리라고 하셨어요. 외삼촌은 제가 지금까지 한 번도 보지 못한 ㉠굉장한 케이크를 들고 나타나셨어요. 꽃으로 뒤덮인 케이크였어요. 저한테는 그 케이크 한 개가 외삼촌이 천 번 웃으신 것만큼이나 의미 있었어요.
>
> 그리고…… 그리고 외삼촌이 주머니에서 편지를 꺼내셨어요. 아빠가 취직을 하셨다는 소식이 담긴 편지였어요. 저, 이제 집으로 돌아가요.
>
> 1936년 7월 11일
>
> 끝인사, 쓴 사람 ⎡ 모두에게 사랑을 담아서, 그리고 곧 만날 날을 기다리며 리디아 그레이스
>
> 「리디아의 정원」, 사라 스튜어트(옮김: 이복희)

11 편지에 들어갈 내용 가운데에서 이 편지에서 빠진 것은 무엇입니까? (   )

① 첫인사
② 끝인사
③ 쓴 사람
④ 받을 사람
⑤ 전하고 싶은 말

12 리디아가 엄마, 아빠, 할머니께 편지를 쓴 까닭은 무엇인지 빈칸에 알맞은 말을 쓰시오.

> 그립던 집으로 돌아갈 수 있다는 ☐ 마음을 전하기 위해서이다.

(   )

13 다음 문장에 드러난 리디아의 마음을 나타내는 말로 어울리지 않는 말은 무엇입니까? (   )

> 하늘을 날 듯 신난다.
>
> 가슴이 벅차다.
>
> 가슴이 너무 쿵쿵거려서 아래층 손님들한테까지 제 심장 뛰는 소리가 들릴 것만 같아요.
>
> 행복하다.
>
> ?

① 기쁘다.
② 즐겁다.
③ 설레다.
④ 유쾌하다.
⑤ 불안하다.

서술형

14 집으로 돌아가게 된 리디아에게 마음을 전하는 말을 쓰시오.

_____

_____

15 다음 중 ㉠과 바꾸어 쓸 수 있는 뜻이 비슷한 낱말은 어느 것입니까? (   )

① 값싼
② 작은
③ 근사한
④ 소박한
⑤ 보잘것없는

16~18 다음 그림을 보고, 물음에 답하시오.

16 ㉠은 '나'에게 공부를 가르쳐 주신 선생님입니다. 어떤 마음을 전하면 좋겠습니까? (　　　)

① 고마운 마음　　② 속상한 마음
③ 미안한 마음　　④ 축하하는 마음
⑤ 안타까운 마음

17 ㉡의 여자아이에게 할 수 있는 마음을 전하는 말로 알맞은 것은 무엇입니까? (　　　)

① 좀 조심하지 그랬니?
② 네 책가방 정말 무겁다.
③ 걷기 힘들어도 스스로 알아서 해.
④ 아픈 나를 도와주어서 정말 고마워.
⑤ 다친 곳은 좀 괜찮니? 걱정 많이 했어.

서술형

18 ㉢은 할머니에게 칭찬을 받는 모습입니다. 축하하는 마음을 전하는 말을 쓰시오.

_____

_____

19~20 다음 글을 읽고, 물음에 답하시오.

영주에게
안녕! 나 지수야.
네가 다리를 다쳐서 병원에 입원했다는 소식을 들었어.
그럼 안녕!

2000년 4월 17일
지수가

19 지수는 영주에게 어떤 마음을 전하려고 하였을지 알맞은 것을 두 가지 고르시오. (　　，　　)

① 고마운 마음
② 미안한 마음
③ 축하하는 마음
④ 위로하는 마음
⑤ 격려하는 마음

20 지수가 영주의 편지를 읽고 어리둥절한 표정이었다면 그 까닭은 무엇이겠습니까? (　　　)

① 편지의 내용이 너무 길어서
② 모르는 아이가 편지를 보내서
③ 마음을 나타내는 말이 없어서
④ 받을 사람이 나타나 있지 않아서
⑤ 알맞지 않은 낱말을 사용한 부분이 있어서

4 단원

1 다음과 같은 상황이라면 친구에게 어떤 마음을 전하는 글을 쓰면 좋겠습니까? (   )

> 친구가 달리기를 하다가 넘어졌다.

① 고마운 마음
② 미안한 마음
③ 신기한 마음
④ 위로하는 마음
⑤ 칭찬하는 마음

2~3 다음 그림을 보고, 물음에 답하시오.

(가)

(나)

2 그림 (가)에서 영호가 전해야 하는 마음으로 가장 알맞은 것의 기호를 쓰시오.

> ㉠ 잘못했어. 미안해.
> ㉡ 어쩜 저렇게 그림을 잘 그릴까!
> ㉢ 내 그림 숙제를 도와 달라고 부탁해 볼까?

(   )

3 그림 (나)에서 여자아이가 남자아이에게 했을 말로 알맞지 <u>않은</u> 것을 두 가지 고르시오. (,   )

① 너 때문에 화가 나.
② 책을 빌려 주어서 고마워.
③ 너는 친구를 잘 도와주는 아이야.
④ 책을 빌려주다니 넌 참 친절하구나.
⑤ 너는 책을 가져왔는데 나는 안 가져와서 화가 나.

4~5 다음 편지를 읽고, 물음에 답하시오.

> 할아버지, 그동안 안녕하셨어요?
> 할아버지, 생신 축하드려요.
> 항상 할아버지 댁에 가면 항상 반갑게 맞아 주시고, 재미있는 이야기도 많이 들려주셔서 감사합니다.
> 작년 할아버지 생신에는 제가 다리를 다쳐서 찾아뵙지 못해 많이 아쉬웠어요. 그런데 이번 생신에는 가족 모두 모여서 즐거운 시간을 보낼 수 있어서 정말 기뻐요.
> 할아버지, 다시 한번 생신 축하드려요. 항상 건강하시길 바랄게요.
>
> 2000년 4월 14일
> 손자 정혁 올림

4 정혁이가 편지를 쓴 까닭은 무엇인지 알맞은 말을 글에서 찾아 차례대로 쓰시오.

> ⌐㉠⌐ 을 맞아 할아버지께 ⌐㉡⌐ 하는 마음을 전하기 위해서이다.

㉠ (   )
㉡ (   )

5 정혁이가 할아버지께 편지를 쓰면서 잘한 점을 두 가지 고르시오. (,   )

① 친근한 예사말을 사용하였다. →높이거나 낮추는 말이 아닌 보통말.
② 글을 쓴 까닭이 잘 나타나 있다.
③ 글쓴이의 이름을 밝히지 않았다.
④ 마음을 전하는 말을 알맞게 사용하였다.
⑤ 흉내 내는 말을 사용하여 실감 나게 썼다.

6~8 다음 편지를 읽고, 물음에 답하시오.

> 호준이에게
>
> 호준아, 나 민재 형이야.
>
> 한 달 동안이나 저녁마다 줄넘기 연습을 열심히 하는 너를 보면서 네가 기특하고 ㉠대단하다고 생각했어. 그런데 어제 있었던 줄넘기 대회에서 상을 받지 못했다는 소식을 들었어. 많이 ㉡속상했지? 그래도 포기하지 않고 꾸준히 연습하면 다음에는 ㉢더 좋은 결과가 있을 거야.
>
> 형은 ㉣언제나 너를 응원하고 있어. ㉤그럼 안녕.
>
> 20○○년 4월 15일
> 민재 형이

6 이 글에 대한 설명으로 알맞은 것은 어느 것입니까?
( )

① 고마운 일을 기억하기 위하여 쓴 일기이다.
② 미안한 마음을 전하기 위하여 쓴 쪽지이다.
③ 잘못한 일을 반성하기 위하여 쓴 일기이다.
④ 화가 난 마음을 전하기 위하여 쓴 편지이다.
⑤ 위로하는 마음을 전하기 위하여 쓴 편지이다.

7 ㉠~㉤ 가운데에서 마음을 잘 전하기 위하여 사용한 표현이 <u>아닌</u> 것의 기호를 쓰시오.
( )

서술형

8 민재 형이 호준이에게 더 해 줄 수 있는 다른 말을 한 가지 더 쓰시오.

_____

9~10 다음 글을 읽고, 물음에 답하시오.

> "어머니, 제 곰돌이 머리핀 못 보셨어요?"
>
> 책상 위에 놓아두었던 머리핀이 보이지 않았다.
>
> "머리핀? 조금 전에 민주가 꽂고 유치원에 갔는데……."
>
> "제 머리핀인데 왜 민주가 꽂고 갔어요?"
>
> "네가 일찍 일어나서 챙기지 않으니 그런 일이 생기지. 오늘은 그냥 다른 것으로 하고 가. 그러다 지각하겠다."
>
> 민주가 내 물건을 마음대로 가져간 건데 어머니께서는 내 탓이라고 하신다.
>
> 어머니께서는 늘 동생 편만 드신다.
>
> "오늘 물감 가져가야 한다고 하지 않았니? 가방에 잘 넣었어?"
>
> 가방을 메고 방을 나서는데 어머니께서 또 말씀하셨다. 나는 어머니 말씀에 대꾸도 하지 않고 집을 나섰다.

9 다음은 이 글을 읽은 지훈이와 하영이의 대화입니다. 지훈이의 물음에 하영이가 어떤 대답을 하였을지 쓰시오.

지훈	이 글의 '나'는 어떤 마음인 걸까?
하영	'어머니 말씀에 대꾸도 하지 않고 집을 나섰다.'라는 표현으로 보아 _____

10 이와 같은 글을 읽고 글쓴이의 마음을 짐작하는 방법으로 알맞은 것을 모두 고르시오.
( )

① 등장하는 인물의 수를 알아본다.
② 인물의 말을 주의 깊게 살펴본다.
③ 인물의 행동을 주의 깊게 살펴본다.
④ 인물이 등장하는 시간과 장소를 찾아본다.
⑤ 인물이 그런 말과 행동을 한 까닭을 찾아본다.

4
단원

11~15 다음 편지를 읽고, 물음에 답하시오.

> ⊙엄마, 아빠, 할머니께
>   가슴이 너무 쿵쿵거려서 아래층 손님들한테까지 제 심장 ⓛ뛰는 소리가 들릴 것만 같아요.
>   오늘 점심때 짐 외삼촌이 ⓒ가게 문에 '휴업'이라는 팻말을 걸고는 에드 아저씨와 엠마 아줌마와 저에게 위층으로 올라가서 기다리라고 하셨어요. 외삼촌은 제가 지금까지 한 번도 보지 못한 ⓔ굉장한 케이크를 들고 나타나셨어요. 꽃으로 뒤덮인 케이크였어요. 저한테는 그 케이크 한 개가 외삼촌이 천 번 웃으신 것만큼이나 의미 있었어요.
>   그리고…… 그리고 외삼촌이 주머니에서 편지를 꺼내셨어요. 아빠가 ⓜ취직을 하셨다는 소식이 담긴 편지였어요. 저, 이제 집으로 돌아가요.
> 1936년 7월 11일
> 모두에게 사랑을 담아서, 그리고 곧 만날 날을 기다리며 리디아 그레이스

11 이 글에 나타난 글쓴이의 마음으로 알맞은 것은 어느 것입니까? (   )

① 개운하지 않은 마음
② 행복하고 설레는 마음
③ 귀찮고 짜증이 나는 마음
④ 불안하고 걱정스러운 마음
⑤ 어려운 사람을 도와주려는 용기 있는 마음

서술형

12 문제 11번의 답과 같은 글쓴이의 마음이 잘 드러난 부분을 한 군데 찾아 쓰시오.

_____

_____

서술형

13 지윤이와 같이 라디아에게 축하하는 마음을 전하는 말을 쓰시오.

> **지윤:** 나는 집으로 돌아가는 리디아에게 '축하해'라고 말해 주었어.

_____

_____

14 외삼촌께서 굉장한 케이크를 들고 나타나신 까닭은 무엇입니까? (   )

① 가게에 손님들이 와서
② 에드 아저씨 생일이라서
③ 엠마 아줌마를 축하하기 위해서
④ 가게를 새로 열고 파티를 하기 위해서
⑤ 아빠가 취직을 하셨다는 기쁜 소식을 전하기 위해서

15 ⊙~ⓜ과 바꾸어 사용할 수 있는 낱말이 아닌 것은 무엇입니까? (   )

	이 글의 낱말	뜻이 비슷한 다른 낱말
①	⊙ 엄마, 아빠	부모님
②	ⓛ 뛰는	달리는
③	ⓒ 가게	상점
④	ⓔ 굉장한	훌륭한
⑤	ⓜ 취직	취업

16~17 다음 편지를 읽고, 물음에 답하시오.

민지에게

민지야, 안녕? 나는 나은이야.

너, 나라 사랑 그리기 대회에서 금상을 받았다며? 축하해.

네가 내 친구라서 정말 자랑스러워.

앞으로 더 노력해서 화가가 되고 싶다는 네 꿈을 꼭 이루길 바랄게.

그럼 안녕.

20○○년 4월 19일

네 단짝 나은이가

16 민지에게 어떤 일이 있었습니까? (　　　　)

① 화가가 되었다.

② 글짓기 대회에서 금상을 받았다.

③ 나라 사랑 글짓기 대회에 나갔다.

④ 친구와 다퉈서 속상한 일이 있었다.

⑤ 나라 사랑 그리기 대회에서 금상을 받았다.

17 나은이는 민지에게 어떤 말로 마음을 표현했는지 한 가지 찾아 쓰시오.

_____

서술형

18 대화하는 친구들과 같이 자신이 편지를 쓰고 싶은 때는 언제인지, 어떤 편지를 쓰고 싶은지 떠올려 쓰시오.

할머니, 할아버지 생신 때 축하 편지를 쓸 거야.

동생이 착한 일을 했을 때 칭찬하는 편지를 쓸 거야.

_____

_____

19~20 다음 글을 읽고, 물음에 답하시오.

엄마

엄마가 입던 옷으로 이렇게 예쁜 옷을 만들어 주셔서 고맙습니다. 이 옷을 입고 있어서인지 제가 무척이나 예쁘게 보입니다. 엄마가 이 옷 때문에 속상해하지 않았으면 좋겠어요.

아빠

아빠가 외삼촌에 대해 하신 말씀 잊지 않았어요. "엄마 얼굴에다 커다란 코와 콧수염이 있는 사람이 네 외삼촌이야. 그 사람만 찾으면 돼." 외삼촌한테는 말하지 않을게요. 약속해요.

그런데 아빠, 외삼촌은 유머 감각이 있는 분이에요?

보고 싶은 할머니

챙겨 주신 꽃씨, 정말 고맙습니다. 기차가 흔들거리고 있어요. 졸음이 옵니다. 깜빡깜빡 잠이 들 때마다 저는 꽃 가꾸는 꿈을 꿉니다.

1935년 9월 4일

모두에게 사랑을 담아서, 리디아 그레이스

4 단원

19 리디아는 누구누구에게 편지를 썼습니까?

(　, 　, 　)

① 아빠　　　　　② 엄마

③ 외삼촌　　　　④ 할머니

⑤ 자기 자신

서술형

20 리디아의 편지에는 어떤 마음이 담겨 있습니까?

(　　　)

① 고마운 마음

② 외로운 마음

③ 속상한 마음

④ 미워하는 마음

⑤ 원망스러운 마음

창의서술형 평가
4. 내 마음을 편지에 담아

1 생신을 맞으신 할머니께 어떤 말로 마음을 전하면 좋을지 쓰시오.

_____

_____

1 축하하는 마음을 전하는 말을 높임말로 알맞게 써 봅니다.

2~3

> 나리에게
>
> 나리야, 안녕? 나 민경이야.
>
> 나리야, 어제 네가 내 가방을 들어 주어서 고마웠어. 내가 팔을 다쳐서 가방을 어떻게 들까 걱정했는데 네가 와서 도와준다고 했을 때 정말 기뻤어. 그런데 어제는 고맙다는 말을 제대로 하지 못해서 이렇게 편지를 써.
>
> 지난 체육 시간에 너와 달리기 경주를 해서 내가 졌잖아. 달리기만큼은 자신 있었는데 내가 지니까 많이 속상했어. 그래서 그동안 너한테 말도 제대로 하지 않았어. 그런데 너는 오히려 나를 걱정해 주고 가방도 들어 주어서 미안했어.
>
> 나리야, 고마워! 너는 운동도 잘하고, 마음도 참 따뜻한 멋진 친구야. 앞으로도 친하게 지내자. 안녕.
>
> 20○○년 4월 13일
> 민경이가

도움말

☆ 민경이는 나리에게 자신을 도와줘서 고맙다는 마음을 전하고 있습니다.

---

2 누구에게 어떤 마음을 전하는 글인지 쓰시오.

• (   )에게 (   )이가 마음을 전하는 글이다.

2 민경이는 팔을 다쳤을 때 가방 드는 일을 도와준 나리에게 고마운 마음을 전하는 편지를 썼습니다.

---

3 민경이와 같이 친구에게 고마운 마음을 전하는 글을 쓰려고 합니다. 누구에게 어떤 말로 마음을 전할지 생각해 보고, 간단하게 쪽지를 쓰시오.

3 친구에게 고마웠던 일, 미안했던 일 등을 떠올려 보고, 전하고 싶은 마음과 그런 마음이 든 까닭이 잘 드러나게 마음을 전하는 글을 써 봅니다.

(가) "제 머리핀인데 왜 민주가 꽂고 갔어요?"

"네가 일찍 일어나서 챙기지 않으니 그런 일이 생기지. 오늘은 그냥 다른 것으로 하고 가. 그러다 지각하겠다."

민주가 내 물건을 마음대로 가져간 건데 어머니께서는 내 탓이라고 하신다.

어머니께서는 늘 동생 편만 드신다.

(나) "민서야, 너희 어머니께서 이거 너 주라고 하셨어."

내 물감이었다.

"우리 어머니 만났어?"

"교문 앞에서 만났는데, 시간이 없어서 그러신다며 나한테 대신 전해 달라고 하셨어."

나는 어머니 말씀에 대꾸도 하지 않고 학교에 왔는데, 어머니께서는 출근하느라 바쁘신데도 학교까지 오셔서 물감을 주고 가셨나 보다. 집에 가서 어머니께 죄송하다고 말씀드려야겠다.

도움말

⭐ 민서는 동생이 자신의 머리핀을 마음대로 가져간 것을 어머니께서 민서가 일찍 일어나지 않은 탓이라고 하여 기분이 상하였습니다.

4 단원

4 다음은 민서와 기자가 인터뷰한 내용입니다. 민서가 기자의 물음에 어떤 대답을 하였을지 생각하여 빈칸에 쓰시오.

기자	민서 어린이는 어머니께 한 행동에 왜 죄송한 마음을 느꼈나요?
	민서

4 인물의 마음을 짐작하는 방법을 생각해 보고, 인물의 마음을 짐작할 수 있는 말을 찾아 인물의 마음을 알맞게 짐작해 봅니다.

5 민서는 어머니께 죄송한 마음을 전하려고 합니다. 어떻게 표현하면 좋을지 쓰시오.

5 전하고 싶은 마음과 그런 마음이 든 까닭을 알맞은 말로 표현하여 마음을 전하는 글을 써 봅니다.

6 이와 같은 글을 읽고 글쓴이의 마음을 짐작하는 방법을 두 가지 쓰시오.

6 인물의 마음을 짐작할 수 있는 표현을 생각해 봅니다.

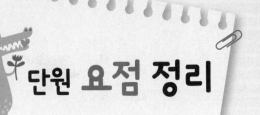

단원 요점 정리

5. 중요한 내용을 적어요

학습목표

설명하는 말을 듣거나 글을 읽고 대강의 내용을 간추려 봅니다.

국어 134~159쪽 국어 활동 46~51쪽

핵심 1 ★**메모했던 경험 나누기** →중요한 내용만 짧게 써 놓은 글입니다.

• 다른 사람에게 말을 전하거나 자신이 기억한 것을 잊지 않으려고 짧게 쓴 글을 메모라고 합니다.
• 메모를 해 두면 시간이 많이 흐른 뒤에도 듣고 보고 생각한 것을 다시 떠올리는 데 도움이 됩니다.
예「선생님의 말씀」을 듣고 적은 메모

> ### 옛이야기 전시관
>
> 이번 달 이야기:「흥부와 놀부」
> 1. 이야기 알기: 줄거리를 그림으로 알아보기
> 2. 이야기 속으로: 옛이야기에 나오는 체험활동
> 3. 이야기 세상: 조상의 생활 모습, 옛 이야기 속 과학 지식

핵심 2 **메모가 필요한 상황**

• 한꺼번에 많은 내용을 들으면 오래 기억하지 못하기 때문입니다.
• 나중에 기억하기 위해서입니다.
• 중요한 내용을 표시해 두기 위해서입니다.

> **메모가 필요한 상황** 예
> • 좋은 생각이 떠오른 상황
> • 공부하는 상황
> • 심부름을 갈 때 기억할 게 많은 상황

→메모 외에도 녹음, 사진 찍기 등 기억을 잘하게 도와주는 모든 일을 할 수 있습니다.

핵심 3 **내용을 간추리며 듣기**

• 중요한 내용이 빠지지 않게 적어야 합니다.
• 중요한 낱말을 중심으로 짧게 써야 합니다.
예「복을 물어다 주는 제비」를 듣고 메모하기

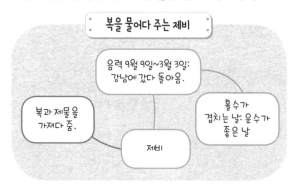

핵심 4 **글을 읽고 내용을 간추리는 방법 알기**

• 각 문단의 중요한 내용을 찾아 정리합니다.
 – 자세한 내용을 알고 싶을 때: 전달하고 싶은 내용을 자세하게 적습니다.
 – 전체의 내용을 간단하게 정리할 때: 전체 내용을 한두 문장으로 짧게 간추립니다.
 – 읽거나 들은 내용을 빠르게 정리할 때: 중요한 내용을 낱말 중심으로 짧게 씁니다.
• 각각 묶을 수 있는 낱말을 이용해서 간단하게 정리한다.
 예 상상의 동물 – 해태, 용
• 중요한 내용을 이어 전체 내용을 하나로 묶습니다. →중심 문장이 잘 보이지 않을 때에는 문단 전체의 내용을 잘 담을 수 있도록 새로운 문장으로 써도 됩니다.
• 문장을 이을 때 이어 주는 말을 사용합니다.

핵심 5 **글을 읽고 내용 간추리기**

• 각 문단의 중요한 내용을 간단하게 정리합니다.
 – 글의 중요한 내용은 문단의 맨 앞이나 끝, 앞과 뒤의 양쪽에 있기도 합니다.
• 이어 주는 말을 사용해 전체 내용을 간추려 봅니다.
 – 중요한 내용을 묶어서 하나의 글로 정리합니다.

핵심 6 **책 소개하기**

• 책의 제목, 소개하는 목적, 정보의 내용, 정보의 좋은 점 등을 소개합니다.

국어 활동

핵심 7 ★**겹받침 'ㄼ'의 발음 하기**

• '짧고, 얇게, 엷고, 넓지, 여덟'의 'ㄼ'은 [ㄹ]로 소리 냅니다.
• '밟다, 밟고'의 'ㄼ'은 [ㅂ]으로 소리 냅니다.

조금 더 알기

메모를 하면 좋은 점
• 메모를 하면 나중에 다시 확인할 수 있고, 중요한 내용을 다른 사람에게 정확하게 전달할 수 있습니다.

정보를 전달하는 글 읽기
• 정보를 전달하는 글을 읽으면 궁금한 내용이나 새로운 사실을 알 수 있습니다.

「플랑크톤이란?」을 읽고 정리하기
• 알게 된 사실과 더 알고 싶은 사실을 정리합니다.

알게 된 사실	플랑크톤의 뜻, 해파리도 플랑크톤이구나 등
더 알고 싶은 사실	세상에서 제일 큰 플랑크 톤과 작은 플랑크톤, 플랑 크톤의 모양, 플랑크톤의 종류 등

이어 주는 말에 대해 알기
• 문장과 문장의 내용을 연결하여 주는 말입니다.
• 이어 주는 말에는 '그래서, 하지만, 그리고, 그러나' 등이 있습니다.
• 이어 주는 말은 앞뒤 내용을 더 자연스럽게 해 줍니다.

낱말 사전

★ **메모** 다른 사람에게 말을 전하거나 자신의 기억을 돕기 위하여 짤막하게 글로 남김. 또는 그 글.
★ **겹받침** 서로 다른 두 개의 자음으로 이루어진 받침. 'ㄳ', 'ㄵ', 'ㄺ', 'ㄻ', 'ㄼ', 'ㄾ', 'ㅄ' 등이 있음.

개념을 확인해요

1 다른 사람에게 말을 전하거나 자신의 기억한 것을 잊지 않기 위해 짧게 쓴 글을 □□라고 합니다.

2 다른 사람에게 전할 말이 있거나 잊지 말아야 할 중요한 약속이 있을 때 □□를 합니다.

3 메모를 하는 까닭은 □□□ 내용을 표시해 두기 위해서입니다.

4 메모를 해 두면 듣고 보고 □□ 한 것을 다시 떠올리는 데 도움이 됩니다.

5 메모를 할 때에는 □□□ 내용이 빠지지 않게 써야 합니다.

6 메모를 할 때에는 중요한 낱말을 중심으로 □□□ 써야 합니다.

7 글을 읽고 내용을 간추릴 때에는 각 문단의 □□□ 내용을 찾아 정리합니다.

8 글을 읽고 □□□□□ 을 사용해서 내용을 간추립니다.

9 책을 소개하는 글을 쓸 때에는 책의 □□, 소개하는 목적, 내용 등을 써야 합니다.

10 '짧고, 얇게'는 [짤꼬], [□□]로 소리납니다.

도움말

1. 들을 때는 다 기억할 수 있을 것 같지만 실제는 그렇지 않아서 이것을 해야 합니다.

2. 중요한 내용을 간단하게라도 적어 놓으면 생활 속에서 매우 편리하게 잘 활용할 수 있습니다.

3. 메모를 활용하면 다른 사람에게 전해 줄 때 잊지 않고 잘 얘기해 줄 수 있습니다.

핵심 1

1 다음 빈칸에 들어갈 알맞은 말을 쓰시오.

　　　　는 다른 사람에게 말을 전하거나 자신이 기억한 것을 잊지 않으려고 짧게 쓴 글이다.

(　　　　　　　)

핵심 2

2 다음 두 친구가 공통적으로 한 일은 무엇인지 쓰시오.

> 현장 체험학습을 가서 해설사의 설명을 간단히 적어 보았어.

> 심부름을 갈 때 기억할 게 많아서 적었어.

(　　　　　　　)

핵심 2

3 메모를 하면 좋은 점으로 알맞은 것에 모두 ○표를 하시오.

(1) 내용을 정확하게 기억할 수 있다.　　　　　　　　　　　(　　)

(2) 듣지 않았던 내용도 상상할 수 있다.　　　　　　　　　(　　)

(3) 중요한 내용을 빠뜨리지 않고 기억할 수 있다.　　　　(　　)

핵심 3

4 다음은 메모하는 방법입니다. 빈칸에 들어갈 알맞은 말을 보기 에서 찾아 쓰시오.

> **보기**
>
> 낱말   문장   필요한   재미있는

⑴ 중요한 (   )을 중심으로 간단히 적는다.

⑵ 안내하는 내용에 따라 (   ) 내용을 잘 생각하여 적는다.

핵심 4

5 다음은 글을 읽고 내용을 간추리는 방법입니다. 빈칸에 알맞은 말을 쓰시오.

> • 글을 읽고 몇 개의 부분으로 나눈다.
> • 각 부분에서 설명하는 내용이 무엇인지 파악하고, 중심이 되는 낱말을 찾는다.
> • 중요한 낱말을 중심으로 중요한 내용을 간추린다.
> • 문장을 이을 때 [   ]을 사용하여 전체의 내용을 하나로 묶는다.

(   )

5 단원

핵심 6

6 책 소개 글에 들어갈 내용으로 알맞지 <u>않은</u> 것은 어느 것입니까?

(   )

① 책의 제목   ② 책을 산 곳
③ 소개할 내용   ④ 감상 및 느낌
⑤ 소개하고 싶은 까닭

핵심 7

7 겹받침 '래'이 들어간 다음 낱말의 발음을 바르게 쓰시오.

⑴ 넓다 [   ]

⑵ 밟지 [   ]

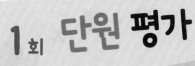

1~3 다음 그림을 보고, 물음에 답하시오.

1 민건이네 모둠의 과제는 무엇인지 쓰시오.

> 옛이야기 속 [　　　]을 조사하는 것이다.

(　　　　　　　　　)

2 민건이네 모둠이 어디로 가야 하는지 모르는 까닭은 무엇인지 쓰시오.

_____

_____

3 민건이네 모둠처럼 실수하지 않기 위해 설명을 들으면서 할 수 있는 일로 알맞지 <u>않은</u> 것은 어느 것입니까? (　　　)

① 메모하기　　　　② 녹음하기
③ 사진 찍기　　　　④ 주의 깊게 듣기
⑤ 머릿속으로 외우기

4~5 다음 그림을 보고, 물음에 답하시오.

4 그림 (가)~(다)는 각각 어떤 상황인지 알맞은 것을 찾아 선으로 이으시오.

(1) 그림 (가) •　　　　• ㉠ 공부하는 상황

(2) 그림 (나) •　　　　• ㉡ 좋은 생각이 떠오른 상황

(3) 그림 (다) •　　　　• ㉢ 심부름을 갈 때 기억할 게 많은 상황

5 다음 빈칸에 들어갈 알맞은 말을 쓰시오.

> 이런 상황에서 기억을 잘하기 위해 [　　　]를 하면 좋다.

(　　　　　　　　　)

6~9 다음 글을 읽고, 물음에 답하시오.

우리 조상은 제비를 복과 재물을 가져다주는 좋은 새라고 여겼습니다. 제비는 주로 음력 9월 9일 즈음 강남에 갔다가 3월 3일 즈음에 돌아오는데, 우리 조상은 이처럼 홀수가 겹치는 날을 운이 좋은 날이라 하여 길일이라고 불렀습니다. 따라서 좋은 날에 떠나 좋은 날에 돌아오는 제비는 그만큼 영리하고 행운을 가져다주는 동물일 것이라고 생각했던 것입니다. 그래서 집에 제비가 들어와 둥지를 틀면 좋은 일이 생길 것이라고 믿고 반겼습니다.

「복을 물어다 주는 제비」

6 우리 조상이 생각한 제비의 모습이 <u>아닌</u> 것은 어느 것입니까? (   )

① 좋은 새
② 영리한 새
③ 행운을 가져다주는 새
④ 재물을 가져다주는 새
⑤ 집에 들어오면 병을 옮기는 새

7 우리 조상이 제비를 복과 재물을 가져다 주는 좋은 새라고 생각한 까닭은 무엇입니까? (   )

① 사람과 친근한 새라서
② 종류가 다양한 새라서
③ 흔히 볼 수 있는 새라서
④ 박씨를 물어다주는 새라서
⑤ 좋은 날에 떠나고 돌아오는 새라서

8 이 설명을 듣고 다음과 같이 메모한 친구에게 올바른 메모 방법을 알려 주고 있습니다. 빈칸에 들어갈 알맞은 말을 쓰시오.

복을 물어다 주는 제비
• 9월 9일, 3월 3일
• 제비 둥지

[   ] 내용이 빠져 있어. 꼭 알아 두어야 할 내용을 잘 알 수 있게 적어야 해.

(   )

9 이 설명의 내용에 맞게 메모의 빈칸에 알맞은 내용을 쓰시오.

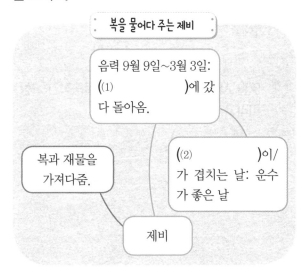

복을 물어다 주는 제비

음력 9월 9일~3월 3일:
((1)   )에 갔다 돌아옴.

복과 재물을 가져다줌.

((2)   )이/가 겹치는 날: 운수가 좋은 날

제비

10 메모를 잘 했을 때의 좋은 점을 찾아 ○표를 하시오.

(1) 나중에 내용을 다시 확인하기는 어렵다.
(   )

(2) 중요한 내용을 다른 사람에게 정확하게 전달할 수 있다.
(   )

11~14 다음 글을 읽고, 물음에 답하시오.

❶ 민화는 옛날 사람들이 널리 사용하던 그림이에요. 따라서 민화 속에는 우리 조상의 삶과 신앙, 멋이 깃들어 있어요. 민화가 여느 그림과 다른 점은 생활에 필요한 실용적인 그림이라는 것이에요. 다시 말해, 선비들이 그린 격조 높은 산수화나 솜씨 좋은 화원이 그린 작품들은 오래 두고 감상하는 그림이지만, 민화는 어떤 특별한 목적을 위해 사용한 그림이지요.

❷ 민화의 쓰임새는 여러 가지였어요. 혼례식이나 잔치를 치를 때 장식용으로 쓰던 병풍 그림도 민화였고, 대문이나 벽에 부적처럼 걸어 둔 것도 민화였고, 자신의 소망을 빌거나 누군가를 축하하기 위한 그림도 민화였어요.

❸ 민화는 호랑이, 까치, 물고기, 사슴, 학, 거북, 토끼, 매와 같은 동물이나 소나무와 대나무, 모란, 불로초, 연꽃, 석류 같은 식물 등의 다양한 소재를 사용했어요. 해태나 용 같은 상상의 동물도 있지요. 우리 조상은 민화에 복을 기원하고, 악귀나 나쁜 것을 몰아내는 힘이 있다고 믿었던 거예요.

「민화」, 장세현

11 옛날 사람들이 널리 사용하던 실용적인 그림을 무엇이라고 하는지 찾아 쓰시오.

(   )

12 민화의 특징으로 알맞지 <u>않은</u> 것은 어느 것입니까?

(   )

① 쓰임새가 다양한 그림이다.
② 오래 두고 감상하는 그림이다.
③ 생활에 필요한 실용적인 그림이다.
④ 어떤 특별한 목적을 위해 사용한 그림이다.
⑤ 우리 조상의 삶과 신앙, 멋이 깃들어 있는 그림이다.

주의

13 다음은 각 문단의 내용을 간추린 것입니다. 빈칸에 알맞은 내용을 쓰시오.

문단	간추린 내용
❶	민화는 옛날 사람들이 널리 사용하던 그림이었다.
❷	
❸	민화는 동물, 식물, 상상의 동물과 같은 다양한 소재를 사용했다.

서술형

14 문제 13번의 답을 바탕으로 각 문단의 간추린 내용을 이어 전체의 내용을 하나로 묶어 보시오.

민화는 옛날 사람들이 널리 사용하던 그림으로, 쓰임새가 여러 가지였다. 그리고, _____

_____

15 각 문단의 내용을 이어 전체의 내용을 하나로 만들 때 사용하는 말로 알맞은 것에 ○표를 하시오.

⑴ 설명하는 말   (   )
⑵ 이어 주는 말   (   )
⑶ 꾸며 주는 말   (   )

16~17 다음 글을 읽고, 물음에 답하시오.

최근에 『세상을 돌고 도는 놀라운 물의 여행』을 읽고 물에 대한 정보를 알게 되었습니다. 그 책에 나온 물에 대한 정보를 소개하겠습니다.

우리가 사는 지구에는 몇십억 년 전부터 물이 있었습니다. 그리고 그 물은 모양을 바꾸며 세상 곳곳을 끊임없이 돌아다니며 여행합니다. 물은 하늘에서 땅과 바다로, 그리고 우리 몸속이나 동물들 몸속으로 끊임없이 돌고 돕니다. 물은 오랜 시간에 걸쳐 모습만 바꾸어 돌아다니기 때문에 지금 수도 꼭지에서 흘러내리는 물은 아주 오래 전에 공룡이 발을 담근 물일지도 모른다고 합니다.

16 글쓴이가 읽은 책의 제목은 무엇인지 쓰시오.

(   )

17 글쓴이가 소개하고 싶은 정보는 무엇입니까?

(   )

① 물의 효능에 대해 말하려고 한다.
② 공룡의 존재에 대해 말하려고 한다.
③ 물에 대한 정보를 알려 주려고 한다.
④ 물이 존재하는 곳을 알려 주려고 한다.
⑤ 물이 만들어진 원인을 알려 주려고 한다.

18 이 글을 쓴 목적은 무엇입니까? (   )

① 책을 소개하기 위해서
② 공룡에 대한 연구를 하기 위해서
③ 수도꼭지의 원리를 알아보기 위해서
④ 바닷속 식물에 대한 정보를 얻기 위해서
⑤ 바닷속 동물에 대한 정보를 얻기 위해서

19 글을 읽고 전체의 내용을 간추리는 방법을 바르게 말한 친구는 누구인지 쓰시오.

책을 읽고 내가 새로 안 부분만 간추렸어. 그리고 새로 안 내용을 이어서 간추렸어.
미영

글을 읽고 문단에서 중요한 내용을 찾았어. 그리고 그 내용을 이어서 전체를 간추렸어.
근호

글 전체 내용을 간추려야 하니까 전체를 그대로 다시 썼어.
다빈

(   )

서술형

20 다음 글을 읽고 중요한 내용을 정리하여 쓰시오.

우리나라의 전통 놀이를 새롭게 바꾸어 만든 운동에는 한궁이 있습니다. 한궁은 우리나라의 전통 놀이인 투호와 외국의 다트를 합쳐서 만든 운동입니다. 자석 한궁 핀을 표적판에 던져 높은 점수를 얻는 사람이 이기며, 왼손과 오른손 각각 다섯 번씩 던져야 하기 때문에 양손의 근육을 골고루 발달시킬 수 있습니다.

「새로운 운동」

_____

1~4 다음 글을 읽고, 물음에 답하시오.

지금부터 어린이 박물관을 안내하겠습니다. 어린이 박물관은 1층의 역사 전시관과 2층의 옛이야기 전시관으로 이루어져 있어요. 옛이야기 전시관에서는 매달 옛이야기 하나를 정해서 전시하고 있는데, 이번 달 옛이야기는 「흥부와 놀부」예요. 옛이야기 전시관 안으로 들어가면, '이야기 알기', '이야기 속으로', '이야기 세상' 구역으로 나누어지지요. 먼저 '이야기 알기'에서는 옛이야기의 줄거리를 그림으로 알아볼 수 있어요. 그리고 '이야기 속으로'에서는 옛이야기에 나오는 여러 가지 체험활동을 할 수 있어요. 마지막으로 '이야기 세상'에서는 옛이야기와 관련된 조상의 생활 모습과 과학 지식을 전시하고 있어요.

「선생님의 말씀」

1 어디로 견학을 갔는지 쓰시오.

( )

2 다음 그림은 선생님의 설명을 듣고 난 모습입니다. 아이들이 잘못한 점이 <u>아닌</u> 것은 무엇입니까?

( )

① 메모를 하지 않았다.
② 주의 깊게 듣지 않았다.
③ 들은 내용을 기억하지 못했다.
④ 선생님의 말씀을 제대로 듣지 않았다.
⑤ 친구들에게 들은 내용을 물어보지 않았다.

3 선생님의 말씀을 들으며 쓴 글입니다. 빠진 부분을 채워 쓰시오.

> **옛이야기 전시관**
>
> 이번 달 이야기: ( )
> 1. 이야기 알기: 줄거리를 재미있는 그림으로 알아보기
> 2. 이야기 속으로: 옛이야기에 나오는
>   ( )
> 3. ( ): 조상의 생활 모습, 옛이야기 속 과학 지식

4 문제 **3**번과 같은 글을 쓴 까닭은 무엇이겠습니까?
( )

① 일기를 쓰려고
② 선생님께 보여 드리려고
③ 친구가 쓴 것과 비교해 보려고
④ 동생의 숙제를 대신 해 주려고
⑤ 선생님의 말씀을 잘 기억하려고

중요

5 메모하는 방법으로 알맞지 <u>않은</u> 것은 어느 것입니까? ( )

① 중요한 내용만 적는다.
② 내 생각을 더해서 적는다.
③ 낱말 중심으로 간단히 적는다.
④ 중요한 내용은 빠뜨리지 않는다.
⑤ 안내하는 내용에 따라 필요한 내용을 잘 생각하여 적는다.

6~10 다음 글을 읽고, 물음에 답하시오.

(가) 우리 조상은 제비를 복과 재물을 가져다주는 좋은 새라고 여겼습니다. 제비는 주로 음력 9월 9일 즈음 강남에 갔다가 3월 3일 즈음에 돌아오는데, 우리 조상은 이처럼 홀수가 겹치는 날을 운이 좋은 날이라 하여 길일이라고 불렀습니다. 따라서 좋은 날에 떠나 좋은 날에 돌아오는 제비는 그만큼 영리하고 행운을 가져다주는 동물일 것이라고 생각했던 것입니다. 그래서 집에 제비가 들어와 둥지를 틀면 좋은 일이 생길 것이라고 믿고 반겼습니다.

(나)

한비

복을 물어다 주는 제비
• 제비는 복과 재물을 가져다주는 새
• 좋은 날(홀수가 겹치는 날)에 떠나 좋은 날에 돌아옴. 그만큼 영리하고 행운을 가져다줄 것이라고 생각함.

진호

복을 물어다 주는 제비
우리 조상은 제비를 복과 재물을 가져다주는 좋은 새라고 여겼습니다. 제비는 주로 음력 9월 9일 즈음 강남에 갔다가 3월 3일 즈음에 돌아오는데, 우리 조상은 이처럼……

수영

복을 물어다 주는 제비
• 9월 9일, 3월 3일
• 제비 둥지

6 글 (가)를 읽고 다음 메모를 완성하시오.

(1) 우리 조상이 생각한 제비	
(2) 그렇게 여긴 까닭	

7 우리 조상은 홀수가 겹치는 날을 어떤 날이라고 생각하였는지 쓰시오.

( )

8 다음은 글 (나)에서 한비의 메모를 보고 말한 것입니다. 빈칸에 알맞은 말은 어느 것입니까? ( )

> 선생님의 말씀에서 ☐☐☐을 잘 간추려 썼어.

① 쉬운 내용　　② 중요한 내용
③ 좋아하는 내용　④ 쓸모없는 내용
⑤ 재미있는 내용

9 글 (나)에서 다음과 같은 잘못을 한 친구는 누구인지 쓰시오.

> • 선생님의 말씀을 모두 쓰려고 했다.
> • 중요한 내용을 간단하게 정리하지 못했다.

( )

주의

10 수영이의 메모에서 잘못된 점은 무엇입니까?

( )

① 큰 글씨로 적어야 한다.
② 예쁜 글씨로 적어야 한다.
③ 제목을 자세히 적어야 한다.
④ 중요한 내용을 적어야 한다.
⑤ 선생님 말씀을 모두 적어야 한다.

11~13 다음 글을 읽고, 물음에 답하시오.

(가)　악기는 타악기, 현악기, 관악기로 나눌 수 있어요. 타악기는 두드리거나 때려서 소리를 내는 악기로 타악기에는 장구나 큰북 등이 있으며, 현악기는 줄을 사용하는 악기로 현악기에는 가야금이나 바이올린 등이 있어요. 그리고 관악기는 입으로 불어서 소리를 내는 악기로 단소나 트럼펫 등이 있어요.

(나)　악기는 타악기, 현악기, 관악기로 나눌 수 있다.

(다)

타악기: 장구, 큰북

현악기: 가야금, 바이올린

악기의 종류

관악기: 단소, 트럼펫

11 글 (가)~(다)는 무엇에 대해 쓴 글입니까? (　　　)

① 악기의 종류
② 악기의 모양
③ 악기의 재료
④ 악기를 만드는 방법
⑤ 각 나라별 악기의 특징

12 입으로 불어서 소리를 내는 악기는 무엇인지 찾아 ○표를 하시오.

타악기　　현악기　　관악기

13 글 (가)~(다) 중 다음과 같은 상황에서 필요한 글은 어느 것인지 기호를 쓰시오.

전체의 내용을 한두 문장으로 짧게 간추릴 때 필요하다.

글 (　　　　　　　　)

14~15 다음 글을 읽고, 물음에 답하시오.

(가) 민화는 옛날 사람들이 널리 사용하던 그림이에요. 따라서 민화 속에는 우리 조상의 삶과 신앙, 멋이 깃들어 있어요. 민화가 여느 그림과 다른 점은 생활에 필요한 실용적인 그림이라는 것이에요. 다시 말해, 선비들이 그린 격조 높은 산수화나 솜씨 좋은 화원이 그린 작품들은 오래 두고 감상하는 그림이지만, 민화는 어떤 특별한 목적을 위해 사용한 그림이지요.

(나) 민화는 호랑이, 까치, 물고기, 사슴, 학, 거북, 토끼, 매와 같은 동물이나 소나무와 대나무, 모란, 불로초, 연꽃, 석류 같은 식물 등의 다양한 소재를 사용했어요. 해태나 용 같은 상상의 동물도 있지요. 우리 조상은 민화에 복을 기원하고, 악귀나 나쁜 것을 몰아내는 힘이 있다고 믿었던 거예요.

「민화」, 장세현

14 (나) 문단의 중요한 내용을 쓰시오.

_____

_____

<응용>

15 (나) 문단에서 파란색으로 쓰인 낱말을 각각 묶을 수 있는 낱말을 찾아 빈칸에 쓰시오.

민화의 소재		
동물	(2)	상상의 동물
(1)	소나무, 대나무, 모란, 불로초, 연꽃, 석류	(3)

16~18 다음 글을 읽고, 물음에 답하시오.

(가) 우리가 아는 모든 생물에게 물은 생명을 유지하는 데 반드시 필요한 물질입니다. 그래서 바다와 강, 호수 연못뿐만 아니라 빗물이 고인 작은 웅덩이까지 물이 있는 곳이라면 다양한 생물이 살아갑니다. 다만 어떤 종류의 생물이 사는지가 다를 뿐이지요.

(나) 물에 사는 생물들은 살아가는 모습에 따라서 크게 세 가지로 나뉩니다. 바다 생활을 하는 생물, 헤엄을 치는 생물, 그리고 떠다니는 생물이 있습니다. 이 가운데 물에 둥둥 떠다니는 생물을 통틀어서 '플랑크톤'이라고 합니다.

(다) 플랑크톤이라고 해서 모두 물에 가만히 떠 있기만 하는 것은 아니며, 어떤 종류는 스스로 헤엄치기도 합니다. ⬚ㄱ⬚ 운동 능력이 워낙 약해서 물의 흐름을 거슬러 이동할 수는 없습니다. 그러므로 물속에 사는 아주 작은 생물들은 모두 플랑크톤이라고 생각할 수 있습니다. 해파리처럼 제법 큰 생물이라도 물의 흐름을 거슬러 헤엄칠 수 없다면 모두 플랑크톤으로 분류합니다.

「플랑크톤이란?」, 김종문

16 (나) 문단은 물에 사는 생물들을 어떤 기준으로 나누었는지 쓰시오.

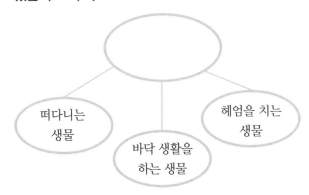

17 ⬚ㄱ⬚에 들어갈 이어 주는 말로 알맞은 것은 어느 것입니까? (　　　)

① 그러나　　　② 그리고
③ 그래서　　　④ 왜냐하면
⑤ 그러므로

18 다음은 각 문단의 중요한 내용을 찾아 정리한 것입니다. 빈칸에 알맞은 내용을 쓰시오.

문단	중요한 내용
(가)	생물이 생명을 유지하는 데 물은 반드시 필요하다.
(나)	
(다)	큰 생물이라도 물의 흐름을 거슬러 헤엄칠 수 없다면 플랑크톤이다.

국어 활동

19 메모하는 방법으로 알맞은 것을 두 가지 고르시오.
(　　,　　)

① 중요한 내용을 정리해 쓴다.
② 중심이 되는 낱말 하나만 쓴다.
③ 들은 내용을 빠짐없이 모두 쓴다.
④ 가장 마지막에 들은 내용을 쓴다.
⑤ 중요한 낱말을 중심으로 짧게 쓴다.

20 다음 낱말에 들어 있는 겹받침 'ㄼ'은 모두 어떤 소리로 발음되는지 쓰시오.

짧다　　얇다　　떫다　　넓다

[　　　　　　　　　　　　]

1~3

> 흥부는 제비의 다리를 치료해 주고 복이 담긴 박씨를 얻었습니다. 요 즘이라면 제비의 다리를 고치기 위해 동물 병원에 갔겠죠. 이렇게 동물 병원에서 동물의 병을 치료해 주는 직업을 '수의사'라고 합니다. 수의사 는 애완동물부터 가축, 야생 동물, 희귀 동물까지 모든 동물을 진료하는 의사입니다.
> 여러분도 수의사가 되고 싶다고요? 수의사가 되려면 질병이나 동물에 대한 전문적인 지식이 필요하기 때문에 공부를 많이 해야 합니다. 또 흥 부처럼 동물을 사랑하는 마음과 생명을 소중하게 여기는 마음을 지녀야 합니다.
>
> 「동물을 치료하는 직업」

도움말

⭐ 동물을 치료하는 수의사에 대해 설 명하고 있습니다. 동물에 대한 전 문적인 지식과 사랑하는 마음을 지 녀야 합니다.

1 수의사는 어떤 직업인지 쓰시오.

_____

1

▲ 수의사

2 이 글에서 수의사가 치료하는 동물은 어떤 동물이 있다고 하였나요? 다음 빈칸에 알맞은 말을 쓰시오.

동물			
애완동물	(1)	야생 동물	(2)

2 글에서 동물의 뜻에 포함하는 낱말을 찾 아봅니다.

3 다음 친구에게 해 줄 수 있는 말을 쓰시오.

나는 수의사가 되고 싶어.

그렇구나. 수의사가 되려면 질병이나 동물에 대한 전문적인 지식이 필요하기 때문에 공부를 많이 해야 해. 또 흥부처럼

_____

마음을 지녀야 한대.

3 글에 나타나 있는 내용을 살펴보고 수의 사가 되려면 어떻게 해야 한다고 하였는 지 말해 봅니다.

4 다음은 악기의 종류에 대해 중요한 내용을 낱말로 정리한 것입니다. 다음 빈칸에 알맞은 말을 쓰시오.

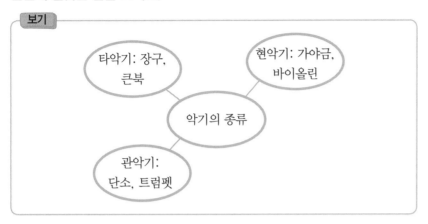

보기

타악기: 장구, 큰북

현악기: 가야금, 바이올린

악기의 종류

관악기: 단소, 트럼펫

(1) 특징	
(2) 필요한 상황	

4 메모의 형태는 달라질 수 있지만, 중심이 되는 내용을 간단하게 정리하는 방법은 달라지지 않습니다.

5~6

⑦ 민화의 쓰임새는 여러 가지였어요. 혼례식이나 잔치를 치를 때 장식용으로 쓰던 병풍 그림도 민화였고, 대문이나 벽에 부적처럼 걸어 둔 것도 민화였고, 자신의 소망을 빌거나 누군가를 축하하기 위한 그림도 민화였어요.

⑭ 민화는 호랑이, 까치, 물고기, 사슴, 학, 거북, 토끼, 매와 같은 동물이나 소나무와 대나무, 모란, 불로초, 연꽃, 석류 같은 식물 등의 다양한 소재를 사용했어요. 해태나 용 같은 상상의 동물도 있지요. 우리 조상은 민화에 복을 기원하고, 악귀나 나쁜 것을 몰아내는 힘이 있다고 믿었던 거예요.

도움말

☆ 민화에 대해 설명하고 있습니다. 각 문단의 중요한 내용을 이어 하나로 묶어 봅니다.

5 민화의 쓰임새를 모두 찾아 쓰시오.

5 민화의 쓰임새를 크게 세 가지 예를 들어 설명하고 있습니다.

6 문단 ⑦, ⑭의 중요한 내용을 이어 주는 말을 사용하여 이어 전체의 내용을 하나로 묶어 쓰시오.

6 ⑦ 문단의 내용에 ⑭ 문단의 내용을 덧붙여 연결할 때 이어 주는 말은 어떤 것이 알맞을지 생각해 봅니다.

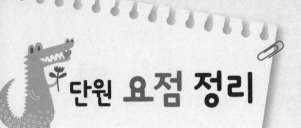

단원 요점 정리 · 6. 일이 일어난 까닭

학습목표

원인과 결과를 생각하며 경험을 이야기해 봅니다.

국어 168~185쪽 국어 활동 52~59쪽

핵심 1 원인과 결과 알기

- 어떤 일이 일어난 까닭을 원인이라고 합니다.
- 원인으로 인해 일어난 일을 결과라고 합니다.

예 「★쓰레기 정거장」이 생긴 원인 알아보기

원인	결과
쓰레기를 버리러 가기 편리하게 하기 위해서이다. / 쓰레기 분리 배출을 잘할 수 있게 하기 위해서이다.	쓰레기 정거장이 생겼다. └쓰레기를 종류별로 나누어 버릴 수 있는 곳.

핵심 2 글에서★사건을 파악하고 원인을 찾는 방법

- 글에서 사건을 파악합니다. →어떤 일이 먼저 일어났는지 살펴봅니다.
  - 글을 읽고 일어난 일이 무엇인지 알아봅니다.
  - 일어난 일 가운데에서 가장 중요한 일을 찾아봅니다.
- 사건이 일어나게 된 원인을 찾아봅니다.
  - 가장 중요한 일이 일어나기 전에 있었던 일을 알아봅니다.
  - 이전에 있었던 일과 그 뒤에 일어난 일이 서로 연결되어 있는지 알아봅니다.
    →먼저 일어난 일 때문에 그 뒤에 일어난 일이 어떻게 달라지는지 찾아봅니다.

핵심 3 원인과 결과에 따라 이야기하는 방법 알기

- 그 일이 일어난 까닭과 그 까닭 때문에 생긴 일, 달라진 점을 찾아봅니다.
- 그 결과 어떤 일이 벌어졌는지 생각해 봅니다.
- '그래서', '때문에', '왜냐하면' 등 이어 주는 말을 사용합니다.
- 원인과 결과를 생각하며 경험을 말하면 좋은 점을 알아봅니다.
  - 겪은 일을 알기 쉽게 말할 수 있습니다.
  - 말하는 내용을 듣는 사람이 쉽게 이해할 수 있습니다.

핵심 4 원인과 결과를 생각하며 경험 말하기

- 기억에 남는 경험을 떠올립니다. →언제, 어디에서, 누구와 있었던 일인지 떠올립니다.
  - 예 동생이 생겼다. / 할아버지 할머니 집에 오랜만에 놀러갔다.

슬펐던 일, 기뻤던 일, 화가 났던 일 ......

- 경험한 일의 원인이 무엇인지, 그 결과가 어떻게 됐는지 살펴봅니다.
- 경험한 일의 차례를 함께 생각해야 합니다.
  →일의 차례가 원인과 결과에 따라 잘 드러났는지 확인합니다.

핵심 5 원인과 결과를 생각하며 이야기 꾸미기

- 어떤 일이 일어났을지 상상하며 그림을 살펴봅니다.
- 그림을 보고 이야기를 상상해 봅니다.
  - 이야기의 주인공이 누구인지 상상해 봅니다.
  - 언제 어디에서 있었던 일인지 상상해 봅니다.
- 원인과 결과를 생각하며 이야기를 간단하게 만들어 발표해 봅니다. →이야기의 제목도 지어봅니다.
- 이야기의 원인이 되는 부분을 더 신경 써서 만들면 이야기가 재미있고 기억에 남게 됩니다.

국어 활동

핵심 6 원인과 결과를 생각하며 일기를 쓸 수 있는지 확인하기

- 일이 일어난 까닭을 살펴봅니다.
- 사건의 흐름에 맞게 이야기의 순서를 정리합니다.
- 원인과 결과가 잘 어울리게 문장을 만듭니다.

🎲 **원인과 결과의 개념 알아보기**
- 먼저 일어난 일이 그 뒤에 일어나는 일에 큰 영향을 주게 되면, 먼저 일어난 일을 '원인'이라고 하고, 원인 때문에 그 뒤에 일어난 일을 '결과'라고 합니다.

🎲 **「행복한 짹짹콩콩이」 속 승호가 겪은 일을 원인과 결과로 정리하기**

원인	결과
아기 참새가 잘 날지 못했다.	승호는 아기 참새를 교실로 데리고 갔다.
승호는 교실에 혼자 남은 아기 참새가 걱정되었다.	승호는 저녁에 교실로 갔다.

🎲 **이어 주는 말 사용하기** 예

승호는 날지 못하는 참새가 다칠까 봐 걱정됐기 때문에 참새를 안고 교실로 갔어.

↓

승호는 저녁에 교실로 갔어. 왜냐하면 교실에 혼자 남은 아기 참새가 걱정이 되었기 때문이야.

📖 **낱말 사전**

★ **쓰레기** 비로 쓸어 낸 먼지나 티끌, 또는 못 쓰게 되어 내다 버릴 물건이나 내다 버린 물건을 통틀어 이르는 말.
★ **사건** 이야기에서 주인공이 말이나 행동을 해서 일어나는 일.

✏️ **개념을 확인해요**

1 어떤 일이 일어난 까닭을 ☐☐ 이라고 합니다.

2 원인으로 인해 일어난 일을 ☐☐ 라고 합니다.

3 원인과 결과를 파악하기 위해서는 어떤 ☐ 이 먼저 일어났는지 살펴봅니다.

4 글에서 ☐☐ 을 파악할 때에는 글을 읽고 일어난 일이 무엇인지 알아봅니다.

5 사건이 일어난 원인을 찾을 때에는 가장 ☐☐☐ 일이 일어나기 전에 있었던 일을 알아봅니다.

6 원인과 결과를 ☐☐☐☐☐ 에는 '그래서', ' 때문에', '왜냐하면' 등이 있습니다.

7 원인과 결과를 생각하며 말하면 말하는 내용을 ☐☐ ☐☐ 이 쉽게 이해할 수 있습니다.

8 원인과 결과를 생각하며 경험을 말할 때에는 ☐☐ 에 남는 경험을 떠올립니다.

9 경험한 일의 원인은 무엇인지, 그 ☐☐ 가 어떻게 됐는지 고민해 봐야 합니다.

10 이야기의 ☐☐ 이 되는 부분을 더 신경 써서 만들면 이야기가 재미있고 기억에 남게 됩니다.

개념을 다져요

6. 일이 일어난 까닭

국어 168~185쪽   국어 활동 52~59쪽

도움말

1. 원인과 결과가 무엇인지 개념을 정리해 봅니다.

핵심 1

1 다음 원인과 결과의 개념으로 알맞은 것끼리 선으로 이으시오.

(1) 원인 •   • ㉠ 그 때문에 일어난 일.

(2) 결과 •   • ㉡ 어떤 일이 일어난 까닭.

2. 원인과 결과를 파악하는 방법에 대해서 생각해 봅니다.

핵심 2

2 원인과 결과를 파악하는 방법으로 알맞은 것에 모두 ○표를 하시오.

(1) 어떤 일이 먼저 일어났는지 살펴본다.   (   )

(2) 가장 중요하다고 생각하는 일부터 살펴본다.   (   )

(3) 먼저 일어난 일 때문에 그 뒤에 일어난 일이 어떻게 달라지는지 찾아본다.   (   )

3. 원인과 결과가 잘 드러날 수 있는 이어 주는 말을 생각해 봅니다.

핵심 3

3 원인과 결과를 이어 주는 말이 <u>아닌</u> 것을 두 가지 고르시오. (,   )

① 또한   ② 그래서

③ 그리고   ④ 때문에

⑤ 왜냐하면

핵심 4

4 기억에 남는 일을 친구들에게 말하려 합니다. 어떤 것들을 정리하면 좋을지 알맞은 것을 모두 고르시오. (　　,　　,　　)

① 언제 있었던 일인지 떠올린다.
② 누구와 있었던 일인지 떠올린다.
③ 어디에서 있었던 일인지 떠올린다.
④ 꼭 재미있었던 일만 떠올려야 한다.
⑤ 주말에 있었던 일을 떠올려야 한다.

4. 경험한 일의 원인이 무엇인지, 그 결과 어떻게 됐는지 고민하며 경험을 말해 봅니다.

핵심 5

5 원인과 결과를 생각하며 이야기를 꾸밀 때 이야기의 무엇을 신경 써서 만들면 이야기가 더 재미있고 기억에 남게 되는지 알맞은 것에 ○표를 하시오.

(원인 , 결과)

5. 원인과 결과를 생각하며 이야기를 만듭니다. 원인을 신경 써서 만들면 이야기가 재미있고 기억에 남게 됩니다.

핵심 6

6 다음 원인을 보고 이어질 알맞은 결과를 찾아 ○표를 하시오.

| 영희는 날마다 달리기 연습을 열심히 했다. |

(1) 줄넘기 대회에서 우승했다. (　　)
(2) 달리기를 연습하기로 결심했다. (　　)
(3) 달리기 대회에서 좋은 성적을 거두었다. (　　)

6. 원인에 어울리는 결과를 찾습니다.

1~4 다음 그림을 보고, 물음에 답하시오.

(가) 사람들은 쓰레기를 버릴 때 어두워지면 밖에 나가기 무서웠고, 골목 입구에 쓰레기가 쌓여 있어서 불편했다.

(나) 좁은 장소에 쓰레기를 뒤죽박죽 버려 두어 지저분하고 불편하다.

(다) 골목 입구에 쓰레기를 종류별로 나눠서 버릴 수 있는 쓰레기 정거장이 생겼다.

1 친구들이 쓰레기를 버릴 때 불편했던 점을 두 가지 고르시오. (,   )

① 바닥이 미끄러워 다닐 때 불편했다.
② 어두워지면 밖에 나가기가 무서웠다.
③ 냄새가 심하게 나서 나가기가 싫었다.
④ 들고양이들의 울음소리가 시끄러웠다.
⑤ 골목 입구에 쓰레기가 쌓여 있어서 다닐 때 불편했다.

2 골목 입구에 새로 생긴 것은 무엇인지 쓰시오.

(   )

중요

3 쓰레기 정거장이 생기게 된 원인으로 알맞은 것에 모두 ○표를 하시오.

⑴ 쓰레기를 많이 모으기 위해서   (   )
⑵ 쓰레기를 버리러 가기 편리하게 하기 위해서
                                      (   )
⑶ 쓰레기 분리배출을 잘 할 수 있게 하기 위해서
                                      (   )

서술형

4 '쓰레기 정거장'이 생겨서 사람들의 생활은 어떻게 달라질지 생각하여 쓰시오.

_____

_____

주의

5 글에서 사건을 파악하는 방법으로 알맞은 것을 두 가지 고르시오. (,   )

① 글자의 크기를 달리하였다.
② 대상의 모양을 자세히 설명하였다.
③ 사물을 사람인 것처럼 표현하였다.
④ 글을 읽고 일어난 일이 무엇인지 알아본다.
⑤ 일어난 일 가운데에서 가장 중요한 일을 찾아본다.

다음 글을 읽고 물음에 답하시오.

"참새다!"

야구공을 찾으려고 꽃밭으로 들어갔던 승호가 소리쳤습니다. 승호는 야구공을 장미꽃 속에서 찾아 던졌습니다. 그리고 조심스럽게 참새를 잡았습니다. 야구를 하던 아이들이 우르르 몰려왔습니다.

"아기 참새구나."

"엄마를 잃어버렸나 봐."

"날려 줄 거야."

승호는 아기 참새를 쥔 두 손을 높이 들고 깡충 뛰며 놓아주었습니다. 그러나 아기 참새는 길에서 깡충깡충 뛰어다니기만 했습니다. 승호는 파닥거리는 아기 참새를 두 손으로 감싸 쥐었습니다.

"참새를 어떻게 하지?"

승호가 걱정스럽게 물었습니다.

"선생님께 가져다드리자."

"그래, 그게 좋겠다."

승호는 참새를 안고 교실로 갔습니다.

"선생님, 참새 잡았어요."

승호를 뒤따라온 아이들이 승호보다 먼저 소란스럽게 말했습니다.

"참새를 어떻게 잡았니?"

"잘 날지 못하는 아기 참새예요."

선생님께서는 승호가 내미는 참새를 받아 손바닥 위에 올려놓으셨습니다.

"선생님, 교실에서 키워요."

"그래야겠구나. 날 수가 없으니 잘 날 수 있을 때까지만 키우자."

"그럼 아기 참새도 우리 반이네요?"

"참새 이름을 정해요."

아이들은 앞다투어 그럴 듯한 이름을 말했습니다. 선생님께서는 아이들이 말한 이름들을 모두 칠판에 쓰셨습니다. 많은 이름 가운데에서 '짹짹콩콩'으로 부르자는 아이가 가장 많았습니다.

아기 참새는 자기 이름에 맞게 짹짹거리며 콩콩 뛰어다녔습니다.

「행복한 짹짹콩콩이」

6 승호는 친구들과 무엇을 하다가 아기 참새를 발견하였는지 쓰시오.

( )

7 승호가 잡은 참새를 놓아주자 참새는 어떻게 되었는지 알맞은 것에 ○표를 하시오.

⑴ 훨훨 날아갔다. ( )
⑵ 길에서 깡충깡충 뛰었다. ( )
⑶ 날아서 얼마 가지 못하고 떨어졌다. ( )

8 승호가 경험한 일을 원인과 결과에 따라 정리하려 합니다. 보기 에서 알맞은 것을 골라 빈칸에 쓰시오.

보기
㉠ 아기 참새가 잘 날지 못했다.
㉡ 아이들이 참새를 날게 해 줬다.
㉢ 승호는 아기 참새를 교실로 데리고 갔다.

원인	결과

9 승호네 반 친구들은 언제까지 참새를 기르기로 했습니까? ( )

① 살이 찔 때까지
② 키가 자랄 때까지
③ 어른이 될 때까지
④ 잘 날 수 있을 때까지
⑤ 높이 뛸 수 있을 때까지

서술형

10 원인과 결과를 생각하며 말하면 어떤 점이 좋은지 한 가지 쓰시오.

_____

_____

11~12 다음 글을 읽고 물음에 답하시오.

"참새 이름을 정해요."

아이들은 앞다투어 그럴 듯한 이름들을 말했습니다. 선생님께서는 아이들이 말한 이름들을 모두 칠판에 쓰셨습니다. 많은 이름 가운데에서 '짹짹콩콩'으로 부르자는 아이가 가장 많았습니다.

아기 참새는 자기 이름에 맞게 짹짹거리며 콩콩 뛰어다녔습니다.

"짹짹!"

"콩콩!"

아이들은 아기 참새를 따라다니며 번갈아 이름을 불렀습니다.

그날 저녁이었습니다. 승호는 교실에 혼자 남겨두고 온 짹짹콩콩이가 걱정되어 잠을 이룰 수가 없었습니다. 걱정을 하던 승호는 살그머니 밖으로 나왔습니다. 그리고 학교를 향해 달렸습니다. 승호는 조금 무서웠지만 조심조심 복도를 걸어 교실로 갔습니다.

"어?"

승호는 두 눈을 동그랗게 떴습니다. 교실에는 여러 명의 선생님과 여러 명의 아이가 와 있었습니다.

11 아이들은 아기 참새의 이름을 무엇이라고 지어주었는지 쓰시오.

(   )

12 승호가 저녁에 교실로 간 까닭은 무엇입니까?

(   )

① 책을 가지러 갔다.
② 친구들과 만나기로 했다.
③ 짹짹콩콩이가 걱정이 되었다.
④ 짹짹콩콩이를 풀어주려고 했다.
⑤ 짹짹콩콩이의 저녁을 주기 위해서 갔다.

13~14 다음 그림을 보고, 물음에 답하시오.

• 기억에 남는 경험을 쓰려고 하는 모습입니다.

기뻤던 일   슬펐던 일   ?

13 기억에 남는 경험을 떠올려 친구들에게 말하려고 합니다. 무엇을 정리하여 말하면 좋을지 보기 에서 골라 기호를 쓰시오.

보기

㉠ 언제 있었던 일인가?
㉡ 어디에서 있었던 일인가?
㉢ 누구와 있었던 일인가?
㉣ 기뻤던 일이 맞는가?

(   )

14 경험한 일의 원인과 결과를 떠올려 글을 쓰려고 합니다. 빈칸에 알맞은 말에 ○표를 하시오.

경험한 일의 원인이 무엇인지, 그 결과 어떻게 됐는지 살펴봐야 한다. 경험한 일의 [   ]을/를 생각하며 써야 한다.

(차례 , 마음)

15 다음 빈칸에 알맞은 이어 주는 말을 써 넣으시오.

충치가 생겨서 매우 아팠다. [   ] 치과에서 치료를 받았다.

(   )

16~18 다음 그림을 보고 물음에 답하시오.

(가)

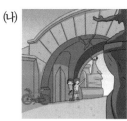
(나)

(다)

(라)

16 이야기의 주인공은 누구일지 쓰시오.

( )

17 언제 어디에서 있었던 일인지 그림에 어울리게 말한 친구에게 ○표를 하시오.

(1) 동화책 속의 세계로 이동할 때 있었던 일 같아.

( )

(2) 실수로 물에 빠져서 바닷속으로 이동한 것 같아.

( )

18 그림 (가)~(라)를 보고 원인과 결과를 생각하며 어떤 일이 일어났는지 쓰시오.

원인	결과
(가)	(나)
(다)	(라) 비가 그치고 무지개가 뜨고 아름다운 곳으로 변했다.

19 보기 의 내용을 참고하여 빈칸에 들어갈 알맞은 말을 쓰시오.

b 단원

(1) 보기

　원인이 없으면 결과가 있을 수 없음을 빗댄 속담이다. 비슷한 속담으로 "아니 때린 장구 북소리 날까", "뿌리 없는 나무에 잎이 필까" 따위가 있다.

아니 땐 굴뚝에 □□ 날까

( )

(2) 보기

　원인에 따라 거기에 걸맞은 결과가 나온다는 것을 빗댄 속담이다. 비슷한 속담으로 "가시나무에 가시가 난다", "배나무에 배 열리지 감 안 열린다", "오이 덩굴에 오이 열리고 가지 나무에 가지 열린다", "오이씨에서 오이 나오고 콩에서 콩 나온다" 따위가 있다.

□ 심은 데 □ 나고 팥 심은 데 팥 난다

( )

20 원인과 결과가 잘 어울리게 문장을 선으로 이으시오.

(1) 학교가 끝난 뒤에 날마다 공 차는 연습을 했다. ·

(2) 어제는 밤늦게까지 독서를 했다. ·

(3) 음식을 먹고 양치질을 잘하지 않았다. ·

· ㉠ 수업 시간에 계속 졸았다.

· ㉡ 축구 경기에서 공을 많이 넣었다.

· ㉢ 이가 아팠다.

1~4 다음 그림을 보고, 물음에 답하시오.

(가) 사람들은 쓰레기를 버릴 때 어두워지면 밖에 나가기 무서웠고, 골목 입구에 쓰레기가 쌓여 있어서 불편했다.

(나) 골목 입구에 쓰레기를 종류별로 나눠서 버릴 수 있는 쓰레기 정거장이 생겼다.

1 친구들은 쓰레기를 버릴 때 어떤 점이 불편하였습니까? (   )

① 지저분하고 다니기 불편하다.
② 골목에 차들이 많이 다녀서 위험하다.
③ 정해진 쓰레기 분리배출 시간이 너무 짧다.
④ 일정량 이상의 쓰레기를 버리지 못하게 하였다.
⑤ 쓰레기를 버리려는 사람들이 한꺼번에 몰려 복잡하다.

2 골목 입구에 새로 만들어진 것은 무엇인지 찾아 쓰시오.

(   )

3 쓰레기 정거장은 어떤 곳입니까? (   )

① 청소차를 주차하는 곳이다.
② 재활용 쓰레기만 골라서 모아 두는 곳이다.
③ 쓰레기통이 설치되어 있는 버스 정류장이다.
④ 한 지역에서 수거한 쓰레기를 매립하는 곳이다.
⑤ 쓰레기를 종류별로 나누어 버릴 수 있도록 만든 곳이다.

 중요

4 쓰레기 정거장이 생겨서 사람들의 생활은 어떻게 달라질지 알맞은 말에 ○표를 하시오.

(1)	(2)	(3)
쓰레기를 깔끔하게 종류별로 버릴 수 있잖아!	쓰레기 버리는 곳이 정리가 잘 안 되어 있는 걸?	쓰레기를 종류별로 버리기는 어렵겠어.
( )	( )	( )

5 다음 ㉮와 ㉯에 들어갈 알맞은 말을 쓰시오.

어떤 일이 일어난 까닭을 ㉮ (이)라고 하고, 그로 인해 일어난 일을 ㉯ (이)라고 한다.

(1) ㉮: (   )
(2) ㉯: (   )

6~8 다음 글을 읽고 물음에 답하시오.

"참새다!"

야구공을 찾으려고 꽃밭으로 들어갔던 승호가 소리쳤습니다. 승호는 야구공을 장미꽃 속에서 찾아 던졌습니다. 그리고 조심스럽게 참새를 잡았습니다. 야구를 하던 아이들이 우르르 몰려왔습니다.

"아기 참새구나." / "엄마를 잃어버렸나 봐."

"날려 줄 거야."

승호는 아기 참새를 쥔 두 손을 높이 들고 깡충 뛰며 놓아주었습니다. 그러나 아기 참새는 길에서 깡충깡충 뛰어다니기만 했습니다. 승호는 파닥거리는 아기 참새를 두 손으로 감싸 쥐었습니다.

"참새를 어떻게 하지?"

승호가 걱정스럽게 물었습니다.

"선생님께 가져다드리자." / "그래, 그게 좋겠다."

승호는 참새를 안고 교실로 갔습니다.

"선생님, 참새 잡았어요."

승호를 뒤따라온 아이들이 승호보다 먼저 소란스럽게 말했습니다.

"참새를 어떻게 잡았니?"

"잘 날지 못하는 아기 참새예요."

선생님께서는 승호가 내미는 참새를 받아 손바닥 위에 올려놓으셨습니다.

"선생님, 교실에서 키워요."

"그래야겠구나. 날 수가 없으니 잘 날 수 있을 때까지만 키우자."

"그럼 아기 참새도 우리 반이네요?"

"참새 이름을 정해요."

아이들은 앞다투어 그럴 듯한 이름들을 말했습니다. 선생님께서는 아이들이 말한 이름들을 모두 칠판에 스셨습니다. 많은 이름 가운데에서 '쨱쨱콩콩'으로 부르자는 아이들이 가장 많았습니다.

아기 참새는 자기 이름에 맞게 쨱쨱거리며 콩콩 뛰어다녔습니다.

"쨱쨱!" / "콩콩!"

아이들은 아기 참새를 따라다니며 번갈아 이름을 불렀습니다.

그날 저녁이었습니다. 승호는 교실에 혼자 남겨 두고 온 쨱쨱콩콩이가 걱정이 되어 잠을 이룰 수가 없었습니다.

6 승호가 꽃밭에서 발견한 것은 무엇인지 쓰시오.

( )

7 승호가 처음 아기 참새를 발견했을 때 아기 참새는 어떤 상태였습니까? ( )

① 다친 상태
② 잘 날지 못하는 상태
③ 몹시 배가 고픈 상태
④ 추위에 떨고 있는 상태
⑤ 어미 참새를 잃고 울고 있는 상태

8 승호는 어머니께 아기 참새 이야기를 해 드렸습니다. 어머니께서는 왜 승호가 하는 말을 이해하지 못하셨을지 쓰시오.

_____

_____

_____

9 다음은 무엇에 관한 설명인지 알맞은 말을 쓰시오.

- 겪은 일을 다시 한번 생각해 볼 수 있다.
- 말하는 내용을 듣는 사람이 쉽게 이해할 수 있다.

( )를 생각하며 경험을 말하면 좋은 점에 대한 설명이다.

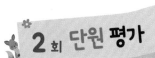
10~11 다음 글을 읽고 물음에 답하시오.

그날 저녁이었습니다. 승호는 교실에 혼자 남겨 두고 온 쨱쨱콩콩이가 걱정이 되어 잠을 이룰 수가 없었습니다. 걱정을 하던 승호는 살그머니 밖으로 나왔습니다. 그리고 학교를 향해 달렸습니다. 승호는 조금 무서웠지만 조심조심 복도를 걸어 교실로 갔습니다.

"어?"

승호는 두 눈을 동그랗게 떴습니다. 교실에는 선생님과 여러 명의 아이가 와 있었습니다.

"너도 쨱쨱콩콩이가 걱정돼서 왔구나."

선생님께서 아기 참새를 두 손으로 감싸 쥐고 계셨습니다.

"쨱쨱콩콩이를 사랑하는 친구들이 이렇게 많으니까 아무 탈 없이 자랄 거야."

선생님의 말씀에 그렇다는 듯이 쨱쨱콩콩이가 "쨱쨱." 소리를 냈습니다.

10 승호네 반 친구들이 저녁에 교실로 온 까닭은 무엇입니까? (   )

① 쨱쨱콩콩이가 아팠다.
② 쨱쨱콩콩이가 걱정됐다.
③ 밤에 친구들이 모이기로 했다.
④ 아무도 없는 교실이 걱정이 됐다.
⑤ 쨱쨱콩콩이가 밤에 도망을 갈까 걱정이 됐다.

11 다음 빈칸에 알맞은 결과를 쓰시오.

원인	결과
승호는 교실에 혼자 남은 아기 참새가 걱정되었다.	

12 원인과 결과가 잘 어울리게 빈칸에 들어갈 이어 주는 말을 쓰시오.

준우는 축구 경기에서 골을 많이 넣었다. ☐☐☐☐☐ 준우는 학교가 끝난 뒤에 날마다 공 차는 연습을 하였기 때문이다.

(   )

13 원인과 결과를 파악하는 방법으로 가장 적절한 것은 무엇입니까? (   )

① 근거가 얼마나 많이 있는지 살펴봐야 한다.
② 일이 일어난 장소가 어디인지 알아봐야 한다.
③ 정말 그 일이 일어났는지 사실을 확인해 봐야 한다.
④ 어떤 일이 가장 오랜 시간 동안 일어났는지 알아봐야 한다.
⑤ 먼저 일어난 일 때문에 그 뒤에 일어난 일이 어떻게 달라지는지 찾아봐야 한다.

14 일기로 쓸 경험을 떠올려 정리할 때 생각할 점을 모두 고른 것은 어느 것입니까? (   )

㉠ 언제 있었던 일인가요?
㉡ 누구와 있었던 일인가요?
㉢ 어디에서 있었던 일인가요?
㉣ 어떻게 꾸며 쓰는 것이 좋을까요?
㉤ 등장인물은 몇 명으로 하는 것이 좋은가요?

① ㉠, ㉡, ㉢   ② ㉠, ㉡, ㉣
③ ㉠, ㉣, ㉤   ④ ㉡, ㉢, ㉤
⑤ ㉢, ㉣, ㉤

15~17 다음 그림을 보고 물음에 답하시오.

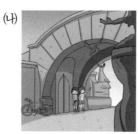

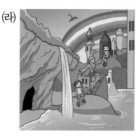

15 언제 어디에서 있었던 일인지 상상하여 쓰시오.

_____

_____

16 이야기를 생각하며 그림 차례를 정해 기호를 쓰시오.

(   ) ➡ (   ) ➡ (   ) ➡ (   )

서술형

17 문제 16번에 답한 그림의 차례를 바탕으로 원인과 결과를 생각하여 빈칸에 쓰시오.

원인	결과
(1)	(2)
(3)	(4)

응용

18 원인과 결과를 생각하며 일의 차례에 맞게 이야기를 소개하는 방법으로 알맞은 것의 기호를 쓰시오.

> ㉠ 일이 일어난 차례를 알아본다.
> ㉡ 이야기의 원인과 결과를 알아본다.
> ㉢ 이야기를 쓴 사람의 이름을 알아본다.
> ㉣ 이야기에 추가할 내용이 없을지 고민해 본다.
> ㉤ 이야기를 소개하기 위해 꼭 필요한 내용을 찾아 간단히 정리한다.

(   )

국어 활동

19 다음 보기 의 내용과 비슷한 속담이 아닌 것은 어느 것입니까? (   )

> 보기
>
> 콩 심은 데 콩 나고 팥 심은 데 팥 난다

① 가시나무에 가시가 난다
② 아니 땐 굴뚝에 연기 날까
③ 배나무에 배 열리지 감 안 열린다
④ 대 끝에서 대가 나고 싸리 끝에서 싸리가 난다
⑤ 오이 덩굴에 오이 열리고 가지 나무에 가지 열린다

20 다음 원인에 알맞은 결과를 찾아 ○표를 하시오.

원인	영희는 날마다 달리기 연습을 했다.

⑴ 줄넘기 대회에서 우승했다.   (   )
⑵ 달리기를 연습하기로 결심했다.   (   )
⑶ 달리기 대회에서 좋은 성적을 거두었다.

(   )

1~3

(가) 좁은 장소에 쓰레기를 뒤죽박죽 버려 두어 지저분하고 불편하다.

(나) 골목 입구에 쓰레기를 종류별로 나눠서 버릴 수 있는 쓰레기 정거장이 생겼다.

도움말

⭐ 좁은 장소에 한꺼번에 쓰레기를 버려서 불편한 점을 해결하기 위해 쓰레기 정거장을 만들게 된 내용이 나타난 만화입니다.

1 좁은 장소에 한꺼번에 쓰레기를 버려서 생긴 결과를 쓰시오.

1 쓰레기를 버려서 어떻게 됐는지를 씁니다.

_____

_____

2 쓰레기 정거장은 어떤 곳인지 쓰시오.

2 쓰레기 정거장의 역할을 생각해 봅니다.

_____

_____

3 쓰레기 정거장이 생긴 뒤에 사람들의 생활이 어떻게 달라질지 생각하여 쓰시오.

3 쓰레기 정거장이 생기게 된 원인
  • 쓰레기를 버리러 가기 편리하게 하기 위해서입니다.
  • 쓰레기 분리배출을 잘할 수 있게 하기 위해서입니다.

_____

_____

4~6

거북은 멋지게 하늘을 나는 매가 정말 부러웠습니다.

어느 날, 거북이 매를 만나서 졸랐습니다.

"매야, 나도 너처럼 하늘을 날고 싶어. 높은 곳까지 나를 좀 데려다 줘."

"네가 하늘을 날겠다고? 너는 날개도 없잖아?"

그러나 거북이 매우 간절하게 애원하자 매는 마지못해 소원을 들어주기로 했습니다.

매는 거북을 움켜잡고 하늘 높이 날아올랐습니다. 거북은 멀리 보이는 멋진 풍경에 감탄했습니다.

"야, 저 산 좀 봐. 집도 개미처럼 작아 보이잖아. 나도 이제 하늘을 날 수 있을 것 같아."

"뭐? 너는 날개가 없는데 어떻게 날아?"

"다리를 빨리 움직이면 날 수 있을 것 같아. 매야, 빨리 나를 내려 줘."

매는 소원대로 발버둥치는 거북을 높은 하늘에서 놓았습니다. 거북은 재빨리 다리를 흔들었습니다. 그러나 생각한 것처럼 다리를 움직여서는 날 수가 없었습니다. 그래서 ㉠

「하늘을 나는 거북」

4 거북은 매를 찾아가 무엇을 해 달라고 하였는지 쓰시오.

_____

_____

5 거북이 매에게 자신을 내려 달라고 한 까닭은 무엇인지 쓰시오.

_____

_____

6 ㉠에 들어갈 내용을 짐작하여 쓰시오.

_____

_____

도움말

멋지게 하늘을 날고 싶어 하는 거북의 부탁으로 거북을 높은 곳까지 데려다 주지만, 결국 거북은 날지 못하고 땅에 떨어지고 맙니다.

b 단원

4 거북이 매를 만나서 조르는 부분을 찾아 봅니다.

5 거북이 마지막에 말한 내용을 살펴봅니다.

6 바로 앞 문장 '생각한 것처럼 다리를 움직여서는 날 수가 없었습니다.'라는 내용을 통해 결과를 짐작할 수 있습니다.

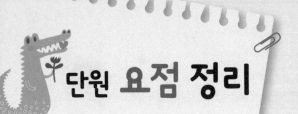

단원 요점 정리 7. 반갑다, 국어사전

학습목표

국어사전을 활용하며 글을 읽어 봅니다.

국어 186~211쪽 국어 활동 60~65쪽

핵심 1 국어사전에 대해 알기

- 국어사전의 앞표지에는 사전의 이름이 쓰여 있습니다. → 특별히 국어사전에 싣는 내용이나 국어사전을 사용하는 대상에 따라 제목을 붙이기도 합니다.
- 국어사전의 옆모습을 살펴보면 낱말을 쉽게 찾을 수 있도록 한글 자음을 차례대로 두되, 색을 다르게 하거나 모양을 달리해 표시했습니다.
- 국어사전의 이름, 겉모습의 특징을 찾아 정리해 봅니다.

> **국어사전에 있는 내용 알아보기**
>
> - 한글 자음과 모음의 차례대로 낱말을 싣고, 시작하는 쪽에는 해당하는 자음이 크게 표시되어 있기도 합니다.
> - 낱말의 발음, 낱말의 뜻, 낱말이 사용되는 예 등의 정보가 들어 있습니다.
> - 낱말의 뜻풀이만으로 부족한 경우에는 그림이나 사진을 함께 싣기도 합니다.
> - 낱말과 낱말의 뜻 외에 부록으로 한글 맞춤법이나 표준어 규정 등 우리말에 대한 유용한 내용이 실려 있습니다.

핵심 2 국어사전에서 낱말을 찾는 방법 알기
┌ 국어사전에는 종이 사전, 전자사전, 인터넷을 이용한 사전 등이 있습니다.

- 국어사전에는 낱말을 이루는 글자 차례대로 낱말이 나옵니다. → 찾으려는 낱말의 첫 번째 글자의 첫 자음자를 먼저 살펴봅니다.
- 낱말을 싣는 차례를 알아야 합니다.

> 한글 글자는 첫 자음자, 모음자, 받침으로 이루어지는데, 이 차례대로 낱말을 찾습니다.

핵심 3 국어사전에서 찾은 낱말의 뜻 확인하기

- 낱말의 뜻이 문장에 어울리는지 살펴봅니다.
- 여러 가지 뜻을 가진 낱말이면 앞뒤 *문맥을 살펴보고 여러 가지 뜻 가운데에서 어떤 것이 문장에 어울리는지 알아봅니다.

핵심 4 형태가 바뀌는 낱말을 국어사전에서 찾기

- 움직임을 나타내는 낱말과 성질이나 상태를 나타내는 낱말은 상황에 따라 형태가 바뀝니다. 예

움직임을 나타내는 낱말	먹다, 웃다, 달리다, 일어서다 등
성질이나 상태를 나타내는 낱말	작다, 넓다, 많다, 높다 등

- 낱말이 상황에 따라 형태가 바뀔 때에는 기본형을 만들어 찾습니다.
  - 낱말의 기본형을 만드는 방법: 낱말에서 형태가 바뀌지 않는 부분에 '-다'를 붙여서 만듭니다.
- 형태가 바뀌는 낱말을 모두 국어사전에 실을 수 없기 때문에 기본형을 정합니다.

핵심 5 국어사전을 활용하며 글 읽기

- 국어사전을 이용하면 짐작한 뜻이 맞는지 정확하게 알 수 있습니다.
- 낱말의 뜻을 국어사전에서 찾고, 비슷한말이나 그 낱말이 쓰인 예를 함께 찾아봅니다. → 글의 내용을 더 쉽게 이해할 수 있습니다.
- 글의 내용을 더 쉽게 이해할 수 있어 중심 생각을 파악하는 데 도움이 됩니다.

국어 활동

핵심 6 형태가 바뀌는 낱말을 국어사전에서 찾는 방법

- 낱말의 기본형을 써 봅니다.
- 쓴 기본형을 국어사전에 싣는 차례대로 정리해 봅니다.
- 낱말을 국어사전에 싣는 차례대로 쓰고, 그 뜻을 찾아봅니다.

조금 더 알기

국어사전에서 쓰인 약호나 기호 등의 쓰임새 알기

- 국어사전에 나오는 *약호나 기호의 뜻을 알면 낱말의 뜻을 더 자세히 알 수 있습니다.
  - 예 「비」 – 비슷한말
    - 「반」 – 반대말
    - 「높」 – 높임말
    - 『방언』 – 방언
    - [ ] – 발음 표시
    - 〈예〉 – 예문 등

낱말의 기본형 만들기

형태가 바뀌지 않는 부분	형태가 바뀌는 부분	기본형
예 먹	는다, 었다, 으면 등	먹다

국어사전이 필요한 까닭

- 낱말의 뜻을 모를 때 주변에 물어볼 사람이 없으면 알 수가 없기 때문입니다.
- 글을 정확하게 이해할 수 없기 때문입니다.
- 문장을 쓸 때 정확하게 썼는지 확인하기 어렵기 때문입니다.

낱말 사전

- ★ 문맥 문장과 문장이 이어지면서 전달되는 중심적인 의미나 논리적 연관 관계.
- ★ 약호 간단하고 알기 쉽게 나타내어 만든 부호.

개념을 확인해요

1 국어사전의 앞표지에는 사전의 ☐☐ 이 쓰여 있습니다.

2 ☐☐☐☐ 에는 종이 사전, 전자사전, 인터넷을 이용한 사전 등이 있습니다.

3 국어사전은 한글 자음과 모음의 ☐☐ 대로 낱말을 싣고, 시작하는 쪽에는 해당하는 자음을 크게 표시했습니다.

4 국어사전에는 낱말의 발음, 낱말의 ☐, 낱말이 사용되는 예 등의 정보가 들어 있습니다.

5 국어사전에서 낱말을 찾을 때에 첫 번째 글자의 첫 자음자, ☐☐☐, 받침의 차례대로 살펴봅니다.

6 국어사전에서 찾은 낱말의 뜻을 확인할 때에는 낱말의 뜻이 ☐☐ 에 어울리는지 살펴봅니다.

7 국어사전에서 찾은 낱말의 뜻이 여러 가지일 때에는 앞뒤 ☐☐ 을 살펴보고 여러 가지 뜻 가운데에서 어떤 것이 문장에 어울리는지 알아봅니다.

8 '먹다, 웃다, 달리다, 일어서다'는 형태가 바뀌는 낱말 가운데 ☐☐☐ 을 나타내는 낱말입니다.

9 낱말의 ☐☐☐ 이란 상황에 따라 형태가 바뀌는 낱말을 대표하는 말입니다.

10 낱말의 기본형을 정하는 까닭은 형태가 ☐☐☐ 낱말을 모두 국어사전에 실을 수 없기 때문입니다.

개념을 다져요

7. 반갑다, 국어사전

도움말

1. 국어사전에 있는 내용을 잘 생각해 봅니다.

핵심 1

1 국어사전에 있는 내용으로 알맞지 않은 것은 어느 것입니까? (   )

① 한글 자음과 모음의 차례대로 낱말이 실려 있다.
② 시작하는 쪽에는 해당하는 모음이 크게 표시되어 있다.
③ 낱말의 발음, 낱말이 사용되는 예 등의 정보가 들어 있다.
④ 낱말의 뜻풀이만으로 부족한 경우에는 그림이나 사진을 함께 싣기도 한다.
⑤ 낱말과 낱말의 뜻 외에 부록으로 한글 맞춤법이나 표준어 규정 등 우리말에 대한 유용한 내용이 실려 있다.

2. 글자의 짜임을 생각하며 국어사전에서 낱말을 찾는 방법을 생각해 봅니다.

핵심 2

2 국어사전에서 낱말을 찾는 방법을 잘못 말한 사람은 누구입니까?

(   )

① 첫 자음자가 같은 경우에는 모음자를 살펴봐야 한다.
② '가게'는 'ㄱ'으로 시작하므로 'ㅎ'으로 시작하는 '하늘'보다 먼저 싣는다.
③ '가게'는 모음자가 'ㅏ'이므로 모음자가 'ㅓ'인 '거미'보다 나중에 싣는다.
④ 받침이 'ㄱ'인 '학'으로 시작하는 '학교'를 받침이 'ㄴ'인 '한'으로 시작하는 '한국'보다 먼저 싣는다.
⑤ 첫 번째 글자가 같으면 두 번째 글자의 첫 자음자가 'ㄱ'인 '한국'을 첫 자음자가 'ㅂ'인 '한복'보다 먼저 싣는다.

3. 국어사전에서 낱말을 찾으면 뜻을 어떻게 확인할지 생각해 봅니다.

핵심 3

3 국어사전에서 찾은 낱말의 뜻을 확인하는 방법입니다. 빈칸에 들어갈 알맞은 말은 무엇입니까? (   )

> 낱말의 뜻이 문장에 어울리는지 살펴보고, 여러 가지 뜻을 가진 낱말이면 앞뒤 [   ]을/를 살펴보고 여러 가지 뜻 가운데에서 어떤 것이 문장에 어울리는지 알아본다.

① 상황
② 문맥
③ 장면
④ 낱말
⑤ 흐름

핵심 4

4 형태가 바뀌는 낱말 가운데 성격이 나머지와 다른 하나는 무엇입니까?

( )

① 웃다   ② 먹다
③ 작다   ④ 달리다
⑤ 일어서다

4. 형태가 바뀌는 낱말에는 움직임을 나타내는 낱말과 성질이나 상태를 나타내는 낱말이 있습니다.

핵심 5

5 국어사전을 사용하면 좋은 점을 한 가지 쓰시오.

_____

_____

5. 국어사전이 필요한 경우를 떠올려 국어사전이 없으면 어떤 어려움이 있을지 생각해 봅니다.

핵심 6

6 다음 낱말의 기본형을 쓰시오.

| 받고, 받으니, 받아서 |

( )

6. 형태가 바뀌는 부분에 '-다'를 붙여 기본형을 만듭니다.

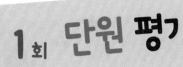
 국어 186~211쪽　국어 활동 60~65쪽

1~4 국어사전에 있는 내용을 보고, 물음에 답하시오.

(가)

ㄱ

ㄱ01 [기역] 「명사」 한글 자모의 첫째 글자.
가01 [가:] 「명사」 ① 경계에 가까운 바깥쪽 부
분. ② 어떤 중심 되는 곳에서 가까운 부
분. ③ 그릇 따위의 아가리 주변.

(나)

⊙ [주추똘/주
춘똘] 「명사」 기둥 밑
에 기초로 받쳐 놓은
돌. 「비」 모퉁잇돌.

1 (가)와 (나)와 같이 모르는 낱말을 싣는 사전을 무슨 사
전이라고 하는지 쓰시오.

(　　　　　　　　　　) 사전

 중요

2 (가)와 (나)의 특징으로 알맞지 않은 것은 어느 것입니
까? (　　　　)

① (가)에는 'ㄱ'에 대한 설명이 있다.
② (가)에는 'ㄱ'과 비슷한말이 적혀 있다.
③ (가)에는 'ㄱ'으로 시작한다는 표시가 있다.
④ (나)에는 낱말에 대한 뜻과 발음 표시 등이 있다.
⑤ (나)에는 비슷한말이나 낱말의 종류가 나와 있다.

3 (나)에서 ⊙에 들어갈 알맞은 말은 무엇이겠습니까?
(　　　　)

① 맷돌　　　　　　② 조약돌
③ 주춧돌　　　　　④ 디딤돌
⑤ 모퉁잇돌

 서술형

4 문제 **3**번에 해당하는 낱말을 넣어 뜻에 알맞게 짧은
문장을 쓰시오.

_____

_____

5~6 다음 글을 읽고, 물음에 답하시오.

국어사전에는 첫 번째 글자의 첫 자음자가 같은
낱말끼리 모아 놓았습니다. 예를 들어 '친구'의 뜻
은 첫 자음자가 'ㅊ'인 낱말 가운데에서 찾을 수 있
습니다. 예

첫 자음자	낱말
ㄱ	가방, 개교, ⊙
ㄲ	까꿍, 꽃, ⓒ

5 이 글은 무엇에 대한 설명입니까? (　　　　)

① 글자의 짜임
② 국어사전의 종류
③ 국어사전의 개념
④ 국어사전에 낱말을 싣는 차례
⑤ 국어사전에서 비슷한말을 찾는 방법

응용

6 ⊙과 ⓒ에 들어갈 낱말끼리 알맞게 짝 지어진 것은
어느 것입니까? (　　　　)

	⊙	ⓒ
①	끝	고구마
②	호랑이	끝
③	자석	땅
④	고구마	끝
⑤	나무	누룽지

7~8 다음 글을 읽고, 물음에 답하시오.

한글 글자는 첫 자음자, ⬛️ ㉠ , 받침으로 이루어지는데, 이 차례대로 낱말을 찾습니다. ㉡'친구'를 국어사전에서 찾으려면, 먼저 첫 번째 글자인 '친'을 찾고, 그다음에 두 번째 글자인 '구'를 찾아야 하는데, 각 글자는 낱자('ㅊ, ㅣ, ㄴ', 'ㄱ, ㅜ')의 차례대로 찾아야 합니다.

7 ㉠에 들어갈 알맞은 말은 무엇입니까? (　　　)

① 받침
② 자음자
③ 모음자
④ 첫 자음자
⑤ 끝 모음자

8 ㉡은 국어사전에서 어떤 첫 자음자를 찾아야 하는지 쓰시오.

(　　　　　　　　　)

9 다음을 보고 국어사전에 있는 내용으로 알맞지 <u>않은</u> 것은 무엇입니까? (　　　)

> **다듬잇돌** [다드미똘/다드민똘] 「명사」 다듬이질을 할 때 밑에 받치는 돌. 「비」 다듬돌. 〈예〉 이 돌이면 매끄러운 다듬잇돌이 되겠구나.
>
> **다듬잇방망이** [다드미빵망이/다드민빵망이] 「명사」 다듬이질할 때 쓰는 방망이.

① 국어사전에 약호가 쓰인다.
② 낱말의 발음을 알 수 있다.
③ 낱말이 사용되는 예가 있다.
④ 낱말이 한글 자음과 모음의 차례대로 실려 있다.
⑤ 해당하는 낱말의 사진을 볼 수 있는 누리집의 주소를 알려 준다.

10 다음 두 낱말 가운데에서 어느 것을 국어사전에 먼저 싣는지 쓰시오.

(1)

하늘　　　학교

(　　　　　　　　　)

(2)

친구　　침대　　차림새

(　　　　　　　　　)

(3)

따개　　칸막이　　까꿍

(　　　　　　　　　)

(4)

가게　　거미

(　　　　　　　　　)

주의

11 다음 낱말을 국어사전에 싣는 차례대로 쓰시오.

(1) 사슴, 사슬, 사진
(　　　)→(　　　)→(　　　)

(2) 삶, 상, 삵
(　　　)→(　　　)→(　　　)

(3) 고양이, 고구마, 고슴도치
(　　　)→(　　　)→(　　　)

(4) 바다, 발자국, 발등
(　　　)→(　　　)→(　　　)

7 단원

12 다음 보기 를 보고 형태가 바뀌는 낱말과 아닌 낱말을 종류에 따라 나누어 쓰시오.

> 보기
>
> 동생 먹다 작다 웃다 많다 도서관
> 넓다 일어서다 소금 달리다 높다

(1) 형태가 바뀌는 낱말

(2) 형태가 바뀌지 않는 낱말

13 다음 보기 를 보고, 낱말에서 형태가 바뀌지 않는 부분과 형태가 바뀌는 부분을 쓴 것입니다. 잘못 쓴 것은 어느 것입니까? (   )

> 보기
>
> 동생이 밥을 먹는다.
> 동생이 밥을 먹었다.
> 동생이 밥을 먹으면 나는 간식을 먹겠다.
> 동생이 밥을 먹고 이를 닦았다.

	낱말	형태가 바뀌지 않는 부분	형태가 바뀌는 부분
①	먹는다	먹	는다
②	먹었다	먹	었다
③	먹으면	먹	으면
④	먹고	먹	고
⑤	먹겠다	먹겠	다

14 다음은 무엇에 대한 설명입니까? (   )

> 상황에 따라 형태가 바뀌는 낱말을 대표하는 낱말이다.

① 낱말의 흐름
② 낱말의 짜임
③ 낱말의 차례
④ 낱말의 기본형
⑤ 낱말의 진행형

15 낱말의 기본형을 만드는 방법으로 알맞은 것은 무엇입니까? (   )

① 낱말을 큰소리로 읽어 본다.
② 낱말의 뜻이 분명한지 알아본다.
③ 낱말에서 형태가 바뀌는 부분에 '-다'를 붙인다.
④ 낱말에서 형태가 바뀌지 않는 부분에 '-고'를 붙인다.
⑤ 낱말에서 형태가 바뀌지 않는 부분에 '-다'를 붙인다.

16 다음 낱말의 기본형은 무엇입니까? (   )

> 높은데, 높아서, 높고, 높은

① 높다   ② 높았다
③ 높으니   ④ 높아라
⑤ 높겠다

17 다음 보기 를 보고, 형태가 바뀌는 낱말의 기본형을 알아야 하는 까닭으로 알맞은 것은 무엇입니까?
( )

> 보기

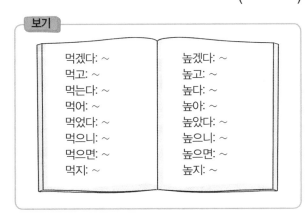

> 먹겠다: ~　　　높겠다: ~
> 먹고: ~　　　높고: ~
> 먹는다: ~　　　높다: ~
> 먹어: ~　　　높아: ~
> 먹었다: ~　　　높았다: ~
> 먹으니: ~　　　높으니: ~
> 먹으면: ~　　　높으면: ~
> 먹지: ~　　　높지: ~

① 짧은 문장을 쓰기 위해서이다.
② 글자의 짜임을 알려 주기 위해서이다.
③ 우리말의 소중함을 알려 주기 위해서이다.
④ 낱말의 모양을 보기 좋게 하기 위해서이다.
⑤ 형태가 바뀌는 낱말을 모두 국어사전에 실을 수 없어서이다.

18 글을 읽을 때 국어사전을 사용하면 좋은 점으로 알맞은 것끼리 묶은 것은 어느 것입니까? ( )

> ㉠ 글자의 쓰는 획수를 알 수 있다.
> ㉡ 글자의 생김새를 확인할 수 있다.
> ㉢ 글의 내용을 더 잘 이해할 수 있다.
> ㉣ 낱말이 만들어진 까닭을 알 수 있다.
> ㉤ 모르는 낱말의 뜻을 찾아 정확한 뜻을 알 수 있다.

① ㉠, ㉡　　　② ㉠, ㉣
③ ㉡, ㉢　　　④ ㉢, ㉣
⑤ ㉢, ㉤

국어 활동

19 다음 빈칸에 들어갈 낱말의 기본형을 쓰고, 그 기본형을 국어사전에 싣는 차례대로 쓰시오.

(1) | | 받고, 받으니, 받아서 |

(2) | | 솟고, 솟으니, 솟아서 |

(3) | | 낚아채고, 낚아채서, 낚아채니 |

(4) | | 뒤쫓고, 뒤쫓으니, 뒤쫓아서 |

(5) 국어사전에 싣는 차례:
( )

20 다음 '생일'이라는 낱말을 국어사전에서 찾을 때에 첫 자음자, 모음자, 받침 차례대로 빈칸에 써 넣으시오.

(1)
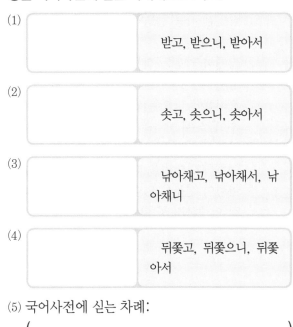

생	첫 자음자	
	모음자	
	받침	

(2)

일	첫 자음자	
	모음자	
	받침	

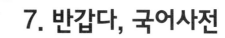
1 국어사전이 필요한 경우를 <u>잘못</u> 말한 것은 어느 것입니까? (　　)

① 장난감 사용 설명서를 읽다가 모르는 낱말이 나왔을 때

② 집에서 키우는 식물이 언제 꽃이 피는지 궁금해졌을 때

③ 요리책에 나오는 낱말의 뜻을 몰라 음식을 만들 수 없을 때

④ 박물관 견학을 갔는데 잘 모르는 낱말이 있어 이해하기 어려울 때

⑤ 어린이 신문을 읽다가 낱말의 뜻을 몰라 내용을 잘 이해하지 못 할 때

2 국어사전에 있는 내용을 바르게 말하지 <u>않은</u> 것은 어느 것입니까? (　　)

① 낱말의 발음이 표시되어 있다.

② 비슷한말이나 낱말의 종류가 있다.

③ 그 낱말을 사용하는 예가 실려 있다.

④ 한글 맞춤법이나 표준어 규정을 싣는다.

⑤ 시작하는 쪽에는 해당하는 모음이 크게 표시 되어 있다.

3 국어사전에 낱말을 싣는 차례를 생각하며 다음 자음자로 시작하는 낱말을 빈칸에 쓰시오.

첫 자음자	낱말
ㄱ	가방, 개교, ((1)　　　　)
ㄴ	나무, 농사, ((2)　　　　)
ㄷ	달, 두꺼비, ((3)　　　　)

4 국어사전을 찾는 방법에 대해 <u>잘못</u> 말한 것은 무엇입니까? (　　)

① 국어사전에는 첫 번째 글자의 첫 자음자가 같은 낱말들끼리 모여 있다.

② 한글 글자는 첫 자음자, 모음자, 받침으로 이루어졌다는 것을 알아야 한다.

③ '친구'를 국어사전에서 찾으려면 첫 자음자가 'ㅊ'인 낱말 가운데에서 찾아야 한다.

④ '친구'를 찾으려면 먼저 첫 번째 글자 '친'을 찾고 두 번째 글자인 '구'를 붙여 낱자가 짜인 차례대로 찾아야 한다.

⑤ 국어사전에서 낱말을 찾을 때, 첫 번째 글자의 모음자를 사전에서 찾고, 그 다음에 자음자, 받침 차례대로 찾으면 된다.

5 한글 글자 낱자의 차례를 생각하여 ㉠~㉣에 들어갈 첫 자음자나 모음자, 그리고 받침을 쓰시오.

첫 자 음 자	ㄱ	ㄲ	ㄴ	ㄷ	ㄸ	ㄹ	ㅁ	ㅂ	㉠	ㅅ	ㅆ
	ㅇ	ㅈ	ㅉ	ㅊ	ㅋ	ㅌ	ㅍ	ㅎ			
모 음 자	ㅏ	ㅐ	ㅑ	ㅒ	ㅓ	ㅔ	ㅕ	ㅖ	㉡	ㅘ	ㅙ
	ㅚ	ㅛ	ㅜ	ㅝ	ㅞ	ㅟ	ㅠ	ㅡ	ㅢ	ㅣ	
받 침	ㄱ	ㄲ	ㄳ	ㄴ	㉢	ㄶ	ㄷ	ㄹ	ㄺ	ㄻ	㉣
	ㄽ	ㄾ	ㄿ	ㅀ	ㅁ	ㅂ	ㅄ	ㅅ	ㅆ	ㅇ	ㅈ
	ㅊ	ㅋ	ㅌ	ㅍ	ㅎ						

(1) ㉠: (　　　　　　　　)

(2) ㉡: (　　　　　　　　)

(3) ㉢: (　　　　　　　　)

(4) ㉣: (　　　　　　　　)

주의

6 다음 두 낱말을 국어사전에 싣는 차례에 대해 바르게 말한 것은 어느 것입니까? (   )

> ㉠ 가게, 하늘: 첫 자음자를 보면 '가게'는 'ㄱ'으로 시작하므로 'ㅎ'으로 시작하는 '하늘'보다 먼저 싣는다.
> ㉡ 가게, 거미: '가게'는 모음자가 'ㅏ'이므로 모음자가 'ㅓ'인 '거미'보다 먼저 싣는다.
> ㉢ 하늘, 학교: 받침이 있는 '학교'를 받침이 없는 '하늘'보다 먼저 싣는다.
> ㉣ 한국, 한복: 첫 번째 글자가 같으면 두 번째 글자를 나란히 싣는다.

① ㉠, ㉡
② ㉠, ㉢
③ ㉠, ㉣
④ ㉡, ㉢
⑤ ㉢, ㉣

서술형

7 두 낱말 가운데에서 국어사전에 어느 낱말을 먼저 싣는지 까닭과 함께 쓰시오.

| 학교 | 한국 |

_____

_____

8 다음 낱말들을 국어사전에 싣는 차례대로 바르게 나열한 것은 어느 것입니까? (   )

① 삶 → 삵 → 상
② 가을 → 두부 → 마을
③ 사진 → 사슬 → 사슴
④ 라디오 → 나비 → 사랑
⑤ 고슴도치 → 고구마 → 고양이

9 다음 **보기** 의 낱말들을 종류에 따라 나누어 쓰시오.

보기

> 동생 먹다 작다 웃다 많다 도서관
> 넓다 일어서다 소금 달리다 높다

(1) 형태가 바뀌는 낱말	(2) 형태가 바뀌지 않는 낱말

(3) 움직임을 나타내는 낱말	(4) 성질이나 상태를 나타내는 낱말

7 단원

10 다음 낱말을 형태가 바뀌는 부분과 바뀌지 않는 부분을 쓰시오.

	낱말	형태가 바뀌지 않는 부분	형태가 바뀌는 부분
(1)	높은데		
(2)	높고		
(3)	높은		
(4)	높아서		

11 낱말의 기본형을 알아야 하는 까닭은 무엇입니까?
( )

① 기본형이 배우기가 훨씬 쉽기 때문에
② 기본형이 글자 모양이 예쁘기 때문에
③ 사람들은 글을 쓸 때 기본형으로 쓰기 때문에
④ 국어사전에 형태가 바뀐 낱말을 모두 실으면 국어사전이 너무 두꺼워지기 때문에
⑤ 기본형이 아닌 형태가 바뀐 형태로 국어사전에 실으면 사람들이 알아볼 수 없기 때문에

12~15 다음 글을 읽고, 물음에 답하시오.

　기후에 따라 사람들이 생활하는 모습이 다릅니다. 입는 옷, 먹는 음식, 사는 집도 기후와 깊은 관련이 있습니다. 기후에 따라 생활하는 모습이 어떻게 다른지 알아봅시다.
　기후에 따라 입는 옷이 달라집니다. 추운 겨울에는 몸의 열을 빼앗기지 않으려고 가죽옷이나 두꺼운 털옷을 입습니다. 그러나 무더운 여름에는 몸에서 생기는 열을 내보내려고 얇고 성긴 옷을 입습니다.
　한복도 여름에는 몸에 잘 붙지 않도록 까슬까슬한 옷감으로 만들었습니다. 그리고 바람이 잘 통하도록 등나무로 만든 기구를 먼저 걸치고 저고리를 입기도 했습니다. 겨울에는 추위를 견딜 수 있도록 옷감 사이에 솜을 넣은 한복을 입었습니다. 차가운 공기가 스며들지 않도록 목둘레나 소매 끝을 좁게 만들기도 했습니다.

「기후와 생활」

12 파란색으로 표시한 낱말을 기본형으로 바꿔서 국어사전에 싣는 차례대로 쓰시오.

	➡		➡	

13 문제 12번에 답한 낱말 가운데에서 가장 첫 번째 낱말을 골라 짧은 문장을 만들어 쓰시오.

_____

_____

14 이 글은 무엇에 관해 설명하고 있습니까? ( )

① 한복의 중요성
② 기후에 따라 입는 옷의 모양
③ 계절별로 달라지는 옷의 성질
④ 기후에 따라 사람들이 먹는 음식
⑤ 기후에 따라 사람들이 생활하는 모습

15 한복에 대한 설명으로 알맞지 않은 것은 무엇입니까? ( )

① 여름 한복은 몸에 잘 붙지 않도록 까슬까슬한 옷감을 썼다.
② 겨울 한복은 추위를 견딜 수 있도록 옷감 사이에 솜을 넣었다.
③ 겨울 한복은 바람이 잘 통하지 않도록 까슬까슬한 옷감을 사용했다.
④ 겨울 한복은 차가운 공기가 스며들지 않도록 목둘레나 소매 끝을 좁게 만들었다.
⑤ 여름 한복은 바람이 잘 통하도록 등나무로 만든 기구를 먼저 걸치고 저고리를 입었다.

16~18 다음 글을 읽고, 물음에 답하시오.

ㅇ우리 조상은 꽃을 눈으로도 즐기고 입으로도 즐겼습니다. 삼짇날이 되면 진달래 꽃잎을 넣고 찹쌀가루를 둥글납작하게 부쳐서 만든 진달래화전을 먹었습니다. 오늘날의 프라이팬이라고도 할 수 있는 번철을 돌 위에 올리고 그 아래에 불을 피워 화전을 부쳤습니다. 번철 대신 솥뚜껑을 쓰기도 했습니다.

삼짇날에는 진달래화채도 만들어 먹었습니다. 진달래 꽃잎을 녹말가루에 묻혀 살짝 튀긴 뒤, 설탕이나 꿀을 넣어 달게 담근 오미자즙에 띄워 먹었습니다.

진달래와 비슷한 철쭉꽃은 먹을 수 없는 꽃이라서 '개꽃'이라고 했지만, 진달래는 먹을 수 있는 꽃이라서 '참꽃'이라고 했습니다. 진달래뿐만 아니라 벚꽃, 배꽃, 매화로도 화전을 만들어 먹었습니다.

꽃으로 만든 음식은 보는 것만으로도 기분이 좋습니다. 그뿐만 아니라 꽃잎에 묻어 있는 꽃가루에는 여러 가지 몸에 좋은 물질이 들어 있습니다.

그렇지만 모든 꽃을 다 먹을 수 있는 것은 아닙니다. 진달래, 국화, 장미, 금잔화, 삼색제비꽃, 제비꽃처럼 먹을 수 있는 꽃을 골라 먹어야 합니다. 그리고 먹을 수 있는 꽃이라고 하더라도 꽃가루 등에 의한 알레르기를 일으킬 수 있으므로 암술, 수술, 꽃받침을 제거하고 먹어야 합니다. 특히 진달래는 수술에 약한 독성이 있으므로 반드시 꽃술을 제거하고 꽃잎만 깨끗한 물에 씻은 뒤에 먹어야 합니다.

꽃집에 파는 꽃이나 정원의 꽃은 함부로 먹으면 안 됩니다. 농약을 친 꽃들은 독성이 있기 때문입니다.

「먹을 수 있는 꽃 요리」, 오주영

16 '번철'은 무엇인지 글에서 찾아 쓰시오.

_____

17 ㉠은 무슨 뜻인지 바르게 말한 것에 ○표를 하시오.

(1) 꽃은 보기에도 예쁘지만 눈에도 좋은 음식이라는 뜻이다. ( )

(2) 꽃잎을 눈에 대고 있으면 눈이 건강해지는 것이라는 뜻이다. ( )

(3) 눈으로 꽃을 보기도 하지만 꽃으로 요리를 만들어 음식으로 먹었다는 뜻이다. ( )

18 먹을 수 있는 꽃은 무엇인지 세 가지 이상 찾아 쓰시오.

_____

국어 활동

19 다음 낱말의 형태가 바뀌는 부분과 기본형을 쓰시오.

받고, 받으니, 받아서

(1) 형태가 바뀌는 부분:
( )

(2) 기본형: ( )

20 다음은 무엇에 대한 설명입니까? ( )

상황에 따라 형태가 바뀌는 낱말을 대표하는 낱말이다.

① 확장형   ② 기본형
③ 자유형   ④ 분리형
⑤ 대표형

1~3

기후에 따라 사람들이 생활하는 모습이 다릅니다. 입는 옷, 먹는 음식, 사는 집도 기후와 깊은 관련이 있습니다. 기후에 따라 생활하는 모습이 어떻게 다른지 알아봅시다.

기후에 따라 입는 옷이 다릅니다. 추운 겨울에는 몸의 열을 빼앗기지 않으려고 가죽옷이나 두꺼운 털옷을 입습니다. 그러나 무더운 여름에는 몸에서 생기는 열을 내려고 얇고 성긴 옷을 입습니다.

한복도 여름에는 몸에 잘 붙지 않도록 까슬까슬한 옷감으로 만들었습니다. 그리고 바람이 잘 통하도록 등나무로 만든 기구를 먼저 걸치고 저고리를 입기도 했습니다. 겨울에는 추위를 견딜 수 있도록 옷감 사이에 솜을 넣은 한복을 입었습니다. 차가운 공기가 스며들지 않도록 목둘레나 소매 끝을 좁게 만들기도 했습니다.

도움말

☆ 기후란 기온, 비, 눈, 바람 등이 오는 날씨의 변화를 말합니다. 기후에 따라 사람들의 생활이 달라지는 것을 설명하고 있습니다.

1 사람들의 생활에서 기후에 영향을 받는 것은 무엇이 있다고 하였는지 쓰시오.

_____

1 글에서 덧붙인 문장을 찾아봅니다.

2 파란색으로 표시한 낱말의 기본형을 (   ) 안에 만들고, 짧은 문장을 만들어 쓰시오.

(1) 입는: (   )

➡ _____

(2) 얇고: (   )

➡ _____

(3) 좁게: (   )

➡ _____

2 낱말에서 변하는 부분과 변하지 않는 부분을 찾아봅니다.

3 문제 2번에 답한 기본형을 어떻게 만들었는지 설명하여 쓰시오.

_____

3 낱말에서 변하지 않는 부분을 사용해 기본형을 만듭니다.

4~6

우리 조상은 꽃을 눈으로도 즐기고 입으로도 즐겼습니다. 삼짇날이 되면 진달래 꽃잎을 넣고 찹쌀가루를 둥글납작하게 부쳐서 만든 진달래화전을 먹었습니다. 오늘날의 프라이팬이라고도 할 수 있는 번철을 돌 위에 올리고 그 아래에 불을 피워 화전을 부쳤습니다. 번철 대신 솥뚜껑을 쓰기도 했습니다.

삼짇날에는 진달래화채도 만들어 먹었습니다. 진달래 꽃잎을 녹말가루에 묻혀 살짝 튀긴 뒤, 설탕이나 꿀을 넣어 달게 담근 오미자즙에 띄워 먹었습니다.

진달래와 비슷한 철쭉꽃은 먹을 수 없는 꽃이라서 '개꽃'이라고 했지만, 진달래는 먹을 수 있는 꽃이라서 '참꽃'이라고 불렀습니다. 진달래뿐만 아니라 벚꽃, 배꽃, 매화로도 화전을 만들어 먹었습니다.

꽃으로 만든 음식은 보는 것만으로도 기분이 좋습니다. 그뿐만 아니라 꽃잎에 묻어 있는 꽃가루에는 여러 가지 몸에 좋은 물질이 들어 있습니다.

그렇지만 모든 꽃을 다 먹을 수 있는 것은 아닙니다. 진달래, 국화, 장미, 금잔화, 삼색제비꽃, 제비꽃처럼 먹을 수 있는 꽃을 골라 먹어야 합니다. 그리고 먹을 수 있는 꽃이라고 하더라도 꽃가루 등에 의한 알레르기를 일으킬 수 있으므로 암술, 수술, 꽃받침을 제거하고 먹어야 합니다. 특히 진달래는 수술에 약한 독성이 있으므로 반드시 꽃술을 제거하고 꽃잎만 깨끗한 물에 씻은 뒤에 먹어야 합니다.

꽃집에 파는 꽃이나 정원의 꽃은 함부로 먹으면 안 됩니다. 농약을 친 꽃에는 독성이 있기 때문입니다. 이런 꽃을 먹었다가는 배탈이 나고 속이 나빠져서 크게 고생할 수 있습니다. 반드시 식용을 목적으로 따로 안전하게 재배되는 꽃만 먹어야 합니다.

도움말

☆ 화전은 조상들이 꽃잎을 얹어 부쳐서 먹은 음식입니다. 어떤 꽃을 먹어도 되는지, 어떻게 먹어야 하는지 설명하고 있습니다.

7
단원

---

4 진달래를 먹으면 안 되는 까닭을 쓰시오.

수술에 약한 (   )이 있기 때문이다.

4 다섯 번째 문단을 살펴봅니다.

5 '개꽃'과 '참꽃'의 차이를 쓰시오.

_____

_____

5 벚꽃, 배꽃, 매화 등과 같이 먹을 수 있는 꽃을 '참꽃'이라고 합니다.

6 글에서 뜻을 모르는 낱말을 한 가지 찾고, 자신이 짐작한 뜻과 국어사전에서 찾은 뜻을 쓰시오.

(1) 뜻을 모르는 낱말	(2) 짐작한 뜻	(3) 국어사전에서 찾은 뜻

6 사전에서 찾은 뜻 가운데에서 문맥에 어울리는 뜻을 골라 봅니다.

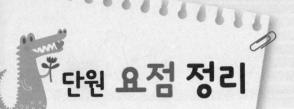

단원 요점 정리 8. 의견이 있어요

핵심 1 의견의 뜻 알기

• 의견이란 글쓴이나 인물이 어떤 대상에게 지니는 생각입니다.

• 어떤 대상에게 사람들이 지니는 의견은 같을 수도 있고 다를 수도 있습니다.

핵심 2 글을 읽고 인물의 의견과 그 까닭 알기

• 인물의 의견과 그렇게 생각한 까닭을 비교하며 글을 읽습니다.

• 누가 무슨 까닭으로 그런 의견을 냈는지 알면 그 의견의 내용을 더 잘 알 수 있습니다.

• 인물에 대한 자신의 의견과 그렇게 생각한 까닭을 친구들과 이야기해 봅니다.

→친구가 말한 의견과 그 까닭을 잘 파악하며 자신의 의견도 이야기합니다.

핵심 3 글쓴이의 의견을 *파악하는 방법 알기

• 글 제목을 주의 깊게 살펴봅니다.

– 글의 제목을 보고 글쓴이가 어떤 말을 하고 싶은지 짐작해 봅니다.

• 문단의 중심 문장을 정리해 봅니다.

– 글을 몇 개의 문단으로 나누어 중심 문장을 찾아봅니다.

• 글쓴이가 이 글을 쓴 목적이 무엇인지 짐작해 봅니다.

– 글쓴이가 어떤 마음으로 글을 썼을지 생각해 봅니다.

㉠「지구를 깨끗이 가꾸자」에서 글쓴이의 의견 파악하기

> 우리 스스로 지구를 깨끗하게 가꿀 수 있도록 노력하자. / 지구를 깨끗이 가꾸고 유지하자. / 지구를 가꾸고 사랑하자.

핵심 4 의견을 파악하며 글 읽기

• 글의 내용을 잘 이해할 수 있습니다.

• 글쓴이의 의견이 맞는지 생각해 볼 수 있습니다.

• 글쓴이의 의견과 자신의 의견을 비교해 볼 수 있습니다.

• 글쓴이의 의견을 알아야 행동이나 말을 그에 맞게 할 수 있습니다.

핵심 5 아름답고 즐거운 학교를 가꾸기 위한 알림 활동 하기

• 우리 학교에 어떤 문제점이 있는지 생각해 봅니다. →㉠ 운동장에 쓰레기가 많은 문제, 친구끼리 말을 함부로 하는 문제

• 우리 학교의 문제점을 사진이나 그림으로 나타내고, 자신의 의견과 그렇게 생각한 까닭을 써 봅니다. ㉠→ 자신의 의견을 쓸 때에는 의견에 알맞은 까닭도 함께 써야 합니다.

우리 학교의 문제점	복도에서 너무 많이 뛰어다닙니다.
자신의 의견	복도에서는 오른쪽으로 다니고 사뿐사뿐 걸으면 좋겠습니다.
그렇게 생각한 까닭	복도를 사용할 때 규칙이 있으면 더 뛰지 않을 것 같기 때문입니다.

• 아름답고 즐거운 학교를 가꾸기 위한 알림 활동에 사용할 손*팻말의 문구를 만들어 봅니다.

> ㉠ 복도에서 뛰지 않아요

• 알림 활동에 사용할 손 팻말을 여러 가지 모양으로 만들어 봅니다.

국어 활동 🌾

핵심 6 글쓴이의 의견을 파악하는 방법을 아는지 확인해 봅시다

• 글에 나타난 글쓴이의 의견을 파악해 봅니다.

• 글에 어울리는 제목을 만들어 봅니다.

• 의견에 어울리는 까닭을 살펴봅니다.

조금 더 알기

「지구를 깨끗이 가꾸자」 내용 확인하기

지구를 깨끗이 하기 위해 비닐봉지, 일회용 컵, 일회용 나무젓가락의 사용을 줄여야 한다는 글쓴이의 의견이 드러나 있습니다.

학급 토론 주제 찾아보기
- 짝꿍 정하기
- 청소 당번 정하기
- 모둠 이름 정하기
- 1인 1역할 정하기
- 줄 서는 순서 정하기
- 모둠 역할 정하기 등

우리 학교의 문제점 이야기하기

쓰레기가 많이 떨어져 있는 것이 문제라고 생각해.

복도나 교실에서 뛰어다니는 사람이 많다는 것이 문제라고 생각해.

친구끼리 말을 함부로 하는 것이 문제라고 생각해.

낱말 사전

★ 파악 어떤 대상의 내용이나 본질을 확실하게 이해하여 앎.

★ 팻말 주변이나 다른 사람들에게 알리기 위하여 글 등을 써 놓은, 네모난 조각.

개념을 확인해요

1 글쓴이나 인물이 어떤 대상에게 지니는 생각을 ☐☐ 이라고 합니다.

2 글을 읽고 인물의 의견과 그렇게 생각한 ☐☐ 을 비교하며 읽습니다.

3 글쓴이의 의견을 파악하려면 ☐☐ 을 주의 깊게 살펴봅니다.

4 글쓴이가 어떤 마음으로 글을 썼을지 ☐☐ 하며 읽어야 합니다.

5 글을 몇 개의 문단으로 나누어 ☐☐☐☐ 을 찾아봅니다.

6 글을 읽고 글쓴이의 의견을 파악하면 글의 ☐☐ 을 잘 이해할 수 있습니다.

7 자신의 의견이 잘 나타나도록 글을 쓸 때에는 그 ☐☐ 도 함께 써야 합니다.

8 알림 활동을 할 때에는 손 ☐☐ 을 여러 가지 만들어 문구를 써서 활동합니다.

9 글에 나타난 ☐☐☐ 의 의견을 파악하며 글을 읽습니다.

10 글에 어울리는 ☐☐ 을 만들어 봅니다.

8. 의견이 있어요

국어 212~237쪽   국어 활동 66~71쪽

도움말

1. 의견의 개념을 파악해 봅니다.

핵심 1

1 다음은 무엇에 대한 설명입니까? (   )

> 글쓴이나 인물이 어떤 대상에게 지니는 생각.

① 상상　　　　　　　　② 의견
③ 주장　　　　　　　　④ 까닭
⑤ 관점

2. 의견을 지닌 까닭을 함께 살펴봐야 합니다.

핵심 2

2 다음은 글을 읽고 인물의 의견을 아는 방법입니다. 빈칸에 공통으로 들어 갈 말을 쓰시오.

> • 인물의 의견과 그렇게 생각한 ⬚⬚⬚⬚⬚을 비교하며 글을 읽는다.
> • 누가 어떤 의견을 지닌 ⬚⬚⬚⬚⬚을 알면 그 의견의 내용을 더 잘 알 수 있다.

(   )

3. 글쓴이의 의견을 파악하는 방법을 잘 생각합니다.

핵심 3

3 글쓴이의 의견을 파악하는 방법으로 알맞지 <u>않은</u> 것은 무엇입니까?
(   )

① 제목을 보고 글의 내용을 짐작한다.
② 문단을 나누어 중심 문장을 알아본다.
③ 글쓴이가 어떤 마음으로 글을 썼을지 생각해 본다.
④ 문단의 처음이나 끝에 있는 문장을 유심히 살펴본다.
⑤ 글의 제목은 읽는 사람이 내용을 궁금해 하도록 짧게 써야 한다.

핵심 4

4 글을 읽고 글쓴이의 의견을 파악하는 것의 중요성으로 알맞지 <u>않은</u> 것은 무엇입니까? (   )

① 글의 내용을 잘 이해할 수 있다.

② 글쓴이의 의견이 맞는지 생각해 볼 수 있다.

③ 글을 쓰게 된 시간적 배경을 생각해 볼 수 있다.

④ 글쓴이의 의견과 자신의 의견을 비교해 볼 수 있다.

⑤ 글쓴이의 의견을 알아야 행동이나 말을 그에 맞게 할 수 있다.

4. 글을 읽고 글쓴이의 의견을 파악하는 것의 중요성을 생각해 봅니다.

핵심 5

5 다음 빈칸에 알맞은 말을 쓰시오.

> 자신의 의견이 잘 나타나도록 글을 쓸 때에는 그 [   ]도 함께 써야 한다.

(   )

5. 의견을 쓰는 방법을 잘 알아둡니다.

핵심 6

6 학교에서 다음과 같은 문제점을 가지고 알림 활동을 하기 위한 손 팻말을 만들려고 합니다. 어떤 문구를 쓰면 좋을지 떠올려 쓰시오.

| 우리 학교의 문제점 | 복도에서 너무 많이 뛰어다닙니다. |

➡ (   )

6. 여러 가지 모양의 손 팻말을 만들어 알림 활동을 해 봅니다.

핵심 6

7 다음 글을 읽고 중심 문장을 찾아 쓰시오.

> 자전거를 안전하게 타는 방법을 아는 것만큼 실천도 중요합니다. 자전거를 탈 때 자신이 알고 있는 안전 수칙을 잘 지키지 않는다면 이로운 점보다 해로운 점이 더 많을 수 있기 때문입니다. 자전거 타기는 여러모로 좋은 운동입니다. 그러므로 규칙을 잘 지키며 안전하게 타도록 노력합시다.

7. 글쓴이의 의견을 파악하려면 각 문단의 중심 문장을 찾아야 합니다.

1~3 다음 글을 읽고, 물음에 답하시오.

오성의 집 마당에 있는 큰 감나무에는 빨간 감이 탐스럽게 열려 있었습니다. 이 감나무 가지는 담 너머 옆집인 권 판서 댁까지 뻗어 있었습니다.

"야, 저 감 참 맛있겠다!"

한음이 담 너머에 있는 감을 가리키며 말했습니다. 오성은 한음의 마음을 알아채고 감을 따려고 했습니다.

"우리 집 감을 왜 허락도 없이 따려고 하시오?"

옆집 하인이 말했습니다.

"무슨 말인가? 우리 감나무에 달린 감이야."

"도련님 댁 감이라고요? 그건 우리 감이에요. 보시다시피 우리 집으로 가지가 넘어왔잖아요."

옆집 하인이 그쪽으로 넘어간 감나무 가지를 자기네 것이라고 우기며 감을 따지 못하게 했습니다.

"그런 경우가 어디 있나? 그 감은 우리 것이네. 아무리 담 너머로 가지가 넘어갔어도 감나무는 우리 집에서 심고 가꾸었기 때문이야."

오성은 어이없다는 듯이 옆집 하인에게 말했습니다.

「오성과 한음」

1 이야기에 나오는 인물을 모두 찾아 쓰시오.

_____

2 오성과 옆집 하인이 다툰 까닭은 무엇입니까?
( )

① 한음이 담을 망가뜨려서
② 하인이 감을 빼앗으려고 해서
③ 오성과 한음이 하인을 괴롭혀서
④ 감이 서로 자기의 것이라고 우겨서
⑤ 하인이 기른 감을 오성이 따 먹어서

3 오성의 의견이 지닌 까닭으로 알맞은 것에 ○표를 하시오.

(1) 감나무를 우리 집에서 심고 가꾸었기 때문이다.
( )

(2) 감이 더 많이 열린 쪽이 우리 집 쪽이기 때문이다.
( )

4~5 다음 글을 읽고, 물음에 답하시오.

㈎ 두 소년은 오성의 옆집에 사는 권 판서 댁 하인을 앞세우고 가서 대감이 있는 사랑방 앞에 멈추어 섰습니다. / "밖에 누가 왔느냐?"

인기척을 느낀 권 판서가 물었습니다.

"대감님, 저의 무례함을 용서하십시오."

오성은 창호지를 바른 방문 안으로 팔을 쑥 들이밀었습니다. 책을 읽고 있던 권 판서는 방문을 뚫고 들어온 팔을 보고 깜짝 놀랐습니다.

㈏ "대감님, 지금 이 팔이 누구 팔입니까?"

"그야 네 팔이지, 누구 팔이겠느냐?"

"지금 이 팔은 방 안에 들어가 있지 않습니까?"

"방 안에 있다 해도 네 몸에 붙었으니까 네 팔이지."

권 판서는 오성의 당돌한 질문에 호기심을 느꼈습니다.

"그렇다면 한 말씀 더 여쭙겠습니다. 저 담 너머 감나무에서 뻗어 나와 이 댁에 넘어온 가지는 누구네 것입니까?"

권 판서는 오성이 무엇 때문에 방문을 뚫고 팔을 들이밀었는지 그 뜻을 금방 깨달았습니다.

"음, 그야 너희 것이지. 우리 집에 가지가 일부분 넘어왔어도 나무의 뿌리는 너희 집에 있지 않느냐."

4 오성은 권 판서 대감을 만나 어떤 행동을 하였습니까? ( )

① 대감에게 무례하다며 화를 냈다.
② 하인이 왜 감을 못 따게 하는지 따졌다.
③ 대감의 방문 안으로 팔을 쑥 들이밀었다.
④ 대감의 방으로 감나무 가지를 집어넣었다.
⑤ 대감의 방에 들어가서 정중하게 감을 달라고 했다.

5 권 판서가 감이 오성의 것이라고 한 까닭은 무엇인지 쓰시오.

_____

6~9 다음 표를 읽고, 물음에 답하시오.

자 부인	옷감의 넓고 좁음, 길고 짧음을 알아야 해.
바늘 각시	내가 있어야 꿰매고 옷을 만들 수 있어.
골무 할미	아씨 손을 다치지 않게 해야 해.
다리미 소저	구겨지고 접힌 곳을 펴 줘야 옷의 맵시가 나.
가위 색시	옷감을 잘라야 바느질을 할 수 있어.
홍실 각시	실이 있어야 바늘이 일을 할 수 있어.
인두 낭자	울퉁불퉁한 구석을 살펴 모양을 잡아 줘야 해.

6 표에 등장하지 않는 인물은 누구입니까? (   )

① 자   ② 실
③ 칼   ④ 가위
⑤ 바늘

7 일곱 동무들의 공통된 의견은 무엇인지 알맞은 것에 ○표를 하시오.

(1) 바느질에서 자신이 가장 중요하다는 것이다.
(   )

(2) 아씨가 가장 좋아하는 사람이 자신이라는 것이다.
(   )

8 각 인물이 나타낸 의견에 대한 까닭으로 알맞은 것을 선으로 이으시오.

(1) 바늘 •

(2) 가위 •

(3) 자 •

• ㉠ 자신이 옷감을 잘라 줘야 일이 된다.

• ㉡ 자신이 없으면 옷을 만드는 바느질을 절대로 할 수 없다.

• ㉢ 옷감의 넓고 좁음, 길고 짧음은 자신이 아니면 알 수 없다.

9 일곱 동무는 자신이 왜 중요한지 말하고 있습니다. 이것은 의견에 대한 무엇이 되는지 쓰시오.

(   )

10 글쓴이의 의견을 파악하는 방법으로 옳지 <u>않은</u> 것을 두 가지 고르시오. (,   )

① 문단의 수를 세어 본다.
② 글 제목을 주의 깊게 살펴본다.
③ 문단의 중심 문장을 정리해 본다.
④ 글 제목은 헷갈릴 수도 있으므로 읽지 않는다.
⑤ 글쓴이가 그 글을 쓴 목적이 무엇인지 짐작해 본다.

11~15 다음 글을 읽고, 물음에 답하시오.

    ㉠우리는 지구를 깨끗이 하려고 노력해야 합니다. 왜냐하면 지구는 앞으로도 우리가 살아갈 터전이기 때문입니다. 그런데 우리가 한 번 쓰고 난 뒤에 무심코 버리는 일회용품은 지구를 병들게 합니다. ㉡일회용품은 평소에 사람들이 자주 쓰는 비닐봉지, 일회용 컵, 일회용 나무젓가락 따위를 말합니다. 그러므로 일회용품을 덜 쓰려면 다음과 같은 일을 실천해야 합니다.

    첫째, ㉢비닐봉지를 적게 써야 합니다. 왜냐하면 전 세계에서 매년 사용하고 버리는 비닐봉지의 양이 매우 많기 때문입니다. 이것을 처리하려면 돈이 많이 듭니다. 그냥 두면 없어지는 데 500년이 넘게 걸립니다. 그러므로 ㉣물건을 사거나 담을 때에는 여러 번 쓸 수 있는 가방이나 장바구니를 활용해야 합니다.

    둘째, 일회용 컵을 적게 써야 합니다. 왜냐하면 일회용 컵은 쓰기는 간편하지만 낭비하기 때문입니다. 이렇게 낭비하면 일회용 컵 재료가 되는 나무나 플라스틱이 많이 필요하기 때문에 환경을 더 파괴할 수 있습니다. 그러므로 일회용 컵 대신에 여러 번 사용할 수 있는 컵을 사용해야 합니다.

    셋째, 일회용 나무젓가락을 적게 써야 합니다. 왜냐하면 나무젓가락을 만들려면 나무를 많이 베어야 하기 때문입니다. 일회용 나무젓가락은 나무로 만들기 때문에 환경에 피해를 주지 않을 것이라고 생각하기 쉽습니다. 그러나 일회용 나무젓가락을 만들 때 잘 썩지 않도록 약품 처리를 하기 때문에 그냥 두면 20년쯤 지나야만 자연으로 돌아간다고 합니다. 그러므로 여러 번 쓸 수 있는 젓가락을 사용해야 합니다.

「지구를 깨끗이 가꾸자」

11 지구를 깨끗이 가꾸어야 하는 까닭은 무엇이라고 했습니까? (   )

① 지구는 둥글기 때문이다.
② 지구와 약속을 하였기 때문이다.
③ 지구에서 많은 돈을 벌어야 하기 때문이다.
④ 지구에서 많은 자원을 얻어야 하기 때문이다.
⑤ 지구는 앞으로도 우리가 살아갈 터전이기 때문이다.

12 이와 같은 글의 특징으로 알맞은 것은 무엇입니까? (   )

① 대상의 모양을 자세히 설명한 글이다.
② 사물을 사람인 것처럼 표현한 글이다.
③ 사투리를 써서 친근하게 표현한 글이다.
④ 제목에 글쓴이의 의견이 드러난 글이다.
⑤ 대상을 다른 대상에 빗대어 표현한 글이다.

13 일회용품을 많이 쓰면 지구는 어떻게 된다고 하였습니까? (   )

① 지구가 사라진다.
② 지구가 병이 든다.
③ 지구가 나이 든다.
④ 지구가 뜨거워진다.
⑤ 지구가 차가워진다.

14 지구를 깨끗이 하기 위해 줄여야 하는 일회용품이 아닌 것을 두 가지 고르시오. (,   )

① 볼펜   ② 비닐봉지
③ 휴대 전화   ④ 일회용 컵
⑤ 일회용 나무젓가락

15 지구를 지키기 위한 또 다른 방법은 무엇이 있을지 쓰시오.

_____

국어 활동

16~18 다음 글을 읽고, 물음에 답하시오.

　우리는 좋은 습관을 길러야 합니다. 작은 습관이 모여 결국은 큰 변화를 만들기 때문입니다. 습관이란 어떤 행동을 오랫동안 되풀이하면서 저절로 몸에 익은 행동을 말합니다. 예를 들어 꾸준히 일기를 쓴다든가 말을 바르고 곱게 하는 것, 몸을 깨끗이 잘 씻는 것 따위는 작지만 좋은 습관입니다. 좋은 습관이 무엇인지를 알아보고, 좋은 습관을 기르려고 노력해 봅시다.

　첫째, 약속을 잘 지키는 습관을 기릅시다. 약속은 자신이나 다른 사람과 어떤 일을 지키기로 다짐한 것이기 때문입니다. 우리는 살면서 약속을 자주 합니다. 약속을 잘 지키면 주변 사람들에게 믿음을 줄 수 있습니다. 그리고 사람들과 사이도 좋아집니다. 약속을 잘 지키는 것은 지켜야 할 기본예절입니다. 그러므로 약속을 잘 지킬 수 있도록 노력해야 합니다.

　둘째, 날마다 운동하는 습관을 기릅시다. 날마다 운동하면 몸과 마음이 건강해지기 때문입니다. 예를 들어 아침 일찍 일어나 달리기나 줄넘기 같은 운동하면 하루를 활기차게 시작할 수 있습니다. 그리고 그날 무엇을 할지 생각해 보는 여유가 생길 수 있습니다. 이처럼 날마다 운동을 하면 우리 생활에 많은 도움이 됩니다. 따라서 날마다 운동하는 습관을 기르도록 노력해야 합니다.

「좋은 습관을 기르자」

16 이 글에서 글쓴이의 의견은 무엇인지 쓰시오.

_____

17 두 번째 문단의 중심 문장은 무엇인지 알맞은 것에 ○표를 하시오.

　(1) 고마워하는 습관을 기르자.　　　(　　)
　(2) 약속을 잘 지키는 습관을 기르자.　(　　)

18 날마다 운동하는 습관을 길러야 하는 까닭은 무엇인지 쓰시오.

19~20 다음 글을 읽고, 물음에 답하시오.

제목: 　　　ⓐ

(가) 자전거를 탈 때에는 안전 수칙을 잘 지켜야 합니다. 한국교통연구원이 2017년에 발표한 자료에 따르면, 자전거를 타는 사람이 1340만 명을 넘었다고 합니다. 자전거를 타면 건강에도 도움이 되고, 환경도 지킬 수 있기 때문일 것입니다. 그런데 이와 함께 자전거를 타다가 일어나는 사고도 빠르게 늘고 있다고 합니다. 그렇다면 자전거를 안전하게 타는 방법은 무엇일까요?

　첫째, 안전 장비를 갖추고 타야 합니다. 사고가 나더라도 안전 장비는 소중한 우리 몸을 지켜 줄 수 있기 때문입니다. 자전거를 탈 때 필요한 안전 장비에는 안전모, 장갑, 팔꿈치와 무릎 보호대 따위가 있습니다. 안전 장비를 갖추는 것은 선택이 아니라 필수입니다. 그러므로 자전거를 탈 때에는 반드시 착용합시다.

(나) 자전거를 안전하게 타는 방법을 아는 것만큼 실천도 중요합니다. 자전거를 탈 때 자신이 알고 있는 안전 수칙을 잘 지키지 않는다면 이로운 점보다 해로운 점이 더 많을 수 있기 때문입니다. 자전거 타기는 여러모로 좋은 운동입니다. 그러므로 규칙을 잘 지키며 안전하게 타도록 노력합시다.

19 이 글을 읽고 ⓐ에 들어갈 알맞은 제목을 지어 쓰시오.

（　　　　　　　　　　　　　　　　）

20 (가)와 (나)문단 사이에 들어갈 문단의 중심 문장으로 어울리는 것을 두 가지 고르시오. (　　,　　)

① 자전거는 가벼운 것을 타야 한다.
② 자전거를 타고 빠르게 다녀야 한다.
③ 자전거 상태를 자주 점검해야 한다.
④ 자전거는 비싼 가격을 주고 사야 한다.
⑤ 자전거를 타고 위험한 행동을 하지 않아야 한다.

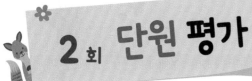

1~5 다음 글을 읽고, 물음에 답하시오.

(가) 오성의 집 마당에 있는 큰 감나무에는 빨간 감이 탐스럽게 열려 있었습니다. 이 감나무 가지는 담 너머 옆집인 권 판서 댁까지 뻗어 있었습니다.

"야, 저 감 참 맛있겠다!"

한음이 담 너머에 있는 감을 가리키며 말했습니다. 오성은 한음의 마음을 알아채고 감을 따려고 했습니다.

"우리 집 감을 왜 허락도 없이 따려고 하시오?"

옆집 하인이 말했습니다.

"무슨 말인가? 우리 감나무에 달린 감이야."

"도련님 댁 감이라고요? 그건 우리 감이에요. 보시다시피 우리 집으로 가지가 넘어왔잖아요."

옆집 하인이 그쪽으로 넘어간 감나무 가지를 자기네 것이라고 우기며 감을 따지 못하게 했습니다.

"그런 경우가 어디 있나? 그 감은 우리 것이네. 아무리 담 너머로 가지가 넘어갔어도 감나무는 우리 집에서 심고 가꾸었기 때문이야."

(나) 책을 읽고 있던 권 판서는 방문을 뚫고 들어온 팔을 보고 깜짝 놀랐습니다.

"이웃에 사는 오성입니다."

오성은 손을 들이민 채 권 판서에게 정중하게 말했습니다.

"대감님, 지금 이 팔이 누구 팔입니까?"

"그야 네 팔이지, 누구 팔이겠느냐?"

"지금 이 팔은 방 안에 들어가 있지 않습니까?"

"방 안에 있다 해도 네 몸에 붙었으니까 네 팔이지."

권 판서는 오성의 당돌한 질문에 호기심을 느꼈습니다.

"그렇다면 한 말씀 더 여쭙겠습니다. 저 담 너머 감나무에서 뻗어 나와 이 댁에 넘어온 가지는 누구네 것입니까?"

권 판서는 오성이 무엇 때문에 방문을 뚫고 팔을 들이밀었는지 그 뜻을 금방 깨달았습니다.

"음, 그야 너희 것이지. 우리 집에 가지가 일부분 넘어왔어도 나무의 뿌리는 너희 집에 있지 않느냐?"

1 오성이 찾아간 사람은 누구인지 쓰시오.

(   ) 대감

2 오성이 권 판서 대감의 방문에 팔을 들이민 까닭을 바르게 말한 것에 ○표를 하시오.

⑴ 자신의 팔이지만 팔이 남의 집 방문을 넘어갔으니 큰 무례를 저질렀다는 것을 말하기 위해서이다. (   )

⑵ 팔이 어디에 있든 내 몸에 붙어 있어서 내 것인 것처럼 감나무의 가지도 감나무의 일부라는 것을 말하기 위해서이다. (   )

3 다음은 권 판서의 의견입니다. 이 의견에 대한 까닭은 무엇인지 쓰시오.

> 저 담 너머 감나무에서 뻗어 나와 이 댁에 넘어온 가지는 오성의 것이다.

_____

_____

서술형

4 다음 **보기** 와 같이 등장인물이 말에 대한 자신의 생각을 쓰시오.

> **보기**
>
> 하인이 빗자루로 넘어온 감나무 잎을 힘들게 쓸었다면 하인의 말도 일리가 있는 것 같아.

_____

_____

5 다음 빈칸에 들어갈 말로 알맞은 것은 어느 것입니까? (   )

> 글쓴이나 인물이 어떤 대상에 대해 지니는 생각을 [   ](이)라고 한다.

① 뜻   ② 행동
③ 의견   ④ 단어
⑤ 낱말

6~10 다음 대화를 읽고, 물음에 답하시오.

옷감을 잘라야 바느질을 할 수 있어.

가위 색시

내가 있어야 꿰매고 옷을 만들 수 있어.

바늘 각시

실이 있어야 바늘이 일을 할 수 있어.

홍실 각시

ⓒ아씨 손을 다치지 않게 해야 해.

골무 할미

울퉁불퉁한 구석을 살펴 모양을 잡아 줘야 해.

다리미 조서

구겨지고 접힌 곳을 펴 줘야 옷 맵시가 나.

인두 낭자

옷감의 넓고 좁음, 길고 짧음을 알아야 해.

자 부인

6 일곱 동무는 누가 가장 중요하다고 하고 있는지 쓰시오.

각자 (   ) 이라고 했다.

7 자 부인의 의견에 대한 까닭으로 알맞은 것에 ○표를 하시오.

⑴ 옷감의 넓고 좁음, 길고 짧음은 자신만 할 수 있다. (   )

⑵ 한 땀 반 땀이라도 실이 들어가야 하니 진짜 주인공은 자신이다. (   )

8 ⓒ은 일곱 동무 가운데에서 누가 한 말입니까? (   )

① 실   ② 바늘
③ 골무   ④ 가위
⑤ 인두

 중요

9 아씨방 일곱 동무가 서로 다툰 까닭은 무엇입니까? (   )

① 새로 필요한 동무를 찾고 있기 때문이다.
② 가장 바느질을 잘하는 동무를 가리기 위해서다.
③ 서로 자기가 가장 중요하다고 자랑하기 때문이다.
④ 서로 못난 점을 말해서 기분이 상했기 때문이다.
⑤ 아씨가 가장 많이 찾는 동무가 자기라고 우기기 때문이다.

서술형

10 일곱 동무 가운데에서 가장 중요한 동무는 누구일지 자신의 의견을 까닭과 함께 쓰시오.

_____

_____

11~15 다음 글을 읽고, 물음에 답하시오.

(가) 우리는 지구를 깨끗이 하려고 노력해야 합니다. 왜냐하면 지구는 앞으로도 우리가 살아갈 터전이기 때문입니다. 그런데 우리가 한 번 쓰고 난 뒤에 무심코 버리는 일회용품은 지구를 병들게 합니다. 일회용품은 평소에 사람들이 자주 쓰는 비닐봉지, 일회용 컵, 일회용 나무젓가락 따위를 말합니다. 그러므로 일회용품을 덜 쓰려면 다음과 같은 일을 실천해야 합니다.

(나) 둘째, 일회용 컵을 적게 써야 합니다. 왜냐하면 일회용 컵은 쓰기는 간편하지만 낭비하기 쉽기 때문입니다. 이렇게 낭비하면 일회용 컵 재료가 되는 나무나 플라스틱이 많이 필요하기 때문에 환경을 더 파괴할 수 있습니다. 그러므로 일회용 컵 대신에 여러 번 쓸 수 있는 컵을 사용해야 합니다.

(다) 우리는 일회용품을 덜 써서 깨끗한 지구를 만들어야 합니다. 지금까지 살펴본 것은 우리가 생활 속에서 직접 실천할 수 있는 일입니다. 이 밖에도 우리가 할 수 있는 일을 찾아보면 여러 가지가 있습니다. 지구를 가꾸는 것은 우리 모두가 해야 할 일입니다. 우리가 함께 노력한다면 깨끗한 지구를 만들 수 있습니다.

11 (가) 문단의 중심 문장을 정리하여 쓰시오.

_____

_____

12 문제 **11**번에 답한 의견의 까닭을 찾아 쓰시오.

_____

_____

13 지구를 가꾸는 것은 누가 해야 할 일입니까?
( )

① 어른들만 하면 되는 일이다.
② 우리 모두가 해야 할 일이다.
③ 착한 일을 하고 싶은 사람만 할 일이다.
④ 지구 가꾸기에 관심이 있는 사람이 할 일이다.
⑤ 일회용품을 많이 사용하는 사람들이 할 일이다.

14 이 글의 제목은 「지구를 깨끗이 가꾸자」입니다. 글쓴이가 글의 제목을 이렇게 지은 까닭은 무엇입니까?
( )

① 아이들에게 나무를 심게 하려는 뜻이다.
② 지구의 환경을 오염시키지 말자는 뜻이다.
③ 사람들의 생활을 더 편하게 만들자는 뜻이다.
④ 지구의 환경은 어른들이 해야 한다는 뜻이다.
⑤ 일회용품을 쓰면 지구가 깔끔해진다는 뜻이다.

응용

15 친구들과 지구를 깨끗이 가꾸기 위해 할 수 있는 일을 이야기하고 있습니다. 적절하지 않은 것은 무엇입니까? ( )

① 나무를 많이 심자.
② 낭비되는 물건의 사용을 줄이자.
③ 생활에서 활용하는 물건들을 아껴 쓰자.
④ 사용하기 편리한 물건을 많이 사용하자.
⑤ 지구를 오염시키는 물질을 되도록 사용하지 말자.

16~18 다음 그림을 보고, 물음에 답하시오.

(가)

(나)

(다)

16 그림 (가)~(다)는 어떤 모습입니까? (   )

① 알림 활동을 하는 모습이다.
② 친구들이 모두 즐거워하고 있다.
③ 친구들이 모두 슬퍼하는 모습이다.
④ 학교에서 생긴 문제점을 보여 준다.
⑤ 아름다운 교실을 만들기 위해 노력하고 있다.

17 그림 (가)~(다)를 보고 만든 손 팻말입니다. 어울리는 것끼리 선으로 이으시오.

고운 말로 말해요.

(1)   그림 (가) ·

   ·㉠

복도에서 뛰지 않아요.

(2)   그림 (나) ·

   ·㉡

쓰레기는 쓰레기통으로 보냅시다.

(3)   그림 (다) ·

   ·㉢

18 그림 (나)를 보고 쓴 의견입니다. 적절한 까닭으로 알맞은 것을 빈칸에 쓰시오.

> 복도에서는 오른쪽으로 다니고 사뿐사뿐 걸으면 좋겠다. 그렇게 생각한 까닭은 _____
>
> _____

19 다음은 어떤 의견에 대한 까닭입니다. 알맞은 의견을 무엇일지 쓰시오.

> • 지식을 얻을 수 있기 때문이다.
> • 생각하는 힘이 커지기 때문이다.
> • 재미있는 것은 우리에게 즐거움을 얻을 수 있기 때문이다.

(   )

20 다음과 같은 의견에 어울리는 까닭으로 알맞은 것을 모두 고르시오. (,   ,   )

> 전기를 아껴 써야 한다.

① 무심코 낭비되는 전기가 많기 때문이다.
② 전기는 얼마든지 만들 수 있기 때문이다.
③ 전기를 만들려면 돈이 많이 들기 때문이다.
④ 자연과 전기는 아무 상관이 없기 때문이다.
⑤ 전기를 낭비하면 꼭 필요한 곳에 쓰지 못하기 때문이다.

1~3

옷감을 잘라야 바느질을 할 수 있어.
가위 색시

내가 있어야 꿰매고 옷을 만들 수 있어.
바늘 각시

실이 있어야 바늘이 일을 할 수 있어.
홍실 각시

아씨 손을 다치지 않게 해야 해.
골무 할미

울퉁불퉁한 구석을 살펴 모양을 잡아 줘야 해.
다리미 소저

구겨지고 접힌 곳을 펴 줘야 옷 맵시가 나.
인두 낭자

옷감의 넓고 좁음, 길고 짧음을 알아야 해.
자 부인

도움말

☆ 이야기 속 일곱 동무들은 아씨가 바느질을 할 때에 자기가 가장 중요하다고 잘난 체를 하고 있습니다. 그 까닭이 무엇인지 찾아가며 읽습니다.

1 아씨방의 일곱 동무는 모두 자신이 가장 중요하다고 말하고 있습니다. 그 까닭으로 알맞은 것을 빈칸에 쓰시오.

(1) 가위 색시	
(2) 바늘 각시	

1 각 인물들이 말하는 의견과 그 까닭을 살피며 글을 읽습니다.

2 자신은 어떤 인물과 의견이 같은지 쓰고, 그 까닭을 쓰시오.

(1) 의견: (   )

(2) 까닭: _____

_____

2 각 자신이 고른 인물이 중요하다고 생각하는 까닭을 찾아봅니다.

3 자신이 가지고 있는 학용품에는 무엇무엇이 있는지 찾아 한 가지를 고르고, 그 학용품이 되어 자신이 왜 중요한지를 쓰시오.

(1) 자신이 고른 학용품	
(2) 중요한 까닭	

3 학용품에는 연필, 지우개, 가위, 풀, 공책, 알림장, 일기장, 색종이 등이 있습니다.

4~6

(가) 우리는 좋은 습관을 길러야 합니다. 작은 습관이 모여 결국은 큰 변화를 만들기 때문입니다. 습관이란 어떤 행동을 오랫동안 되풀이하면서 저절로 몸에 익은 행동을 말합니다. 예를 들어 꾸준히 일기를 쓴다든가 말을 바르고 곱게 하는 것, 몸을 깨끗이 잘 씻는 것 따위는 작지만 좋은 습관입니다. 좋은 습관이 무엇인지 알아보고, 좋은 습관을 기르려고 노력해 봅시다.

(나) 습관은 우리 삶에서 아주 중요한 역할을 합니다. 자주 하다 보면 습관이 되어 우리 삶을 바꿀 수 있습니다. 자신의 삶을 발전하게 하는 좋은 습관이 있는가 하면 좋지 않은 습관도 있습니다. 여러분은 어떤 습관을 기르고 싶나요? 우리 모두 좋은 습관을 기를 수 있도록 꾸준히 노력합시다.

4 습관이란 무엇인지 쓰시오.

_____

5 글쓴이가 글을 쓴 목적은 무엇인지 쓰시오.

_____

6 이 글을 읽고 어떤 습관을 기르고 싶은지 생각해 보고, 의견과 그 까닭이 잘 드러나게 쓰시오.

　　이 글을 읽고 나니 (　　　　　　　　　　) 습관을 기르고
싶다. 왜냐하면 (　　　　　　　　　　　　　)
때문이야.

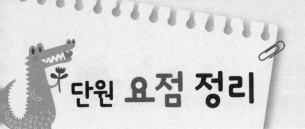
핵심 1 낱말의 뜻을 *짐작했던 경험 나누기

- 텔레비전 뉴스를 볼 때, 신문을 볼 때, 어려운 책을 볼 때 등 낱말의 뜻을 몰라 내용을 잘 이해하지 못했던 경험을 떠올려 봅니다.

> 글을 읽다가 모르는 낱말이 나오면 어른께 여쭈어보거나, 국어사전을 찾아보거나, 인터넷에서 검색해 보거나, 앞뒤 내용을 보고 미루어 짐작해 보면 좋아요.

핵심 2 낱말의 뜻을 짐작하는 방법 알기

- 앞뒤 문장이나 낱말을 살펴봅니다.
- 짐작한 뜻과 뜻이 비슷한 낱말을 넣어 봅니다.
- 그 낱말을 사용한 예를 떠올려 봅니다.

핵심 3 낱말의 뜻을 짐작하며 글 읽기

- 낱말의 뜻을 짐작하며 글을 읽으면 국어사전을 찾지 않아도 되어 시간을 절약할 수 있습니다.
  - 예 「프린들 주세요」에서 짐작한 낱말의 뜻을 국어사전에서 찾은 뜻과 비교해 보기

낱말	짐작한 뜻	국어사전의 뜻
어엿한	분명하고 확실한.	행동이 거리낌 없이 아주 당당하고 떳떳한.
	짧은 문장 나는 이제 어엿한 형이 되었다.	
서약서	약속을 하고 서명을 하는 것.	맹세하고 약속하는 글. 또는 그런 문서.
	짧은 문장 나는 앞으로 절대 지각을 하지 않겠다고 서약서에 서명했다.	

- 중간에 읽기를 멈추지 않아도 되어 더 재미있게 책을 읽을 수 있습니다.

핵심 4 생략된 내용을 짐작하는 방법 알기
*어떤 일이나 사건이 일어난 까닭을 풀어 나갈 수 있는 실마리를 말합니다.

- 글에서 찾을 수 있는 *단서를 확인합니다.
- 자신의 경험을 떠올립니다.
  - 예 「반딧불이」를 읽고 우리나라에서 반딧불이가 사라져가는 까닭 짐작하기

글에서 찾은 단서	자신의 경험
• 반딧불이의 애벌레는 다슬기나 달팽이를 먹고 산다. • 반딧불이는 애벌레의 먹이가 많고 물이 깨끗한 곳에서 산다.	물이 깨끗하고 달팽이가 많이 사는 곳은 자연환경이 맑고 깨끗한 곳이야.
주의할 점 짐작하기	반딧불이는 자연환경이 맑고 깨끗한 곳에 가야 관찰할 수 있다.

핵심 5 생략된 내용을 짐작하며 글 읽기

- 글을 읽고 생략된 내용을 짐작해 봅니다.
  - 예 「나비 박사 석주명」에서 생략된 내용 짐작하기

글에서 찾은 단서	자신의 경험
• 그는 가슴이 두근거렸습니다. • '어떻게 해서든지 저 나비를 꼭 잡아야 해.'	재미있고 신나는 일이 있으면 시간이 가는 줄도 모르고, 집중해서 그 일을 한다.
짐작한 내용	석주명은 나비를 좋아하고, 특히 새로운 나비를 찾는 일을 아주 중요하게 생각한다. 그래서 오랫동안 몸을 다쳐 가며 나비를 잡았던 것 같다.

핵심 6 안내문 읽기

- 안내문을 읽고 모르는 낱말을 찾아봅니다.
- 낱말의 뜻을 짐작하며 글을 읽으면 국어사전을 찾지 않아도 되어 시간을 절약할 수 있습니다.
- 생략된 내용을 짐작하면 글을 더 잘 이해하며 실감 나게 읽을 수 있습니다.

국어 활동

핵심 7 낱말의 뜻을 짐작하며 글 읽기

- 앞뒤 문장이나 낱말을 살펴보며 글을 읽습니다.

조금 더 알기

🎲 「다람쥐는 왜 쉬지 않고 딱딱한 걸 갉아 댈까요?」에서 낱말의 뜻 짐작하기

> 다람쥐처럼 쥐 무리에 속하는 동물들은 이빨이 계속해서 자란다고 해요. 그렇게 때문에 이빨을 닳게 하려고 쉬지 않고 나무를 *쏠거나 딱딱한 열매를 갉아 먹는 것이죠.

– '닳게'와 비슷한 뜻의 말: 짧게, 줄게, 없어지게 등

🎲 「프린들 주세요」 내용 확인하기

닉과 같은 반 친구들이 '펜'을 '프린들'이라고 부르기 시작했습니다. 친구들은 앞으로 '펜'을 '프린들'이라고 부르기로 서약서를 읽었습니다.

🎲 「반딧불이」 내용 확인하기

우리나라에서는 사라져 가는 반딧불이 서식지를 천연기념물로 정하고 있으며, 반딧불이는 애벌레의 먹이가 많고 물이 깨끗한 곳에서 삽니다. 또 옛날에는 반딧불이가 너무 많이 지천에 깔려 있다는 뜻으로 개똥벌레라고 불렸을 가능성이 있다는 내용 등이 나타나 있습니다.

📖 낱말 사전

★ 짐작 사정이나 형편 등을 어림잡아 헤아림.
★ 단서 어떤 문제를 해결하는 방향으로 이끌어 가는 일의 첫 부분.
★ 쏠거나 쥐나 좀 등이 물건을 잘게 물어뜯거나.

🖉 개념을 확인해요

1 글을 읽다가 모르는 낱말이 나오면 ☐☐☐ 여쭈어 보거나, 국어사전을 찾아보면 좋습니다.

2 글을 읽을 때 낱말의 뜻을 짐작하려면 ☐☐의 문장이나 낱말을 살펴봅니다.

3 글을 읽을 때 낱말의 뜻을 짐작하려면 그 낱말을 사용한 ☐를 떠올려 봅니다.

4 글을 읽을 때 낱말의 뜻을 짐작하며 읽으면 국어사전을 찾지 않아도 되어 ☐☐을 절약할 수 있습니다.

5 글을 읽으며 생략된 내용을 짐작하려면 글에서 찾을 수 있는 ☐☐를 확인합니다.

6 글을 읽으며 생략된 내용을 짐작하려면 자신의 ☐☐을 떠올립니다.

7 ☐☐란 어떤 일이나 사건이 일어난 까닭을 풀어 나갈 수 있는 실마리를 말합니다.

8 안내문을 읽고 모르는 ☐☐을 찾아봅니다.

9 낱말의 뜻을 짐작하며 글을 읽으면 국어사전을 찾지 않아도 되어 시간을 ☐☐할 수 있습니다.

10 생략된 내용을 짐작하면 글을 더 잘 이해하며 ☐☐ ☐☐ 읽을 수 있습니다.

9. 어떤 내용일까

도움말

1. 글을 읽다가 모르는 낱말이 나오면 어떻게 하는 것이 좋을지 생각해 봅니다.

핵심 1

1 글을 읽다가 모르는 낱말이 나올 때 어떻게 하면 좋을지에 대하여 잘못 말한 것은 무엇입니까? (　　　)

① 어른께 여쭈어본다.
② 국어사전을 찾아본다.
③ 인터넷에서 검색해 본다.
④ 앞뒤 내용을 보고 미루어 짐작해 본다.
⑤ 앞뒤 내용을 큰 소리로 여러 번 읽어 본다.

2. 글을 읽으면서 낱말의 뜻을 짐작하였을 때 어떤 점이 효과적일지 생각해 봅니다.

핵심 2

2 글을 읽을 때 낱말의 뜻을 짐작하는 방법으로 알맞지 않은 것은 무엇입니까? (　　　)

① 앞뒤 문장을 살펴본다.
② 앞뒤 낱말을 살펴본다.
③ 낱말을 사용한 시기를 찾아본다.
④ 낱말을 사용한 예를 떠올려 본다.
⑤ 짐작한 뜻과 비슷한 뜻의 낱말을 넣어 본다.

3. 낱말의 뜻을 짐작하여 글을 읽었을 때에 어떤 좋은 점이 있을지 생각해 봅니다.

핵심 3

3 낱말의 뜻을 짐작하며 글을 읽으면 좋은 점으로 알맞은 것에 모두 ○표를 하시오.

(1) 책을 여러 권 빨리 읽을 수 있다. (　　　)
(2) 국어사전을 찾지 않아도 되어 시간을 절약할 수 있다. (　　　)
(3) 중간에 읽기를 멈추지 않아도 되어 더 재미있게 책을 읽을 수 있다.
(　　　)

핵심 4

4 다음은 무엇에 대한 설명입니까? ( )

> 어떤 일이나 사건이 일어난 까닭을 풀어 나갈 수 있는 실마리.

① 경험
② 단서
③ 진행
④ 정보
⑤ 목표

핵심 5

5 다음 글을 읽고 주의할 점을 짐작해 쓰시오.

글에서 찾은 단서	자신의 경험
• 수십, 수백 마리의 반딧불이가 반짝거리는 모습을 보면 말로는 설명이 안 될 정도로 황홀하다. • 반딧불이가 반짝반짝 빛을 내는 것은 서로 의견을 나누기 위해서이다.	빛은 어두운 밤에 잘 보여.

주의할 점 짐작하기	반딧불이는 ( )에 관찰해야 한다.

핵심 6

6 짐작하며 글을 읽을 때 생략된 내용을 짐작하며 글을 읽으면 좋은 까닭으로 알맞은 것을 두 가지 고르시오. (,)

① 글을 더 잘 이해할 수 있다.
② 글을 실감 나게 읽을 수 있다.
③ 글을 읽는 속도가 빨라질 수 있다.
④ 글의 제목과 중심 문장을 빨리 찾을 수 있다.
⑤ 국어사전을 찾지 않아도 되어 시간을 절약할 수 있다.

핵심 7

7 다음 글에서 파란색으로 표시된 낱말의 뜻을 짐작하여 쓰시오.

> 다른 것에 달라붙기 위해 줄기의 군데군데에서 나오는 뿌리를 **부착 뿌리**라고 해요.

( )(이)라는 뜻일 것이다.

국어 238~265쪽 국어 활동 72~79쪽

1 글을 읽다가 모르는 낱말이 나왔을 때 하면 좋을 방법으로 알맞지 <u>않은</u> 것은 어느 것입니까? (   )

① 어른께 여쭈어본다.
② 국어사전을 찾아본다.
③ 인터넷에서 검색해 본다.
④ 모르는 낱말은 무시하고 넘어간다.
⑤ 앞뒤 내용을 보고 미루어 짐작해 본다.

4 다람쥐가 가을이 되면 많은 먹이를 먹어 두는 까닭은 무엇입니까? (   )

① 살을 찌우기 위해서이다.
② 새끼를 낳기 위해서이다.
③ 겨울잠을 자기 위해서이다.
④ 가을에는 먹을 것이 많아서이다.
⑤ 다른 계절에는 먹이가 없어서이다.

2~6 다음 글을 읽고, 물음에 답하시오.

다람쥐처럼 쥐 무리에 속하는 동물들은 이빨이 계속해서 자란다고 해요. 그렇기 때문에 이빨을 ㉠ 닳게 하려고 쉬지 않고 나무를 쏠거나 딱딱한 열매를 갉아 먹는 것이죠.

그래서 다람쥐가 좋아하는 먹이는 도토리, 밤, 땅콩, 호두, 잣과 같이 대부분 껍질이 딱딱한 열매예요. 하지만 가끔은 채소의 싹을 잘라 먹기도 하고 곤충을 잡아먹기도 한대요.

가을이 되면 다람쥐는 겨울잠을 자려고 먹이를 많이 먹어 두어요. 남은 먹이는 땅속에 먹이 창고를 만들어 감춰 두지요. 그리고 배고플 때마다 겨울잠에서 깨어나 먹으며 겨울을 나지요.

「다람쥐는 왜 쉬지 않고 딱딱한 걸 갉아 댈까요?」, 왕입분

2 글쓴이가 설명하고 있는 대상은 무엇인지 쓰시오.

(   )

3 다람쥐가 좋아하는 먹이가 <u>아닌</u> 것은 무엇입니까?

(   )

① 밤   ② 잣
③ 호두   ④ 땅콩
⑤ 두부

5 ㉠의 뜻을 국어사전에서 찾으려면 먼저 무엇을 해야 하는지 알맞은 것에 ○표를 하시오.

⑴ '닳게'의 기본형을 찾아야 한다.   (   )
⑵ '닳게'라는 글자의 어원을 알아본다.   (   )
⑶ '닳게'라는 글자의 생김새를 알아본다. (   )

서술형

6 문제 5번의 답을 참고하여 ㉠의 뜻을 국어사전에서 찾아보려고 합니다. 빈칸에 들어갈 알맞은 말을 쓰시오.

⑴ 기본형	
⑵ 국어사전에서 찾은 뜻	

7 글을 읽을 때 낱말의 뜻을 짐작하는 방법으로 알맞은 것을 모두 고르시오. (　,　,　)

① 짐작한 뜻의 낱말을 넣어 본다.
② 같은 글자수의 낱말을 넣어 본다.
③ 앞뒤의 문장이나 낱말을 살펴본다.
④ 그 낱말을 사용한 예를 떠올려 본다.
⑤ 낱말을 여러 번 큰 소리로 읽어 본다.

[8~11] 다음 글을 읽고, 물음에 답하시오.

　이튿날, 수업이 끝난 뒤 계획이 시작되었다. 닉은 페니 팬트리 가게에 가서 계산대에 있는 아주머니에게 '프린들'을 달라고 했다.
　아주머니는 눈을 가늘게 뜨고 물었다.
　"뭐라고?"
　"프린들요. 까만색으로요."
　닉은 이렇게 말하며 싱긋 웃었다.
　아주머니는 한쪽 귀를 닉 쪽으로 돌리며 닉에게 몸을 더 가까이 기울였다.
　"뭘 달라고?"
　"프린들요."
　닉은 아주머니 뒤쪽 선반에 있는 볼펜을 가리켰다.
　"까만색으로요."
　아주머니는 닉에게 볼펜을 주었다. 닉은 아주머니에게 45센트를 건네주고는 "안녕히 계세요." 하고 인사한 뒤 가게를 나섰다.
　엿새 뒤, 재닛이 그 계산대 앞에 서 있었다. 똑같은 가게, 똑같은 아주머니였다. 그 전날은 존이 다녀갔고, 그 전날은 피트가, 그 전날은 크리스가, 그 전날은 데이브가 다녀갔다. 재닛은 닉의 부탁을 받고 프린들을 사러 온 다섯 번째 아이였다.
　재닛이 프린들을 달라고 하자, 아주머니는 볼펜 쪽으로 손을 뻗으며 물었다.
　"파란색, 까만색?"
　닉은 옆에 있는 사탕 진열대 앞에 서 있다가 씨익 웃었다.

「프린들 주세요」, 앤드루 클레먼츠(옮김: 햇살과나무꾼)

8 닉과 친구들이 팬트리 가게에 가서 아주머니에게 달라고 한 것은 무엇입니까? (　)

① 볼펜　　　　② 과자
③ 지우개　　　④ 색종이
⑤ 검은색

9 닉의 계획은 무엇인지 쓰시오.

_____

_____

10 아주머니가 '프린들'이 무엇인지 알게 된 까닭으로 알맞은 것은 무엇입니까? (　)

① 볼펜보다 부르기가 편하기 때문이다.
② '프린들'이라는 말을 외우고 다녔기 때문이다.
③ '프린들'이라는 말 외에는 알 길이 없기 때문이다.
④ 여섯 명이 '프린들'이라는 말을 가르쳐 주었기 때문이다.
⑤ 여섯 명이 계속해서 볼펜을 '프린들'이라고 불렀기 때문이다.

11 다음을 읽고 파란색으로 표시된 낱말의 뜻과 비슷한 낱말에 ○표를 하시오.

　'프린들'은 이제 펜을 가리키는 어엿한 낱말이다. 누가 펜을 프린들이라고 했을까?

(약속한 , 분명한)

9
단원

12~14 다음 글을 읽고, 물음에 답하시오.

우리나라에서는 사라져 가는 반딧불이 서식지를 천연기념물로 정하고 있습니다. 전라북도 무주군 설천면 남대천 일대가 바로 그곳이에요. 여기에서는 매년 반딧불이 축제가 열립니다. 수십, 수백 마리의 반딧불이가 반짝거리는 모습을 보면 말로는 설명이 안 될 정도로 황홀하답니다.

반딧불이가 반짝반짝 빛을 내는 것은 서로 의견을 나누기 위해서랍니다. 다른 동물처럼 소리를 내거나 냄새를 잘 맡지 못하기 때문에 빛으로 서로의 생각을 전달하지요. 특히 암수가 서로 짝을 찾을 때 그 불빛이 큰 역할을 해요. 수컷이 암컷에게 사랑을 고백하는 뜻으로 빛을 깜빡이면 암컷도 반짝거리며 대답합니다. 빛으로 어떻게 얘기할까 싶지만 빛을 빠르게 또는 천천히 깜빡이거나, 점점 밝게, 점점 약하게 조절하는 방법으로 여러 가지 생각을 표현하지요.

도대체 반딧불이는 뭘 먹고 그토록 아름다운 빛을 내는 걸까요? 어른이 된 반딧불이는 이슬을 먹고, 반딧불이의 애벌레는 다슬기나 달팽이를 먹고 삽니다.

「반딧불이」, 김태우·함윤미

12 반딧불이가 반짝반짝 빛을 내는 까닭은 무엇입니까?
( )

① 새끼를 낳기 위해서이다.
② 먹이를 찾기 위해서이다.
③ 밤길을 비추기 위해서이다.
④ 서로 의견을 나누기 위해서이다.
⑤ 다른 곳으로 이동을 하기 위해서이다.

13 이 글의 첫 번째 문단에서 다음의 뜻을 가진 낱말을 찾아 쓰시오.

생물이 일정한 곳에 자리를 잡아 사는 곳.

( )

중요
14 반딧불이와 반딧불이 애벌레는 무엇을 먹고 사는지 알맞은 것을 선으로 이으시오.

(1) 어른이 된 반딧불이 · · ㉠ 다슬기나 달팽이

(2) 반딧불이의 애벌레 · · ㉡ 이슬

15 다음 빈칸에 들어갈 알맞은 말은 무엇입니까?
( )

[ ](이)란 어떤 일이나 사건이 일어난 까닭을 풀어 나갈 수 있는 실마리를 말한다.

① 단서 ② 경험
③ 추측 ④ 의견
⑤ 동기

주의
16 글을 읽으며 생략된 내용을 짐작하는 방법으로 알맞은 것을 두 가지 고르시오. (,)

① 자신의 경험을 떠올린다.
② 글의 앞에 나온 내용을 확인한다.
③ 무조건 문장의 첫 부분을 확인한다.
④ 글에서 찾을 수 있는 단서를 확인한다.
⑤ 다른 대상에 빗대어 표현한 내용을 찾는다.

17~18 다음 글을 읽고, 물음에 답하시오.

석주명은 어렸을 때 개와 고양이뿐만 아니라 비둘기, 도마뱀까지 기를 만큼 동물을 좋아했습니다. 그리고 친구들과 어울려 다니며 뛰어놀기를 좋아하는 개구쟁이이기도 했습니다.

그런데 그때는 우리나라가 일본에 나라를 빼앗긴 시대였습니다. 석주명은 독립운동가들을 도와주시는 아버지의 모습을 보며 자랐습니다. 어린 나이에 석주명은 3.1 운동에도 참가했습니다.

석주명이 나비를 연구하기로 마음먹은 것은 일본에서 공부하던 스물한 살 때였습니다. 석주명에게 일본인 선생님이 말했습니다.

"조선에서는 아직 나비에 대한 연구가 제대로 되어 있지 않아. 나비를 연구해 보게. 자네가 십 년 동안 끊임없이 연구한다면 세계에서 알아주는 나비 박사가 될 수 있을 걸세."

석주명은 선생님 말씀을 듣고 결심했습니다.

「나비 박사 석주명」

17 이 글에 나타난 석주명에 대한 내용으로 알맞지 않은 것은 무엇입니까? (   )

① 석주명이 어렸을 때 동물을 좋아했다.
② 석주명은 어렸을 때 친구와 어울리지 못했다.
③ 석주명은 어린 나이에 3.1 운동에도 참가했다.
④ 석주명이 나비를 연구하기로 마음먹은 것은 스물한 살 때였다.
⑤ 석주명이 살았던 시대는 우리나라가 일본에 나라를 빼앗긴 시대였다.

18 일본인 선생님이 석주명에게 연구해 보라고 한 동물은 무엇입니까? (   )

① 개
② 나비
③ 고양이
④ 비둘기
⑤ 도마뱀

19~20 다음 글을 읽고, 물음에 답하시오.

(가) 담쟁이덩굴이 멋지게 둘러쳐진 건물은 멋있으면서도 신기해요. '담쟁이덩굴처럼 연약하게 보이는 식물이 어떻게 저런 높은 벽을 타고 올라갈 수 있었을까?' 하는 생각이 저절로 들거든요.

담쟁이덩굴을 벽에서 떼어 내려고 해 봐도 쉽게 떨어지지도 않아요. 마치 줄기에 끈끈이라도 붙어 있는 것처럼 꼼짝하지 않는답니다.

어떻게 그렇게 튼튼하게 붙어 있는지 담쟁이덩굴의 줄기를 들여다볼까요? 아니! 그런데 줄기에 돋아난 짧은 것이 줄기에서 나와 벽에 착 달라붙어 있네요. 마치 문어 다리에 있는 흡반처럼 생긴 것이 담쟁이덩굴을 착 붙어 있게 해 주네요.

(나) 이처럼 다른 것에 달라붙기 위해 줄기의 군데군데에서 나오는 뿌리를 ㉠부착 뿌리라고 해요. 다른 나무를 타고 올라가 사는 송악도 부착 뿌리를 가지고 있답니다. 부착 뿌리는 줄기에 힘이 없어서 혼자서는 똑바로 서지 못하는 식물들에게 꼭 필요한 강력 접착제예요.

「담쟁이덩굴은 뿌리 덕분에 벽에 잘 달라붙는다?」, 김진옥

19 (나) 문단에서 주로 설명하고 있는 것은 무엇입니까?
(   )

① 송악
② 소나무
③ 부착 뿌리
④ 강력 접착제
⑤ 뿌리 달린 식물들

20 낱말 ㉠의 뜻을 짐작해 보고 국어사전에서 낱말의 뜻을 찾아 쓰시오.

(1) 짐작한 뜻	
(2) 국어사전에서 찾은 뜻	

9
단원

1~2 다음 안내문을 읽고, 물음에 답하시오.

이 폭포는 수심이 매우 깊다는데, 여기서 '수심'은 무슨 뜻일까?

물에 빠지는 사고가 발생할 수 있는 장소라고 하네. '발생'이 뭐지?

안내문

○○ 폭포는 수심이 매우 깊어서 물에 빠지는 사고가 발생할 수 있는 장소이므로 수영이나 물놀이를 삼가 주시기 바랍니다.

△△시공원관리사업소장·
△△소방서장

1 '수심'의 뜻을 바르게 말한 것은 어느 것입니까?
( )

① 손의 한가운데.
② 매우 근심하는 마음.
③ 미리 막아서 지키려는 마음.
④ 나무줄기의 가운데 단단한 부분.
⑤ 강이나 바다, 호수 따위의 물의 깊이.

2 이 안내문을 보다가 모르는 낱말이 나올 때 그 뜻을 알아볼 수 있는 방법으로 알맞지 않은 것은 어느 것입니까? ( )

① 어른께 여쭈어본다.
② 국어사전을 찾아본다.
③ 인터넷에서 검색해 본다.
④ 폭포에 관련된 글을 살펴본다.
⑤ 앞뒤 내용을 보고 미루어 짐작해 본다.

3~5 다음 글을 읽고, 물음에 답하시오.

다람쥐처럼 쥐 무리에 속하는 동물들은 이빨이 계속해서 자란다고 해요. 그렇기 때문에 이빨을 ㉠닳게 하려고 쉬지 않고 나무를 쏠거나 딱딱한 열매를 갉아 먹는 것이죠.

그래서 다람쥐가 좋아하는 먹이는 도토리, 밤, 땅콩, 호두, 잣과 같이 대부분 껍질이 딱딱한 열매예요. 하지만 가끔은 채소의 싹을 잘라 먹기도 하고 곤충을 잡아먹기도 한대요.

가을이 되면 다람쥐는 겨울잠을 자려고 먹이를 많이 먹어 두어요. 남은 먹이는 땅속에 먹이 창고를 만들어 감춰 두지요. 그리고 배고플 때마다 겨울잠에서 깨어나 먹으며 겨울을 나지요.

3 다람쥐가 가을이 되면 많은 먹이를 먹어 두는 까닭은 무엇입니까? ( )

① 겨울잠을 자기 위해서
② 겨울에 새끼를 낳기 위해서
③ 겨울에 식욕이 가장 많이 생겨서
④ 가을에 나는 먹이가 가장 맛있어서
⑤ 가을에 나는 먹이가 영양분이 많아서

4 ㉠과 바꾸어 써도 문장의 뜻이 자연스러운 낱말은 어느 것입니까? ( )

① 줄게   ② 넓게
③ 높아지게   ④ 늘어나게
⑤ 평평하게

5 ㉠의 뜻을 국어사전에서 찾아보려면 어떤 말로 찾아야 합니까? ( )

① 닳다   ② 닳소
③ 닳는   ④ 닳으면
⑤ 닳으니

6~8 다음 글을 읽고, 물음에 답하시오.

(가) "프린들요."

닉은 아주머니 뒤쪽 선반에 있는 볼펜을 가리켰다.

"까만색으로요."

아주머니는 닉에게 볼펜을 주었다. 닉은 아주머니에게 45센트를 건네주고는 "안녕히 계세요." 하고 인사한 뒤 가게를 나섰다.

엿새 뒤, 자넷이 그 계산대 앞에서 있었다. 똑같은 가게, 똑같은 아주머니였다. 그 전날은 존이 다녀갔고, 그 전날은 피트가, 그 전날은 데이브가 다녀갔다. 자넷은 닉의 부탁을 받고 프린들을 사러 온 다섯 번째 아이였다.

자넷이 프린들을 달라고 하자, 아주머니는 볼펜 쪽으로 손을 뻗으며 물었다.

"파란색, 까만색?"

닉은 옆에 있는 사탕 진열대 앞에 서 있다가 씨익 웃었다.

'프린들'은 이제 펜을 가리키는 <u>어엿한</u> 낱말이다. 누가 펜을 프린들이라고 했을까?

(나) 아이들은 오른손을 들고 닉이 쓴 서약서를 읽었다.

> 나는 오늘부터 영원히 펜이라는 말을 쓰지 않겠다. 그 대신 프린들이란 말을 쓸 것이며, 다른 사람들도 그렇게 하도록 최선을 다할 것을 맹세한다.

여섯 명 모두 서약서에 서명을 했다. 닉의 프린들로.

이 계획은 꼭 성공할 것이다.

6 친구들은 펜을 무엇이라고 불렀는지 쓰시오.

( )

서술형

7 (가) 문단에서 밑줄 그은 '어엿한'의 뜻을 짐작하여 짧은 글을 쓰시오.

---

8 서약서를 읽은 아이들은 앞으로 어떻게 해야 합니까? ( )

① 영원히 '펜'이라는 말을 쓰지 않는다.

② '프린들'을 다시 '펜'으로 불러야 한다.

③ 영원히 '프린들'이라는 말만 써야 한다.

④ 다시는 '프린들'이라는 말을 쓰지 않는다.

⑤ 서약서를 읽은 친구들끼리만 '프린들'이라는 말을 사용한다.

9~10 다음 글을 읽고, 물음에 답하시오.

9
단원

도대체 반딧불이는 뭘 먹고 그토록 아름다운 빛을 내는 걸까요? 어른이 된 반딧불이는 이슬을 먹고, 반딧불이의 애벌레는 다슬기나 달팽이를 먹고 삽니다.

반딧불이 애벌레는 달팽이 전문 사냥꾼이라고 불릴 정도로 먹성이 대단해요. 입에서 나오는 독으로 달팽이를 마비시킨 다음, 달팽이가 움직이지 못하면 그때부터 살살 녹여서 먹는답니다.

이야기를 듣다 보니 직접 반딧불이를 보고 싶지요? 그러나 반딧불이를 만나기는 그리 쉽지 않아요. 반딧불이는 애벌레의 먹이가 많고 물이 깨끗한 곳에서 살거든요.

9 반딧불이의 애벌레의 먹이는 무엇인지 찾아 쓰시오.

( )

서술형

10 반딧불이가 사라져 가는 까닭을 짐작하여 쓰시오.

11~14 다음 글을 읽고, 물음에 답하시오.

(가) '저것은 지금까지 발견하지 못한 나비야.'

나비가 나는 모습만 보아도 암컷인지 수컷인지 알 수 있는 석주명이었습니다. 그는 가슴이 두근거렸습니다.

나비는 잡힐 듯 잡힐 듯 하면서도 계속 날아갔습니다. 석주명은 있는 힘을 다해 나비를 뒤쫓았으나 나비는 어디론가 사라져 버렸습니다.

'어떻게 해서든지 저 나비를 꼭 잡아야 해.'

석주명은 나비를 찾으려고 풀숲도 헤쳐 보고 나뭇가지도 흔들어 보며 온 산을 헤매고 다녔습니다. 여기저기 부딪쳐 멍이 들고 나뭇가지에 살갗이 긁혀 피가 흘렀습니다.

그러기를 여러 시간, 그는 마침내 나비를 잡을 수 있었습니다.

(나) 석주명은 어렸을 때 개와 고양이뿐만 아니라 비둘기, 도마뱀까지 기를 만큼 동물을 좋아했습니다. 그리고 친구들과 어울려 다니며 뛰어놀기를 좋아하는 개구쟁이이기도 했습니다.

그런데 그때는 우리나라가 일본에 나라를 빼앗긴 시대였습니다. 석주명은 독립운동가들을 도와주시는 아버지의 모습을 보며 자랐습니다. 어린 나이에 석주명은 3.1 운동에도 참가했습니다.

석주명이 나비를 연구하기로 마음먹은 것은 일본에서 공부하던 스물한 살 때였습니다.

11 석주명이 어렸을 때 좋아한 것을 두 가지 고르시오.

(,)

① 동물
② 글쓰기
③ 식물 기르기
④ 그림 그리기
⑤ 친구들과 어울리기

12 석주명이 살았던 시대는 어떤 시대였습니까?

( )

① 남한과 북한이 전쟁을 하던 시대
② 우리나라의 경제가 발전하던 시대
③ 청나라가 우리나라를 침입한 시대
④ 우리나라가 일본에 나라를 빼앗긴 시대
⑤ 우리나라에서 민주화 운동이 벌어진 시대

13 (가)문단을 읽고 생략된 내용을 바르게 짐작한 것은 무엇입니까? ( )

① 석주명이 살았던 시대에는 동물들이 살기가 좋았다.
② 석주명은 우리나라의 독립을 위해 헌신하겠다고 다짐하였다.
③ 석주명은 가난한 아이를 보살피는 일을 중요하게 생각하였다.
④ 석주명은 커서 우리나라의 지도를 그리는 사람이 되겠다고 마음먹었다.
⑤ 석주명은 나비를 좋아했고, 새로운 나비를 찾는 일을 중요하게 생각했다.

14 석주명은 스물한 살부터 어떤 일을 하게 됩니까?

( )

① 나비를 연구한다.
② 우리나라의 지도를 제작한다.
③ 아픈 동물을 고쳐 주는 일을 한다.
④ 우리나라의 독립을 위해 헌신한다.
⑤ 우리나라 전국 방방곡곡을 탐험한다.

15 글을 읽으며 생략된 내용을 짐작하는 방법으로 알맞은 것에 모두 ○표를 하시오.

(1) 자신의 경험을 떠올린다. ( )

(2) 글에서 재미있는 부분을 찾아본다. ( )

(3) 글의 문단 첫 문장을 자세히 살펴본다. ( )

(4) 글에서 찾을 수 있는 단서를 확인한다. ( )

16~18 다음 안내문을 읽고, 물음에 답하시오.

지진 발생 시 장소별 행동 요령

집 안에 있을 경우

탁자 아래로 들어가 몸을 보호합니다. 할 수 있으면 전기와 가스를 차단하고 문을 열어 출구를 확보한 뒤에 밖으로 나갑니다.

집 밖에 있을 경우

물건이 떨어질 것에 대비해 가방이나 손으로 머리를 보호하며, 건물과 거리를 두고 운동장이나 공원 등 넓은 공간으로 대피합니다.

승강기 안에 있을 경우

모든 숫자 단추를 눌러 가장 먼저 열리는 층에서 내린 뒤에 계단을 이용합니다.

※ 승강기를 타면 매우 위험합니다.

산이나 바다에 있을 경우

산사태가 나거나 절벽이 붕괴될 수 있으니에 안전한 곳으로 대피합니다. 해안에서 지진 해일 특보가 발령되면 높은 곳으로 이동합니다.

16 이 안내문은 어떤 내용을 담고 있습니까? ( )

① 휴가철에 해야 할 일
② 길에서 조심해야 할 것
③ 집 안에서 꼭 해야 할 일
④ 등산할 때 주의해야 할 점
⑤ 지진이 났을 때 해야 할 일

17 안내문을 읽고 승강기를 타면 위험한 까닭을 짐작한 것으로 알맞지 <u>않은</u> 것에 × 표를 하시오.

(1) 승강기 문 앞에서 기다려야 할 경우에 화재, 연기에 위험해진다. ( )
(2) 사고로 인한 정전으로 승강기가 멈춰서 사람이 갇히게 되면 쉽게 빠져나올 수는 있다. ( )

18 아래와 같은 뜻을 가진 낱말을 글에서 찾아 ○표를 하시오.

> 위험이나 피해를 입지 않도록 일시적으로 피함.

(대피 , 붕괴 , 해일)

국어 활동

19~20 다음 글을 읽고, 물음에 답하시오.

어떻게 그렇게 튼튼하게 붙어 있는지 담쟁이덩굴의 줄기를 들여다볼까요? 아니! 그런데 줄기에 돋아난 짧은 것이 줄기에서 나와 벽에 착 달라붙어 있네요. 마치 문어 다리에 있는 흡반처럼 생긴 것이 담쟁이덩굴을 착 붙어 있게 해 주네요. 흡반처럼 생긴 이것은 놀랍게도 담쟁이덩굴 뿌리랍니다.

담쟁이덩굴 뿌리는 줄기에서 나와 벽에 달라붙어 있어요. 벽에 착 달라붙는 뿌리 덕분에 담쟁이덩굴은 아무리 높은 벽도 쉽게 올라갈 수 있지요. 높은 벽을 타고 척척 뻗어 나가는 모습은 감탄 그 자체지요. 스파이더맨 따위는 부럽지 않을 정도랍니다.

19 '흡반'이라는 낱말과 비슷한말을 쓰시오.

( )

20 담쟁이덩굴이 높은 벽에도 잘 붙어 있을 수 있는 까닭을 쓰시오.

_____

국어 238~265쪽 국어 활동 72~79쪽

1~3

> 30분 뒤, 5학년 아이들이 심각한 표정을 지으며 닉의 방에서 회의를 했다. 존, 피트, 데이브, 크리스, 자넷이었다. 닉까지 합하면 여섯 명. 여섯 명의 비밀 요원이었다!
>
> 아이들은 오른손을 들고 닉이 쓴 ㉠서약서를 읽었다.
>
> > 나는 오늘부터 영원히 펜이라는 말을 쓰지 않겠다. 그 대신 프린들이란 말을 쓸 것이며, 다른 사람들도 그렇게 하도록 최선을 다할 것을 맹세한다.
>
> 여섯 명 모두 서약서에 서명을 했다. 닉의 프린들로, 이 계획은 꼭 성공할 것이다.

도움말

☆ '프린들'이라는 말을 쓰기 위해 여섯 명의 아이들이 닉이 쓴 서약서를 읽고 서명을 하는 내용입니다.

1 '프린들'이라는 낱말은 앞으로 어떻게 될지 짐작하여 쓰시오.

1 서약서 내용을 바탕으로 '프린들'이라는 낱말은 앞으로 어떻게 될지 생각해 봅니다.

2 ㉠의 낱말을 짐작한 뜻과 국어사전의 뜻을 각각 쓰고, 그 말이 들어가도록 짧은 문장을 쓰시오.

(1) 짐작한 뜻	
(2) 국어사전의 뜻	
(3) 짧은 문장	

2 앞뒤 내용을 살펴보며 낱말의 뜻을 짐작해 봅니다.

3 이와 같이 낱말의 뜻을 짐작하며 글을 읽으면 좋은 점을 한 가지 쓰시오.

3 낱말의 뜻을 짐작하며 읽으면 국어사전을 찾지 않아도 되어 시간을 절약할 수 있습니다.

4~6

밥 먹는 시간도 아까워서 길을 걸으며 땅콩을 먹었고, 새벽 두 시 전에는 결코 잠자리에 들지 않았습니다. 언제 어디에서나 오직 나비만을 생각하며 연구에 몰두했습니다.

십 년이라는 세월이 흘렀습니다. 그러던 어느 날, 석주명은 편지 한 통을 받았습니다.

> 석주명 선생님께
> 조선에 있는 모든 나비를 연구해 책으로 써 주십시오.
> 영국왕립아시아학회

석주명은 책을 쓰기로 했습니다. 그는 이 책을 쓰려고 나비를 수만 마리나 모으며 온갖 정성을 쏟았습니다. 그리고 일본 학자들이 우리나라 나비에 대해 잘못 쓴 부분들을 찾아내 바로잡았습니다. 이렇게 하여 석주명은 우리나라에 사는 나비에 대한 책을 완성해 영국왕립도서관으로 보냈습니다.

이렇듯 석주명은 나비를 연구하는 데 온 힘을 다했습니다. 그는 무려 나비 75만여 마리를 모았습니다. 그리고 일본어로 된 나비 이름을 '수노랑나비', '유리창나비'와 같은 우리말 이름으로 바꾸어 붙였습니다.

도움말

일본에 나라를 빼앗긴 시대에 석주명은 나비를 연구하여 우리나라의 훌륭함을 온 세계에 알렸습니다.

4 석주명이 영국왕립아시아학회에서 부탁받은 것은 무엇인지 쓰시오.

_____

4 석주명이 받은 편지의 내용을 확인해 봅니다.

5 석주명은 어떻게 우리 민족의 훌륭함을 알렸는지 쓰시오.

_____

_____

5 석주명이 한 일들을 살펴봅니다.

6 석주명이 어떤 마음이었을지 짐작하며 빈칸을 쓰시오.

글에서 찾은 단서	(1) 자신의 경험
• 이 책을 쓰기 위해 나비를 수만 마리나 모으며 온갖 정성을 쏟았습니다. • 일본 학자들이 우리나라 나비에 대해 잘못 쓴 부분들을 찾아내 바로잡았습니다.	
(2) 짐작한 내용	영국아시아학회에서 책을 써 달라는 편지를 받았을 때 석주명은 ( )

6 석주명은 우리민족의 훌륭함을 온 세계에 알렸습니다. 어떤 마음이었을지 짐작해 봅니다.

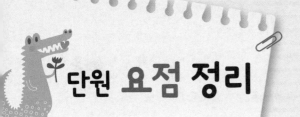

단원 요점 정리   10. 문학의 향기

핵심 1 같은 책을 읽어도 느낌이 서로 다른 까닭

• 사람마다 생각이 다르기 때문입니다.

• 사람마다 경험이 다르기 때문입니다.

핵심 2 재미있게 읽었거나 감동받은 책 소개하기

• 제목을 먼저 이야기합니다.

• 듣는 사람이 이해하기 쉬운 말로 소개합니다.

• 줄거리만 너무 길게 이야기하지 않습니다.

– 책을 읽고 자신의 경험을 떠올리며 감동을 느낀 부분을 써 봅니다.

(예)

책 제목	『개구리와 두꺼비는 친구』
떠오른 경험	텅 빈 편지함을 본 일
감동 받은 부분	두꺼비가 편지를 받는 부분

친구들에게 책을 소개할 때 책에서 재미나 감동을 느낀 까닭을 함께 이야기하면 좋아요.

→책을 소개할 때에 제목, 줄거리, 출판사와 작가 이름, 그 책을 소개하는 까닭 등의 내용이 들어갑니다.

핵심 3 재미나 감동을 느낀 부분을 생각하며 시 읽기

• 시를 읽고 어떤 장면이 떠오르는지 생각해 봅니다.

• 시에 나오는 인물이 한 경험과 비슷한 자신의 경험을 떠올려 봅니다.

• 시에 나오는 인물의 마음이 어떠한지 생각해 봅니다.

• 어떤 부분이 기억에 오래 남는지 떠올려 봅니다.

– **(예)** 시 「빗길」을 읽고 재미있거나 감동적인 부분 소개하기: 미안해하는 주인공의 마음을 눈치채고 친구가 우산을 기울여 주는 부분입니다.

→인물이 한 행동으로 인물의 마음을 짐작할 수 있습니다.

핵심 4 이야기를 읽고 재미나 감동을 느낀 부분 찾기

• 주인공의 특이한 행동을 살펴봅니다.

• 자신의 경험과 비슷한 부분에서 찾습니다.

• 가슴이 뭉클해지는 부분에서 찾습니다.

→흉내 내는 말이나 반복되는 말도 재미있는 부분이 될 수 있습니다.

핵심 5 ★만화 영화를 보고 재미와 감동 표현하기

• 재미있고 감동적인 부분과 그 까닭을 글로 써 보는 방법이 있습니다.

• 재미있고 감동적인 부분을 만화나 그림으로 표현할 수도 있습니다.

• 재미와 감동을 친구에게 소개하며 말로 표현하는 방법도 있습니다.

• 재미있거나 감동적인 부분을 골라 역할극을 해 봅니다.

핵심 6 우리 반 독서 잔치 열기
→읽은 책으로 여러 가지 활동을 하는 것입니다.

• 시간과 장소를 정해야 합니다.

• 준비물을 챙겨야 합니다.

• 활동을 정하고 그 차례도 정해야 합니다.

– 시와 그림으로 표현하기 / 친구에게 책 읽어 주기 / 책 읽고 문제 알아맞히기 / 인물을 ★초청해 질문하기 등

• 참가자를 정해야 합니다.

국어 활동 🌾

핵심 7 재미나 감동을 느낀 부분을 생각하며 시를 읽는 방법 알아보기

• 자신과 비슷한 경험을 떠올립니다.

• 작품에 나오는 인물의 마음을 헤아려봅니다.

• 시를 읽고 떠오르는 장면을 상상해 봅니다.

개념을 확인해요

1 같은 책을 읽어도 느낌이 서로 다른 까닭은 사람마다 ☐☐ 과 생각이 다르기 때문입니다.

2 책을 소개할 때 먼저 이야기할 내용은 ☐☐ 입니다.

3 책을 소개할 때에는 ☐☐ 사람이 이해하기 쉬운 말로 소개합니다.

4 책을 읽고 자신의 경험을 떠올리며 ☐☐ 받은 부분을 써 봅니다.

5 책을 소개할 때에 제목, ☐☐☐, 출판사와 작가 이름, 그 책을 소개하는 까닭 등이 들어가면 좋습니다.

6 시에서 감동적인 부분을 찾으려면 시를 읽고 어떤 ☐☐ 이 떠오르는지 생각해 봅니다.

7 시에서 감동적인 부분을 찾으려면 시에 나오는 인물이 한 ☐☐ 과 비슷한 자신의 경험을 떠올려 봅니다.

8 작품에서 재미와 감동을 찾으려면 ☐☐☐ 의 특이한 말이나 행동을 살펴봅니다.

9 만화 영화에서 느낀 재미와 감동을 표현하려면 재미있고 감동적인 부분과 그 까닭을 ☐ 로 써 보는 방법이 있습니다.

10 독서 잔치를 열기 위해 시간과 장소를 정하고, ☐☐☐ 을 챙겨야 합니다.

10 단원

도움말

1. 같은 책을 읽었을 때 느낌이 서로 다른 까닭을 잘 생각해 봅니다.

핵심 1

1 같은 책을 읽어도 느낌이 서로 다른 까닭에 대하여 잘못 말한 것을 두 가지 고르시오. (,   )

① 사람마다 경험이 다르기 때문이다.
② 사람마다 생각이 다르기 때문이다.
③ 사람마다 취미가 다르기 때문이다.
④ 사람마다 생김새가 다르기 때문이다.
⑤ 사람마다 알고 있는 것이 다르기 때문이다.

2. 책을 소개할 때의 유의점을 잘 생각해 봅니다.

핵심 2

2 책을 소개할 때의 유의점으로 알맞지 <u>않은</u> 것을 두 가지 고르시오.
(,   )

① 제목을 먼저 이야기한다.
② 줄거리만 너무 길게 이야기하지 않는다.
③ 듣는 사람이 이해하기 쉬운 말로 소개한다.
④ 소개하는 사람을 돋보이게 하는 말로 소개한다.
⑤ 책 내용을 자세히 소개하기 위하여 줄거리는 길게 이야기한다.

3. 시에서 감동적인 부분을 찾는 방법에는 무엇이 있을지 생각해 봅니다.

핵심 3

3 시에서 감동적인 부분을 찾는 방법으로 알맞지 <u>않은</u> 것은 무엇입니까?
(   )

① 어떤 부분이 기억에 오래 남는지 떠올려 본다.
② 시에 나오는 인물의 마음이 어떤지 생각해 본다.
③ 시를 읽고 어떤 장면이 떠오르는지 생각해 본다.
④ 감동적인 부분이 어디인지 시를 쓴 사람에게 물어본다.
⑤ 시에 나오는 인물이 한 경험과 비슷한 자신의 경험을 떠올려 본다.

핵심 4

4 작품에서 재미와 감동을 찾는 방법으로 알맞은 것에 ○표를 하시오.

(1) 자신의 경험과 비교하여 생각해 본다. ( )

(2) 가슴이 뭉클해지는 부분에서 찾는다. ( )

(3) 주인공의 특이한 행동을 살펴본다. ( )

4. 재미있거나 감동적인 부분을 찾는 방법을 떠올려 봅니다.

핵심 5

5 만화 영화를 보고 재미있는 부분을 소개하는 방법으로 알맞은 것에 모두 ○표를 하시오.

(1) 재미와 감동을 친구에게 소개하며 말로 표현하는 방법도 있다.
( )

(2) 재미있고 감동적인 부분과 그 까닭을 글로 써 보는 방법이 있다.
( )

(3) 재미있고 감동적인 부분을 만화나 그림이 아닌 글로만 표현해야 한다.
( )

5. 만화 영화에서 느낀 재미와 감동을 표현하는 방법을 생각해 봅니다.

10 단원

핵심 6

6 독서 잔치 계획을 세우는 방법으로 알맞지 <u>않은</u> 것은 어느 것입니까?
( )

① 참가자를 정한다.

② 준비물을 챙겨야 한다.

③ 시간과 장소를 정해야 한다.

④ 가장 인기 있는 작가를 초대한다.

⑤ 활동을 정하고 그 차례도 정해야 한다.

6. 독서 잔치는 읽었던 책으로 여러 가지 활동을 하는 것입니다.

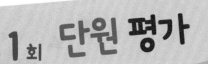

1~4 다음 만화를 읽고, 물음에 답하시오.

1 덕무와 초희는 무엇에 대해 이야기하고 있는지 두 가지 고르시오. (,   )

① 더 재미있는 책 선정
② 책을 읽고 재미있었던 부분
③ 책에 나오는 등장인물의 성격
④ 책을 읽고 감동적이었던 부분
⑤ 자신이 읽은 책이 훨씬 더 감동적인 까닭

중요

2 그림 ❹에서 초희가 한 말을 듣고 덕무가 했을 말로 알맞은 것에 ○표를 하시오.

(1)

사람마다 생각과 경험이 다르니까!

(   )

(2)

사람들은 생각하는 게 모두 비슷하니까!

(   )

3 덕무는 책을 어떻게 읽으면 더 재미있다고 하였습니까? (   )

① 맨 앞부분을 소리 내어 읽어 본다.
② 결말을 상상하며 소리 내어 읽어 본다.
③ 주인공이 한 말을 소리 내어 읽어 본다.
④ 인물 간의 대화 부분을 소리 내어 읽어 본다.
⑤ 재미있는 부분이나 말을 소리 내어 읽어 본다.

4 덕무와 초희가 「개구리와 두꺼비는 친구」를 읽고 감동을 느낀 부분을 각각 쓰시오.

(1) 덕무가 감동을 느낀 부분	
(2) 초희가 감동을 느낀 부분	

주의

5 책을 소개할 때 들어가면 좋을 내용으로 알맞지 않은 것은 어느 것입니까? (   )

① 제목
② 줄거리
③ 책의 가격
④ 출판사와 작가 이름
⑤ 그 책을 소개하는 까닭

6~9 다음 시를 읽고, 물음에 답하시오.

친구의 우산을 함께 쓰고 왔다.

미안해서
내가 비를 더 맞으려고
어깨를 우산 밖으로 내놓으면
친구가 우산을 내 쪽으로
더 기울여 주었다.

빗속을
우리는 나란히 걸었다.

좁은 길에선 일부러
내가 빗물 고인 자리를 디뎠다.
그걸 알았는지 친구는 나를
제 쪽으로 가만히 당겨 주는 것이었다.

「빗길」, 성명진

6 시에 나오는 두 친구의 모습으로 알맞은 것을 골라 기호를 쓰시오.

 ㉠

 ㉡

( )

7 이 시에 나타난 인물의 마음으로 알맞은 것을 두 가지 고르시오. (,)

① 고마운 마음
② 얄미운 마음
③ 미안한 마음
④ 부끄러운 마음
⑤ 겁이 나는 마음

8 친구가 우산을 같이 쓰자고 한 까닭으로 알맞은 것은 무엇입니까? ( )

① 친구에게 할 말이 있었기 때문이다.
② 뒷모습이 너무 즐거워 보였기 때문이다.
③ 친구의 집에 놀러 가고 싶었기 때문이다.
④ 친구가 우산 없이 걸어가는 것을 보았기 때문이다.
⑤ 친구가 언젠가 우산을 씌어 준 적이 기억났기 때문이다.

9 시에 나오는 인물이 한 경험과 비슷한 경험을 떠올려 쓰시오.

_____

_____

_____

10 친구들과 시를 읽고 감동적인 부분을 찾는 방법에 대해 말하려 합니다. 바르지 못한 것은 무엇입니까?

( )

① 시에서 슬픈 부분을 찾아본다.
② 어떤 부분이 기억에 오래 남는지 떠올려 본다.
③ 시에 나오는 인물의 마음이 어떤지 생각해 본다.
④ 시를 읽고 어떤 장면이 떠오르는지 생각해 본다.
⑤ 시에 나오는 인물이 한 경험과 비슷한 자신의 경험을 떠올려 본다.

12~15 다음 글을 읽고, 물음에 답하시오.

〈앞 이야기〉

걸핏하면 친구들과 싸워서 욕쟁이, 깡패, 심술쟁이로 이름난 만복이. 어느 날, 만복이는 하굣길에 '만복이네 떡집'이라는 신기한 떡집을 발견한다. 주인이 없는 떡집에서 '입에 척 들러붙어 말을 못하게 되는 찹쌀떡'을 먹은 만복이는 온종일 나쁜 말을 안 해서 주변 사람들한테 칭찬을 받는다. 그 후로 만복이는 날마다 만복이네 떡집에 들러 신기한 떡을 먹는다.

㈎ 학교가 끝나고 만복이는 또 '만복이네 떡집'으로 달려갔어. 이번에는 맛있는 쑥떡을 먹을 수 있었지. 쑥떡을 먹자 귓구멍이 간질간질한 게 쑥덕쑥덕 이상한 소리가 들리기 시작했어. 마치 누군가 귀에 대고 작게 소곤거리는 것처럼 말이야. 지나가는 사람들의 생각도 쑥덕쑥덕 들리고, 쓰레기를 뒤지고 있던 강아지의 생각도 쑥덕쑥덕 들렸어.

'아, 배고파. 요즘에는 왜 이렇게 먹을 게 없지?'

만복이는 엄마가 간식으로 싸 준 소시지빵을 강아지한테 던져 주었어. 학원에 가서 먹으려고 했는데, 강아지가 배고픈 걸 알고 그냥 지나칠 수가 없었거든.

㈏ 은지 옆을 지나자 은지의 생각이 쑥덕쑥덕 들렸어.

'애들이 날 싫어하나 봐. 나한테 말도 잘 안 걸고……. 친구들이 함께 놀자고 하면 얼마나 좋을까?'

은지의 고민을 알자 만복이는 그냥 지나칠 수가 없었어. ㉠만복이는 은지한테 먼저 다가가서 말을 걸어 주었어.

「만복이네 떡집」, 김리리

11 만복이가 신기한 떡을 먹고 나서 만복이의 태도가 어떻게 바뀌었습니까? (   )

① 떡을 싫어하다가 좋아하게 됐다.
② 친구들과 사이가 좋았었는데 놀림을 받게 됐다.
③ 개구쟁이였던 성격이 얌전한 성격으로 바뀌었다.
④ 욕쟁이라고 불리다가 사람들의 칭찬을 받게 됐다.
⑤ 주변 사람들의 칭찬을 받다가 심술쟁이로 바뀌었다.

12 만복이가 나쁜 말을 안 하게 해 준 떡의 이름을 찾아 쓰시오.

(   )

13 학교가 끝나고 만복이가 달려간 곳은 어디입니까?

(   )

① 집
② 도서관
③ 은지네 집
④ 만복이네 떡집
⑤ 만복이네 식당

서술형

14 만복이가 쑥떡을 먹자 어떤 일이 일어났는지 쓰시오.

_____

_____

주의

15 ㉠을 보고 알 수 있는 만복이의 마음으로 알맞은 것은 무엇입니까? (   )

① 은지에게 충고하고 싶다.
② 은지와 짝꿍이 되고 싶다.
③ 은지에게 쑥떡을 권하고 싶다.
④ 외로워하는 은지를 도와주고 싶다.
⑤ 은지를 괴롭힌 때가 생각나 용서를 구하고 싶다.

16~18 다음 글을 읽고, 물음에 답하시오.

• 「강아지 똥」에 나오는 인물을 살펴봅니다.

▲ 강아지 똥

❶ 어느 시골 돌담 밑에 강아지가 눈 똥. 자신이 쓸모없고 세상에서 가장 더럽다고 생각하며 슬퍼한다.

▲ 참새

❷ 나뭇가지에 앉아 있던 참새. 상대의 마음을 헤아리지 않고 함부로 말을 하여 강아지 똥에게 상처를 준다.

▲ 흙덩이

❸ 소달구지에서 떨어진 흙덩이. 강아지 똥에게 자신이 겪은 일을 이야기하며 희망을 주고, 소달구지에 실려 다시 밭으로 되돌아간다.

▲ 암탉

❹ 여러 마리 병아리의 엄마. 강아지 똥이 먹이인 줄 알고 먹으려고 했으나, 쓸데없는 찌꺼기밖에 안 된다며 무시하고 가 버린다.

▲ 민들레

❺ 봄이 되자 강아지 똥 옆에서 싹을 틔운 식물. 강아지 똥이 거름이 되어 준 덕분에 노란 꽃을 피운다.

16 이 이야기에 등장하는 인물이 <u>아닌</u> 것은 누구입니까? (   )

① 참새
② 암탉
③ 송아지
④ 흙덩이
⑤ 노란 꽃

17 강아지 똥이 슬퍼하는 까닭은 무엇인지 쓰시오.

_____

_____

18 봄이 되어 노란 꽃이 피게 된 것은 누구의 덕분인지 쓰시오.

(   )

국어 활동 ♥

19~20 다음 글을 읽고, 물음에 답하시오.

바위나리는 날마다 노래를 부르면서 친구를 불렀습니다. 그렇지만 바다와 모래벌판과 바람결밖에는 아무것도 없는 이 바닷가에 친구가 될 만한 것은 하나도 없었습니다. 며칠을 기다리고 기다려도 아무도 보이지 않았습니다.

'아, 이렇게 예쁘고 아름다운 나를 귀여워해 줄 친구가 없구나!'

친구를 기다리며 바위나리는 훌쩍훌쩍 울기도 했습니다. 그러다가도 아침에 해가 동녘에서 불끈 솟아오르면

'그래, 오늘은 누가 꼭 와 주겠지!'

라고 생각하면서 더 예쁘게 단장을 하고 고운 목소리로 노래를 불렀습니다.

「바위나라와 아기별」, 마해송

19 바위나리는 무엇을 하며 친구를 기다렸습니까?

(   )

① 춤을 췄다.
② 노래를 했다.
③ 울기만 했다.
④ 태양에게 빌었다.
⑤ 큰 소리로 불렀다.

20 바위나리의 슬픈 마음을 알 수 있는 부분을 찾아 쓰시오.

_____

_____

1~4 다음 만화를 읽고, 물음에 답하시오.

1 두 친구는 무엇에 대해 이야기를 나누고 있는지 쓰시오.

_____

_____

2 덕무는 책을 어떻게 읽으면 더 재미있다고 하였습니까? (   )

① 지루한 부분은 빼고 읽는다.
② 친구들과 역할을 나누어서 읽는다.
③ 한 문장을 여러 번 반복하여 읽는다.
④ 조용하게 눈으로 내용을 감상하며 읽는다.
⑤ 재미있는 부분이나 말을 소리 내어 읽는다.

3 초희와 덕무가 같은 책을 읽고도 느낌이 서로 다를 수 있는 까닭은 무엇입니까? (   )

① 책을 읽은 장소가 서로 다르기 때문에
② 책을 읽는 속도가 서로 다르기 때문에
③ 책을 구입한 곳이 서로 다르기 때문에
④ 사람마다 생각과 경험이 다르기 때문에
⑤ 다른 출판사에서 출간한 책을 읽었기 때문에

4 자신이 읽었던 책을 친구에게 소개할 때 소개하지 않아도 될 것은 어느 것입니까? (   )

① 줄거리
② 소개하는 까닭
③ 책에서 재미있는 부분
④ 책에서 감동적인 부분
⑤ 책을 구입한 곳과 책의 가격

주의

5 친구들에게 책을 소개하면 좋은 점으로 알맞은 것으로 모두 고른 것은 어느 것입니까? (   )

> ㉠ 친구들에게 잘난 체를 할 수 있다.
> ㉡ 책을 읽었을 때의 감동을 다시 떠올릴 수 있다.
> ㉢ 책을 소개하면서 읽은 내용을 다시 떠올릴 수 있다.
> ㉣ 친구들이 소개한 책을 찾아서 읽을 필요가 없게 된다.
> ㉤ 혼자 읽었을 때 잘 이해되지 않은 부분도 이해하게 된다.

① ㉠, ㉡, ㉢   ② ㉠, ㉡, ㉣
③ ㉡, ㉢, ㉤   ④ ㉡, ㉣, ㉤
⑤ ㉢, ㉣, ㉤

6~9 다음 시를 읽고, 물음에 답하시오.

친구의 우산을 함께 쓰고 왔다.

미안해서
내가 비를 더 맞으려고
어깨를 우산 밖으로 내놓으면
친구가 우산을 내 쪽으로
더 기울여 주었다.

빗속을
우리는 나란히 걸었다.

좁은 길에선 일부러
내가 빗물 고인 자리를 디뎠다.
그걸 알았는지 친구는 나를
제 쪽으로 가만히 당겨 주는 것이었다.

6 이 시의 분위기로 알맞은 것은 어느 것입니까?

( )

① 따스한 분위기이다.
② 매우 긴장된 분위기이다.
③ 차갑고 우울한 분위기이다.
④ 유쾌하고 쾌활한 분위기이다.
⑤ 산만하고 시끄러운 분위기이다.

7 이 시에 나타난 두 친구 사이에는 어떤 마음들이 엿보입니까? ( )

① 서로 미워하는 마음
② 서로 배려해 주는 마음
③ 함께 있기를 꺼려하는 마음
④ 서로 불쌍하게 여기는 마음
⑤ 서로 비를 안 맞으려고 하는 마음

8 이 시에서 어떤 점이 재미있거나 감동적인지 쓰시오.

_____

_____

9 이 시를 읽고 시 속 인물과 비슷한 경험을 말하지 않은 것은 무엇입니까? ( )

① 동생과 함께 우산을 쓰고 간 일이 생각난다.
② 비 오는 날 좁은 길을 걸었던 일이 생각난다.
③ 친구와 심하게 다투고 우울해졌던 기억이 난다.
④ 비 오는 날 선생님께서 우산을 씌워 주던 일이 생각 난다.
⑤ 친구와 나란히 가다가 빗물이 고인 물웅덩이를 보고 피해 갔던 일이 생각난다.

10 시에서 감동적인 부분을 찾는 방법으로 알맞지 <u>않은</u> 것은 어느 것입니까? ( )

① 어떤 부분이 기억에 오래 남는지 떠올린다.
② 시를 읽고 어떤 장면이 떠오르는지 생각한다.
③ 자신의 경험이나 느낌과 비슷한 일을 떠올린다.
④ 시에 나오는 인물의 마음이 어떤지 생각해 본다.
⑤ 글쓴이가 좋아하는 것이 무엇인지를 곰곰이 생각해 본다.

11~14 다음 글을 읽고, 물음에 답하시오.

그런데 장군이 옆을 지날 때였어.
'난 왜 이렇게 공부를 못하지? 공부를 좀 잘하면 얼마나 좋을까?'
만복이는 장군이를 진심으로 도와주고 싶었어.
"장군아, 내가 좀 도와줄까?"
만복이가 물었어.
"네가 뭘 도와줘?"

장군이는 눈을 치켜뜨고 만복이를 노려보았어.
"다음에는 시험 잘 볼 수 있게 내가 공부 좀 가르쳐 줄게."
만복이가 말을 마치자마자 곧바로 장군이의 주먹이 날아오지 뭐야.
"너 나한테 죽고 싶어? 이게 어디서 잘난 척이야."
만복이는 또 코피가 터졌어. 만복이는 너무 화가 나서 주먹을 꼬옥 쥐었어. 그런데 장군이의 생각이 다시 들려오지 뭐야.
'아이, 때리려고 그런 게 아닌데……. 만복이가 또 코피 나잖아. 정말 아프겠다. 난 왜 이렇게 만날 사고만 치지? 난 정말 나쁜 애야.'
㉠만복이는 쥐고 있던 주먹을 풀었어. 장군이의 마음을 알자 미운 마음이 눈 녹듯 사라져 버렸거든.
그날 집으로 돌아가는 길에 골목 모퉁이를 지날 때였어. 떡집은 그대로였지만 뭔가 좀 달라진 것 같았어. 만복이는 걸음을 멈추고 고개를 들어 간판을 보았어. 떡집 간판에는 커다란 글씨로 '장군이네 떡집'이라고 쓰여 있었어. 만복이는 헤벌쭉 웃으면서 떡집 앞을 그냥 지나쳐 갔어.

11 만복이가 장군이와 싸우지 <u>않은</u> 까닭은 무엇입니까?
( )

① 장군이가 불쌍해 보여서
② 장군이에게 또 맞을까 봐 겁이 나서
③ 미안해하는 장군이의 마음을 알게 되어서
④ 장군이가 장난으로 한 것이라는 것을 알아서
⑤ 장군이에게 너무 심한 말을 한 것이 미안해서

서술형
12 ㉠을 보고 알 수 있는 만복이의 마음을 쓰시오.

_____

서술형
13 만복이네 떡집이 장군이네 떡집으로 바뀐 까닭은 무엇일지 쓰시오.

_____

_____

14 만복이와 비슷한 경험을 떠올려 말한 친구는 누구누구인지 쓰시오.

• 희진: 친구를 도와주고 기분이 우울했던 일이 떠올라.
• 영희: 다른 사람의 마음을 오해했던 일이 떠올라.
• 철수: 친구에게 마음에 없는 말을 하고 난 뒤에 후회했던 일이 떠올라.

( )

15 이야기를 읽고 재미나 감동을 느낀 부분을 찾는 방법으로 알맞은 것에 ○표를 하시오.

(1) 주인공이 매일 하는 행동을 찾아본다.
( )

(2) 자신의 경험과 비슷한 부분을 찾아본다.
( )

(3) 가슴이 뭉클해지는 부분에서 찾아본다.
( )

16~17 다음 「강아지 똥」을 보고, 물음에 답하시오.

❶  ❷

❸  ❹

❺  ❻

16 강아지 똥이 만나지 <u>않은</u> 등장인물은 누구인지 두 가지 고르시오. (　　,　　　)

① 참새　　　② 흙덩이　　　③ 너구리
④ 노란 꽃　　⑤ 암탉과 병아리

17 민들레가 노란 꽃을 피울 수 있었던 까닭은 무엇입니까? (　　　)

① 흙덩이가 민들레를 덮어 주었기 때문이다.
② 해님이 민들레를 따뜻하게 해 주었기 때문이다.
③ 바람이 민들레를 시원하게 해 주었기 때문이다.
④ 강아지 똥이 민들레 싹의 거름이 되어 주었기 때문이다.
⑤ 참새가 물을 머금고 민들레 싹에게 뿌려 주었기 때문이다.

18 독서 잔치에서 하는 활동으로 알맞지 <u>않은</u> 것은 어느 것입니까? (　　　)

① 친구에게 책 읽어 주기
② 책을 읽고 문제 알아맞히기
③ 책 속 인물을 초청해 질문하기
④ 도서관을 방문하여 책 정리하기
⑤ 책을 읽고 느낀 점을 시와 그림으로 표현하기

19~20 다음 글을 읽고, 물음에 답하시오.

아기별은 어쩔 줄 모르고 한참 동안이나 멍하니 있다가 문지기를 불러 보았으나 아무도 대답하는 이가 없었습니다. 하는 수 없이 성 뒤로 가서 있는 힘을 다하여 까마득히 높은 성을 넘어 들어갔습니다.

그런데 임금님은 밤마다 아기별이 어디에 갔다 오는지 이미 다 알고 있었습니다.

아기별은 임금님 앞에 불려 갔습니다.

"나가거라!"

임금님은 눈을 부릅뜨고 소리쳤습니다. 아기별은 무서워 몸을 벌벌 떨며 말했습니다.

"용서해 주십시오. 다시는 밖에 나가지 않겠습니다."

아기별은 이렇게 말하고 겨우 임금님 앞을 물러나왔으나, 병들어 혼자 괴로워하고 있을 바위나리를 생각하면 가슴이 <u>미어지는</u> 것 같았습니다.

그날 밤, 바위나리는 늦도록 아기별을 기다렸습니다. 그러나 끝내 아기별은 내려오지 않았습니다.

19 아기별이 임금님 앞에 불려 갔을 때 어떤 마음이 들었겠습니까? (　　　)

① 기쁨　　　　　② 설렘
③ 두려움　　　　④ 즐거움
⑤ 부끄러움

응용

20 밑줄 그은 '미어지는'의 낱말 뜻을 바르게 나타낸 것에 ○표를 하시오.

⑴ 남자와 여자가 교제를 위하여 만나는 일.
(　　　)

⑵ 가슴이 찢어지는 것처럼 몹시 심한 고통이나 슬픔을 느끼는.
(　　　)

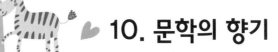
국어 266~297쪽   국어 활동 80~105쪽

1~3

친구의 우산을 함께 쓰고 왔다.

미안해서
내가 비를 더 맞으려고
어깨를 우산 밖으로 내놓으면
친구가 우산을 내 쪽으로
더 기울여 주었다.

빗속을
우리는 나란히 걸었다.

좁은 길에선 일부러
내가 빗물 고인 자리를 디뎠다.
그걸 알았는지 친구는 나를
제 쪽으로 가만히 당겨 주는 것이었다.

도움말

⭐ 비오는 날, 친구와 함께 우산을 쓰고 가면서 불편했지만 배려해 주려고 애쓰는 친구의 마음을 표현한 시입니다.

1 이 시는 어떤 날 어디에서 일어난 일인지 쓰시오.

_____

1 시를 읽고 내용을 확인해 봅니다.

2 이 시에서 감동이 느껴지는 부분은 어디인지 쓰시오.

_____

_____

2 시를 읽고 어떤 장면이 떠오르는지, 어떤 장면이 기억에 남는지 등을 떠올려 봅니다.

3 시 속 인물과 비슷한 자신의 경험을 떠올려 쓰시오.

시 속 인물의 경험

비 오는 날, 친구와 우산을
함께 쓰고 온 일

3 자신의 경험과 시 속 인물과의 비슷한 경험을 떠올려 봅니다.

그런데 장군이 옆을 지날 때였어.

'난 왜 이렇게 공부를 못하지? 공부를 좀 잘하면 얼마나 좋을까?'

만복이는 장군이를 진심으로 도와주고 싶었어.

"장군아, 내가 좀 도와줄까?"

만복이가 물었어.

"네가 뭘 도와줘?"

장군이는 눈을 치켜뜨고 만복이를 노려보았어.

"다음에는 시험 잘 볼 수 있게 내가 공부 좀 가르쳐 줄게."

만복이가 말을 마치자마자 곧바로 장군이의 주먹이 날아오지 뭐야.

"너 나한테 죽고 싶어? 이게 어디서 잘난 척이야."

만복이는 또 코피가 터졌어. 만복이는 너무 화가 나서 주먹을 꼬옥 쥐었어. 그런데 장군이의 생각이 다시 들려오지 뭐야.

'아이, 때리려고 그런 게 아닌데……. 만복이가 또 코피 나잖아. 정말 아프겠다. 난 왜 이렇게 만날 사고만 치지? 난 정말 나쁜 애야.'

만복이는 쥐고 있던 주먹을 풀었어. 장군이의 마음을 알자 미운 마음이 눈 녹듯 사라져 버렸거든.

4 만복이가 장군이와 싸우지 <u>않은</u> 까닭은 무엇인지 쓰시오.

_____

_____

5 쥐고 있던 주먹을 푼 만복이의 행동으로 어떤 마음을 알 수 있는지 쓰시오.

_____

_____

6 이 글을 읽고 만복이의 경험과 비슷한 경험을 떠올리며 느낀 점을 쓰시오.

_____

_____

도움말

쑥떡을 먹게 된 만복이에게 다른 사람의 마음속 생각이 들립니다. 장군이의 마음을 알게 된 만복이가 도와주려고 하자, 장군이가 만복이를 때립니다. 만복이도 장군이를 때리고 싶었지만, 장군이의 후회하는 마음을 알게 된 만복이는 장군이에 대한 미운 마음이 사라졌습니다.

4 이야기의 내용을 잘 파악해 봅니다.

10 단원

5 인물의 말이나 행동으로 인물의 마음을 헤아려 볼 수 있습니다.

6 주인공인 만복이의 경험과 비슷한 경험을 떠올리며 이 글에서 느낀 점을 써 봅니다.

100점
예상문제

국어 3-1

1. 재미가 톡톡톡

1 다음은 어떤 표현에 대한 설명인지 쓰시오.

> 눈으로 보고, 귀로 듣고, 입으로 맛보고, 코로 냄새 맡고, 손으로 만지면서 느낀 것을 생생하게 표현하는 것.

(   ) 표현

1. 재미가 톡톡톡

2 다음 그림에 어울리는 감각적 표현을 말한 것에 ○표를 하시오.

(1) 촘촘 내리는 봄비 (   )
(2) 쉬이익쉬이익 파도의 숨소리 (   )
(3) 향긋하고 은은하게 퍼지는 귤 향기 (   )

3~4 다음 시를 읽고, 물음에 답하시오.

> 누가 잘 익은 콩을
> 저렇게 쏟고 있나
>
> 또로록 마당 가득
> 실로폰 소리 난다

> 소나기 그치고 나면
> 하늘빛이 더 맑다

1. 재미가 톡톡톡

3 이 시는 무엇을 감각적으로 표현한 것입니까?

(   )

① 눈이 내리는 모습   ② 비가 내리는 모습
③ 콩이 떨어지는 모습   ④ 날씨가 우중충한 모습
⑤ 아이들이 악기를 연주하는 모습

서술형

1. 재미가 톡톡톡

4 비가 오는 소리를 다양하게 표현하여 쓰시오.

5~6 다음 글을 읽고, 물음에 답하시오.

(개) 장승은 여러 가지 구실을 했습니다. 우리 조상은 장승이 나쁜 병이나 기운이 마을로 들어오는 것을 막아 준다고 믿었습니다. 장승은 나그네에게 길을 알려 주기도 했습니다. 또 장승은 마을과 마을 사이를 나누는 구실도 했습니다.

(내) 장승은 나무나 돌에 사람의 얼굴 모습을 조각해 만들었습니다. 할아버지처럼 친근한 얼굴도 있고, 도깨비처럼 무서운 얼굴도 있습니다. 우스꽝스러운 장난꾸러기 얼굴을 한 장승도 있습니다.

2. 문단의 짜임

5 (개) 문단에서 글쓴이가 말하고자 하는 내용으로 알맞은 것에 ○표를 하시오.

(1) 장승은 여러 가지 구실을 했다. (   )
(2) 장승은 나무나 돌에 사람의 얼굴 모습을 조각해 만들었다. (   )
(3) 장승은 마을과 마을 사이를 나누는 중요한 역할을 했다. (   )

2. 문단의 짜임

6 (내) 문단에서 중요한 내용을 구체적으로 설명하는 문장을 모두 쓰시오.

(1) _____

_____

(2) _____

7~8 다음 글을 읽고, 물음에 답하시오.

우리 조상은 여러 가지 한과를 만들어 먹었습니다. 한과는 전통 과자를 말합니다. 한과에는 약과, 강정, 엿처럼 여러 가지가 있습니다. 요즘에는 한과를 주로 시장에서 사 먹지만, 옛날에는 한과를 집에서 만들어 먹었습니다.

약과는 밀가루를 꿀과 기름 따위로 반죽해 기름에 지진 과자입니다. 꿀물이나 조청에 넣어 두어 속까지 맛이 배면 꺼내어 먹습니다. 지금은 국화 모양을 본떠서 많이 만들지만, 옛날에는 새, 물고기 같은 모양을 본떠서 만들었다고 합니다. 약과를 만들 때에는 만들고 싶은 모양으로 나무를 파서, 반죽한 것을 그 속에 넣어 찍어 냅니다.

강정은 찹쌀가루를 반죽해 기름에 튀긴 뒤에 고물을 묻힌 과자입니다. 찹쌀가루를 반죽할 때에는 꿀과 술을 넣습니다. 그런 다음에 끈기가 생길 때까지 반죽을 쳐서 갸름하게 썰어 말린 뒤 기름에 튀깁니다. 깨, 잣가루, 콩가루와 같은 고물을 묻혀 먹습니다.

엿은 곡식이나 고구마 녹말에 엿기름을 넣어 달게 졸인 과자입니다. 엿을 만드는 데 쓰이는 곡식으로는 쌀, 찹쌀, 옥수수, 조 따위가 있습니다. 엿을 만들 때 호두나 깨, 콩 따위를 섞어 넣으면 더욱 맛있습니다. 옛날에는 가락엿을 부러뜨려, 그 속의 구멍이 더 많고 더 큰 쪽이 이기는 엿치기를 하기도 했습니다.

2. 문단의 짜임

7 첫 번째 문단의 중심 문장을 찾아 쓰시오.

_____

_____

2. 문단의 짜임

8 엿에 대해 <u>잘못</u> 설명한 것은 무엇입니까? (　　　)

① 호두나 깨, 콩 등을 섞어 만들기도 한다.
② 곡식에 엿기름을 넣어 달게 졸이는 과자다.
③ 쌀, 찹쌀, 옥수수, 조 등을 사용하여 만든다.
④ 우리 조상들이 즐겨 먹던 한과의 한 종류이다.
⑤ 가락엿을 부러뜨려 그 속의 구멍이 적은 사람이 이기는 엿치기를 하기도 했다.

3. 알맞은 높임 표현

9 다음 그림을 보고 (　　　) 안에 알맞은 높임 표현을 골라 쓰시오.

(　　　　　　　　　　　)

10~11 다음 그림을 보고, 물음에 답하시오.

3. 알맞은 높임 표현

10 점원이 높임 표현을 <u>잘못</u> 사용하고 있는 대상은 무엇인지 찾아 기호를 쓰시오.

(　　　　　　　　　　　)

3. 알맞은 높임 표현

11 파란색으로 표시된 부분을 바르게 고쳐 쓰시오.

이 신발이 요즘 인기 있는 신발(　　　　　　).

12~13 다음 그림을 보고, 물음에 답하시오.

(가)

수현이가 교실에 들어오면 좀 오라고 하렴.

네.

훈민

(나)

수현

3. 알맞은 높임 표현

12 그림 (가)는 어떤 상황입니까? ( )

① 수현이가 숙제를 하지 않았다.
② 훈민이가 수현이를 찾고 있다.
③ 훈민이가 선생님께 혼나고 있다.
④ 훈민이와 선생님이 대화하고 있다.
⑤ 수현이와 훈민이가 대화하고 있다.

3. 알맞은 높임 표현

13 훈민이가 수현이에게 선생님 말씀을 전하려 합니다. 그림 (나)의 빈칸에 알맞은 것의 기호를 쓰시오.

ㄱ
선생님이 너 오래.

ㄴ
선생님이 너 오시래.

ㄷ
선생님께서 너 오라고 하셔.

( )

서술형

3. 알맞은 높임 표현

14 높임 표현을 알맞게 사용하면 상대방의 마음이 어떨지 쓰시오.

_____

15~16 다음 글을 읽고, 물음에 답하시오.

(가) 나리에게

　나리야, 안녕? 나 민경이야.

　나리야, 어제 네가 내 가방을 들어 주어서 고마웠어. 내가 팔을 다쳐서 가방을 어떻게 들까 걱정했는데 네가 와서 도와준다고 했을 때 정말 기뻤어. 그런데 어제는 고맙다는 말을 제대로 하지 못해서 이렇게 편지를 써.

　지난 체육 시간에 너와 달리기 경주를 해서 내가 졌잖아. 달리기만큼은 자신 있었는데 내가 지니까 많이 속상했어. 그래서 그동안 너한테 말도 제대로 하지 않았어. 그런데 너는 오히려 나를 걱정해 주고 가방도 들어 주어서 미안했어.

　나리야, 고마워! 너는 운동도 잘하고, 마음도 참 따뜻한 멋진 친구야. 앞으로도 친하게 지내자. 안녕.

20○○년 4월 13일

민경이가

(나) 호준이에게

　호준아, 나 민재 형이야.

　한 달 동안이나 저녁마다 줄넘기 연습을 열심히 하는 너를 보면서 기특하고 대단하다고 생각했어. 그런데 어제 있었던 줄넘기 대회에서 상을 받지 못했다는 소식을 들었어. 많이 속상했지? 그래도 포기하지 않고 꾸준히 연습하면 다음에는 더 좋은 결과가 있을 거야.

　형은 언제나 너를 응원하고 있어. 그럼 안녕.

20○○년 4월 15일

민재 형이

4. 내 마음을 편지에 담아

15 글 (가)에서 민경이가 나리에게 미안한 마음이 들었던 까닭을 쓰시오.

_____

_____

_____

4. 내 마음을 편지에 담아

16 글 (나)에 드러난 마음은 무엇인지 ○표를 하시오.

(고마운 , 응원하는) 마음

17~18 다음 글을 읽고, 물음에 답하시오.

❶ 민화는 옛날 사람들이 널리 사용하던 그림이에요. 따라서 민화 속에는 우리 조상의 삶과 신앙, 멋이 깃들어 있어요. 민화가 여느 그림과 다른 점은 생활에 필요한 실용적인 그림이라는 것이에요. 다시 말해, 선비들이 그린 격조 높은 산수화나 솜씨 좋은 화원이 그린 작품들은 오래 두고 감상하는 그림이지만, 민화는 어떤 특별한 목적을 위해 사용한 그림이지요.

❷ 민화의 쓰임새는 여러 가지였어요. 혼례식이나 잔치를 치를 때 장식용으로 쓰던 병풍 그림도 민화였고, 대문이나 벽에 부적처럼 걸어둔 것도 민화였고, 자신의 소망을 빌거나 누군가를 축하하는 그림도 민화였어요.

❸ 민화는 호랑이, 까치, 물고기, 사슴, 학, 거북, 토끼, 매와 같은 동물이나 소나무와 대나무, 모란, 불로초, 연꽃, 석류 같은 식물 등의 다양한 소재를 사용했어요. 해태나 용 같은 상상의 동물도 있지요. 우리 조상은 민화에 복을 기원하고, 악귀나 나쁜 것을 몰아내는 힘이 있다고 믿었던 거예요.

5. 중요한 내용을 적어요

17 민화에 대한 설명으로 알맞지 <u>않은</u> 것은 무엇입니까? ( )

① 생활에 필요한 실용적인 그림이다.
② 특별한 목적을 위해 사용한 그림이다.
③ 선비들이 그리는 격조 높은 그림이다.
④ 옛날 사람들이 널리 사용하던 그림이다.
⑤ 우리 조상의 삶과 신앙 등이 깃들어 있다.

5. 중요한 내용을 적어요

18 ❶~❸ 문단의 중요한 내용을 정리하여 쓰시오.

문단	중요한 내용
❶	민화는 옛날 사람들이 널리 사용하던 그림이었다.
❷	(1)
❸	(2)

19~20 다음 글을 읽고, 물음에 답하시오.

우리가 아는 모든 생물에게 물은 생명을 유지하는 데 반드시 필요한 물질입니다. 그래서 바다와 강, 호수, 연못뿐만 아니라 빗물이 고인 작은 웅덩이까지 물이 있는 곳이라면 다양한 생물이 살아갑니다. 다만 어떤 종류의 생물이 사는지가 다를 뿐이지요.

빗물이 고인 작은 병 속에는 아무 생물도 없다고요? 혹시 너무 작아서 안 보이는 건 아닐까요? 맨눈으로는 볼 수 없는 작은 생물까지 포함하면 자연적인 상태의 물이 있는 곳에는 어떤 형태로든 생물이 산다고 보아도 좋을 것입니다.

물에 사는 생물들은 살아가는 모습에 따라서 크게 세 가지로 나뉩니다. 바닥 생활을 하는 생물, 헤엄을 치는 생물, 그리고 떠다니는 생물이 있습니다. 이 가운데 물에 둥둥 떠다니는 생물을 통틀어서 '플랑크톤'이라고 합니다.

플랑크톤이라고 해서 모두 물에 가만히 떠 있기만 하는 것은 아니며, 어떤 종류는 스스로 헤엄치기도 합니다. 그러나 운동 능력이 워낙 약해서 물의 흐름을 거슬러 이동할 수는 없습니다.

5. 중요한 내용을 적어요

100점 예상 문제

19 빗물이 고인 작은 병 속에 아무 생물도 보이지 <u>않는</u> 까닭을 쓰시오.

5. 중요한 내용을 적어요

20 이 글을 읽고 오른쪽 그림과 같이 더 알고 싶은 사실을 정리하여 쓰시오.

> 세상에서 제일 큰 플랑크톤과 작은 플랑크톤을 알고 싶어.

1~4 다음 글을 읽고, 물음에 답하시오.

(가) "참새다!"

야구공을 찾으려고 꽃밭으로 들어갔던 승호가 소리쳤습니다. 승호는 야구공을 장미꽃 속에서 찾아 던졌습니다. 그리고 조심스럽게 참새를 잡았습니다. 야구를 하던 아이들이 우르르 몰려왔습니다.

"아기 참새구나."

"엄마를 잃어버렸나 봐."

"날려 줄 거야."

승호는 아기 참새를 쥔 두 손을 높이 들고 깡충 뛰며 놓아주었습니다. 그러나 아기 참새는 길에서 깡충깡충 뛰어다니기만 했습니다. 승호는 파닥거리는 아기 참새를 두 손으로 감싸 쥐었습니다.

"참새를 어떻게 하지?"

승호가 걱정스럽게 물었습니다.

"선생님께 가져다드리자."

(나) "선생님, 교실에서 키워요."

"그래야겠구나. 날 수가 없으니 잘 날 수 있을 때까지만 키우자."

"그럼 아기 참새도 우리 반이네요?"

"참새 이름을 정해요."

아이들은 앞다투어 그럴 듯한 이름들을 말했습니다. 선생님께서는 아이들이 말한 이름들을 모두 칠판에 쓰셨습니다. 많은 이름 가운데에서 '짹짹콩콩'으로 부르자는 아이가 가장 많았습니다.

(다) 그날 저녁이었습니다. 승호는 교실에 혼자 남겨 두고 온 짹짹콩콩이가 걱정되어 잠을 이룰 수가 없었습니다. 걱정을 하던 승호는 살그머니 밖으로 나왔습니다. 그리고 학교를 향해 달렸습니다. 승호는 조금 무서웠지만 조심조심 복도를 걸어 교실로 갔습니다.

"어?"

승호는 두 눈을 동그랗게 떴습니다. 교실에는 선생님과 여러 명의 아이가 와 있었습니다.

"너도 짹짹콩콩이가 걱정돼서 왔구나."

6. 일이 일어난 까닭

1 승호가 발견한 것은 무엇인지 알맞은 것에 ○표를 하시오.

(잘 날지 못하는 , 날개를 다친) 아기 참새

6. 일이 일어난 까닭

2 승호네 반 친구들은 언제까지 참새를 기르기로 했습니까? (   )

① 잘 날 수 있을 때까지
② 선생님이 허락할 때까지
③ 밥을 잘 먹을 수 있을 때까지
④ 아기 참새가 엄마를 찾을 때까지
⑤ 반 친구들의 사이가 좋아질 때까지

6. 일이 일어난 까닭

3 승호가 엄마께 다음과 같이 설명했는데 엄마께서 잘 알아듣지 못하셨습니다. 왜 그런지 짐작하여 까닭을 두 가지 쓰시오.

교실에서 참새를 키우기로 했어요. 저녁에 교실에 가 봤더니 친구들과 선생님이 계셨어요.

(1) _____

_____

(2) _____

_____

6. 일이 일어난 까닭

4 (가) 문단의 내용을 친구들에게 말하려 합니다. 빈칸에 알맞은 이어 주는 말은 무엇입니까? (   )

> 승호는 날지 못하는 참새가 다칠까 봐 걱정됐기 [   ] 참새를 안고 교실로 갔어.

① 그래서   ② 그러나
③ 그리고   ④ 때문에
⑤ 왜냐하면

5 낱말의 뜻을 정확하게 알고 싶을 때 사용하는 것은 무엇인지 쓰시오.

(   )

6 다음과 같은 국어사전에서 알 수 있는 내용을 모두 고르시오. (,   ,   )

> 다듬잇돌 [다드미똘/다드민똘] 「명사」 다듬이질을 할 때 밑에 받치는 돌. 「비」 다듬돌. 〈예〉 이 돌이면 매끄러운 다듬잇돌이 되겠구나.
> 다듬잇방망이 [다드미빵망이/다드민빵망이] 「명사」 다듬이질을 할 때 쓰는 방망이.

① 낱말의 뜻
② 낱말의 발음
③ 표준어 규정
④ 낱말이 사용되는 예
⑤ 뜻풀이를 돕는 그림

7 아래의 낱말을 국어사전에 싣는 차례대로 알맞게 나열한 것은 무엇입니까? (   )

> 가을   두부   마을   사탕   나비

① 가을 – 두부 – 나비 – 마을 – 사탕
② 가을 – 나비 – 두부 – 마을 – 사탕
③ 가을 – 두부 – 마을 – 사탕 – 나비
④ 사탕 – 마을 – 두부 – 나비 – 가을
⑤ 사탕 – 가을 – 나비 – 두부 – 마을

 다음 **보기** 를 보고, 물음에 답하시오.

> **보기**
>
> 동생   먹다   작다   웃다   많다   도서관
> 넓다   일어서다   소금   달리다   높다

8 형태가 바뀌는 낱말끼리 짝지어진 것은 무엇입니까?

(   )

① 동생, 도서관
② 동생, 넓다, 웃다
③ 먹다, 작다, 소금
④ 많다, 높다, 작다
⑤ 동생, 많다, 웃다

9 움직임을 나타내는 낱말을 모두 찾아 쓰시오.

_____

10 다음 문장에서 빨간색으로 쓰인 낱말의 기본형을 만들어 쓰시오.

> 동생이 밥을 먹는다. | 동생이 밥을 먹었다.

(   )

100점 예상 문제

11 글쓴이의 의견을 파악하려면 어떻게 읽어야 하는지 알맞게 말한 친구에게 ○표를 하시오.

(1) 글쓴이가 무슨 말을 하고 싶어 하는지 생각하며 읽어야 해.

(2) 글을 쓴 사람의 입장에서 읽으면 내용을 이해하는 데 방해가 돼.

(   )   (   )

12~13 다음 글을 읽고, 물음에 답하시오.

자 부인	옷감의 넓고 좁음, 길고 짧음을 알아야 해.
바늘 각시	내가 있어야 꿰매고 옷을 만들 수 있어.
골무 할미	아씨 손을 다치지 않게 해야 해.
다리미 소저	구겨지고 접힌 곳을 펴 줘야 옷의 맵시가 나.
가위 색시	옷감을 잘라야 바느질을 할 수 있어.
홍실 각시	실이 있어야 바늘이 일을 할 수 있어.
인두 낭자	울퉁불퉁한 구석을 살펴 모양을 잡아 줘야 해.

8. 의견이 있어요

12 아씨방의 일곱 동무들은 무엇을 이야기하고 있습니까? (　　　)

① 아씨의 흉을 보고 있다.
② 자신이 가장 중요하다고 하고 있다.
③ 서로의 단점을 이야기해 주고 있다.
④ 아씨에 대한 불만을 이야기하고 있다.
⑤ 자신이 가장 화가 난 경험을 말하고 있다.

8. 의견이 있어요

13 바늘 각시의 의견에 대한 까닭은 무엇인지 쓰시오.

_____

14~15 다음 글을 읽고, 물음에 답하시오.

우리는 지구를 깨끗하게 하려고 노력해야 합니다. 왜냐하면 지구는 앞으로도 우리가 살아갈 터전이기 때문입니다. 그런데 우리가 한 번 쓰고 난 뒤에 무심코 버리는 일회용품은 지구를 병들게 합니다. 일회용품은 평소에 사람들이 자주 쓰는 비닐봉지, 일회용 컵, 일회용 나무젓가락 따위를 말합니다. 그러므로 일회용품을 덜 쓰려면 다음과 같은 일을 실천해야 합니다.

첫째, 비닐봉지를 적게 써야 합니다. 왜냐하면 전 세계에서 매년 사용하고 버리는 비닐봉지 양이 매우 많기 때문입니다. 이것을 처리하려면 돈이 많이 듭니다. 그냥 두면 없어지는 데 500년이 넘게 걸립니다. 그러므로 물건을 사거나 담을 때에는 여러 번 쓸 수 있는 가방이나 장바구니를 활용해야 합니다.

둘째, 일회용 컵을 적게 써야 합니다. 왜냐하면 일회용 컵은 쓰기는 간편하지만 낭비하기 쉽기 때문입니다. 이렇게 낭비하면 일회용 컵 재료가 되는 나무나 플라스틱이 많이 필요하기 때문에 환경을 더 파괴할 수 있습니다. 그러므로 일회용 컵 대신에 여러 번 쓸 수 있는 컵을 사용해야 합니다.

8. 의견이 있어요

14 지구를 깨끗하게 하려고 노력해야 하는 까닭은 무엇인지 찾아 쓰시오.

_____

_____

8. 의견이 있어요

15 일회용 컵 사용을 줄이기 위해서 어떻게 해야 하는지 쓰시오.

_____

16~17 다음 글을 읽고, 물음에 답하시오.

석주명이 나비를 채집하려고 지리산에 갔을 때의 일입니다. 저만치 흑갈색 바탕 위에 흰무늬가 있는 날개를 단 나비가 눈에 띄었습니다.

'처음 보는 나비인데…….'

석주명은 숨을 죽인 채 살금살금 다가갔습니다. 그 순간 나비는 팔랑거리며 날아가 버렸습니다.

'저것은 지금까지 발견되지 않았던 나비야.'

나비가 나는 모습만 보아도 암컷인지 수컷인지 알 수 있는 석주명이었습니다. 그는 가슴이 두근거렸습니다.

나비는 잡힐 듯 잡힐 듯 하면서도 계속 날아갔습니다. 석주명은 있는 힘을 다해 나비를 뒤쫓았으나 나비는 어디론가 사라져 버렸습니다.

'어떻게 해서든지 저 나비를 꼭 잡아야 해.'

석주명은 나비를 찾으려고 풀숲도 헤쳐 보고 나뭇가지도 흔들어 보며 온 산을 헤매고 다녔습니다. 여기저기 부딪쳐 멍이 들고 나뭇가지에 살갗이 긁혀 피가 흘렀습니다.

그러기를 여러 시간, 그는 마침내 나비를 잡을 수 있었습니다.

9. 어떤 내용일까

16 석주명이 중요하게 생각하는 것은 무엇인지 빈칸에 알맞은 말은 무엇입니까? (   )

> 석주명은 나비를 좋아하고, 특히 [   ] 일을 아주 중요하게 생각한다. 그래서 오랫동안 몸을 다쳐 가며 나비를 잡았던 것 같다.

① 산을 탐험하는   ② 지리산을 지키는
③ 나비를 보호하는   ④ 새로운 나비를 찾는
⑤ 지리산의 나비를 모으는

서술형

9. 어떤 내용일까

17 이 글에 나타난 석주명과 비슷한 자신의 경험을 떠올려 쓰시오.

_____

_____

18~19 다음 글을 읽고, 물음에 답하시오.

그런데 장군이 옆을 지날 때였어.

'난 왜 이렇게 공부를 못하지? 공부를 좀 잘하면 얼마나 좋을까?'

만복이는 장군이를 진심으로 도와주고 싶었어.

"장군아, 내가 좀 도와줄까?"

만복이가 물었어.

"네가 뭘 도와줘?"

장군이는 눈을 치켜뜨고 만복이를 노려보았어.

"다음에는 시험 잘 볼 수 있게 내가 공부 좀 가르쳐 줄게."

만복이가 말을 마치자마자 곧바로 장군이의 주먹이 날아오지 뭐야.

"너 나한테 죽고 싶어? 이게 어디서 잘난 척이야."

만복이는 또 코피가 터졌어. 만복이는 너무 화가 나서 주먹을 꼬옥 쥐었어. 그런데 장군이의 생각이 다시 들려오지 뭐야.

'아이, 때리려고 그런 게 아닌데……. 만복이가 또 코피 나잖아. 정말 아프겠다. 난 왜 이렇게 만날 사고만 치지? 난 정말 나쁜 애야.'

㉠만복이는 쥐고 있던 주먹을 풀었어. 장군이의 마음을 알자 미운 마음이 눈 녹듯 사라져 버렸거든.

100점 예상 문제

10. 문학의 향기

18 장군이의 고민은 무엇입니까? (   )

① 예뻐지고 싶다.   ② 키가 크고 싶다.
③ 공부를 잘하고 싶다.   ④ 노래를 잘하고 싶다.
⑤ 친구들과 사이좋게 지내고 싶다.

10. 문학의 향기

19 ㉠에 나타난 만복이의 마음은 무엇인지 쓰시오.

장군이를 (   ) 마음

서술형

10. 문학의 향기

20 이야기에서 재미있거나 감동적인 부분을 찾는 방법을 한 가지 쓰시오.

_____

_____

1 다음은 무엇에 대한 설명인지 쓰시오.

1. 재미가 톡톡톡

> 눈으로 보고, 귀로 듣고, 입으로 맛보고, 코로 냄새를 맡는 것과 같이 표현하는 것.

(   )

2~3 다음 시를 읽고, 물음에 답하시오.

> 누가 잘 익은 콩을
> 저렇게 쏟고 있나
>
> 또로록 마당 가득
> 실로폰 소리 난다
>
> ㉠소나기 그치고 나면
> 하늘빛이 더 맑다

1. 재미가 톡톡톡

2 시를 읽고 다음과 같이 느꼈습니다. 이 시의 어느 부분을 보고 한 생각일지 찾아 쓰시오.

> 비가 내리는 모습이 음표가 떨어지는 것처럼 들려.

---

1. 재미가 톡톡톡

3 ㉠을 읽고 떠올릴 수 있는 풍경에 ○표를 하시오.

(1)   (2)

(   )   (   )

4~5 다음 글을 읽고, 물음에 답하시오.

우리 조상은 여러 가지 한과를 만들어 먹었습니다. 한과는 전통 과자를 말합니다. 한과에는 약과, 강정, 엿처럼 여러 가지가 있습니다. 요즘에는 한과를 주로 시장에서 사 먹지만, 옛날에는 한과를 집에서 만들어 먹었습니다.

약과는 밀가루를 꿀과 기름 따위로 반죽해 기름에 지진 과자입니다. 꿀물이나 조청에 넣어 두어 속까지 맛이 배면 꺼내어 먹습니다. 지금은 국화 모양을 본떠서 많이 만들지만, 옛날에는 새, 물고기 같은 모양을 본떠서 많이 만들었다고 합니다. 약과를 만들 때에는 만들고 싶은 모양으로 나무를 파서, 반죽한 것을 그 속에 넣어 찍어 냅니다.

강정은 찹쌀가루를 반죽해 기름에 튀긴 뒤에 고물을 묻힌 과자입니다. 찹쌀가루를 반죽할 때에는 꿀과 술을 넣습니다. 그런 다음에 끈기가 생길 때까지 반죽을 쳐서 갸름하게 썰어 말린 뒤 기름에 튀깁니다. 깨, 잣가루, 콩가루와 같은 고물을 묻혀 먹습니다.

엿은 곡식이나 고구마 녹말에 엿기름을 넣어 달게 졸인 과자입니다. 엿을 만드는 데 쓰이는 곡식으로는 쌀, 찹쌀, 옥수수, 조 따위가 있습니다.

---

2. 문단의 짜임

4 전통 과자가 <u>아닌</u> 것을 골라 기호를 쓰시오.

▲ 꿀   ▲ 엿

▲ 강정   ▲ 약과

(   )

---

2. 문단의 짜임

5 이 글의 첫 번째 문단의 중심 문장을 찾아 쓰시오.

3. 알맞은 높임 표현

6 다음 가운데에서 높임 표현을 쓰지 않아도 되는 상황은 무엇입니까? (   )

①

②

③

④

⑤

3. 알맞은 높임 표현

7 빨간색으로 표시된 부분을 바르게 고쳐 쓰시오.

이 신발이 요즘 인기 있는 신발이세요.

(   ).

3. 알맞은 높임 표현

8 높임 표현을 사용해야 하는 때는 언제가 있는지 한 가지 쓰시오.

_____

_____

9~10 다음 이야기를 읽고, 물음에 답하시오.

"어머니, 제 곰돌이 머리핀 못 보셨어요?"
책상 위에 놓아두었던 머리핀이 보이지 않았다.
"머리핀? 조금 전에 민주가 꽂고 유치원에 갔는데……."
"제 머리핀인데 왜 민주가 하고 갔어요?"
"네가 일찍 일어나서 챙기지 않으니 그런 일이 생기지. 오늘은 그냥 다른 것으로 하고 가. 그러다 지각하겠다."
민주가 내 물건을 마음대로 가져간 건데 어머니께서는 내 탓이라고 하신다.
어머니께서는 늘 동생 편만 드신다.
"오늘 물감 가져가야 한다고 하지 않았어? 가방에 잘 넣었어?"
가방을 메고 방을 나서는데 어머니께서 또 말씀하셨다. 나는 어머니 말씀에 대꾸도 하지 않고 집을 나섰다.
학교에 왔는데 기분이 좋지 않았다.
"민서야. 이것 봐라. 어머니께서 새 물감 사 주셨다."
내 짝 정아가 새로 산 물감을 가방에서 꺼내며 자랑했다. 나는 괜히 짜증이 났다. 맞다. '그림물감'. 가방을 살펴봤다. 물감이 없었다. 아침에 분명 챙겼는데 보이지 않았다. 그때서야 신발 신을 때 물감을 현관에 두고 온 것이 떠올랐다.

4. 내 마음을 편지에 담아

9 학교에 가기 전에 민서에게 어떤 일이 있었습니까? (   )

① 동생과 다투었다.
② 머리핀을 잃어버렸다.
③ 배가 아파서 학교에 가기 싫었다.
④ 준비물을 까먹고 가져오지 않았다.
⑤ 어머니께서 동생 편만 드셔서 화가 났다.

4. 내 마음을 편지에 담아

10 정아가 새로 산 물감을 자랑하자 민서는 왜 짜증이 났을지 쓰시오.

100점 예상 문제

5. 중요한 내용을 적어요

11 메모가 필요한 상황으로 알맞지 <u>않은</u> 것을 찾아 ×표를 하시오.

⑴ 좋은 생각이 떠오른 상황 ( )

⑵ 심부름을 갈 때 기억할 게 많은 상황 ( )

⑶ 어머니와 학교에서 있었던 일을 얘기하는 상황 ( )

12~13 다음 글을 읽고, 물음에 답하시오.

(가)
> 악기는 타악기, 현악기, 관악기로 나눌 수 있어요. 타악기는 두드리거나 때려서 소리를 내는 악기로 타악기에는 장구나 큰북 등이 있으며, 현악기는 줄을 사용하는 악기로 현악기에는 가야금이나 바이올린 등이 있어요. 그리고 관악기는 입으로 불어서 소리를 내는 악기로 관악기에는 단소나 트럼펫 등이 있어요.

(나)

5. 중요한 내용을 적어요

12 무엇에 대해 쓴 글입니까? ( )

① 악기의 종류　　② 악기의 소리
③ 악기의 이름　　④ 악기의 크기
⑤ 악기의 쓰임새

5. 중요한 내용을 적어요

13 글 (가)와 (나)의 차이점은 무엇인지 바르게 이야기한 것에 ○표를 하시오.

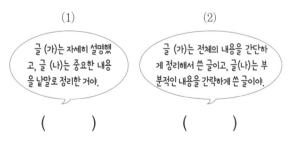

⑴ 글 (가)는 자세히 설명했고, 글 (나)는 중요한 내용을 낱말로 정리한 거야.

⑵ 글 (가)는 전체의 내용을 간단하게 정리해서 쓴 글이고, 글 (나)는 부분적인 내용을 간략하게 쓴 글이야.

( )　　( )

14~15 다음 글을 읽고, 물음에 답하시오.

> "선생님, 교실에서 키워요."
> "그래야겠구나. 날 수가 없으니 잘 날 수 있을 때까지만 키우자."
> "그럼 아기 참새도 우리 반이네요?"
> "참새 이름을 정해요."
> 아이들은 앞다투어 그럴 듯한 이름들을 말했습니다. 선생님께서는 아이들이 말한 이름들을 모두 칠판에 쓰셨습니다. 많은 이름 가운데서 '짹짹콩콩'으로 부르자는 아이가 가장 많았습니다.
> 아기 참새는 자기 이름에 맞게 짹짹거리며 콩콩 뛰어다녔습니다.
> "짹짹!" / "콩콩!"
> 아이들은 아기 참새를 따라다니며 번갈아 이름을 불렀습니다.
> 그날 저녁이었습니다. 승호는 교실에 혼자 남겨 두고 온 짹짹콩콩이 걱정 되어 잠을 이룰 수가 없었습니다. 걱정을 하던 승호는 살그머니 밖으로 나왔습니다. 그리고 학교를 향해 달렸습니다. 승호는 조금 무서웠지만 조심조심 복도를 걸어 교실로 갔습니다.
> "어?"
> 승호는 두 눈을 동그랗게 떴습니다. 교실에는 선생님과 여러 명의 아이가 와 있었습니다.

6. 일이 일어난 까닭

14 승호가 엄마께 아기 참새에 대한 일을 말씀드렸습니다. 엄마가 이해하시지 <u>못한</u> 까닭은 무엇인지 쓰시오.

> • 승호: 교실에서 참새를 키우기로 했어요.
> • 엄마: 참새를 교실에서 키운다고?

_____

_____

6. 일이 일어난 까닭

15 승호네 반 친구들이 저녁에 교실에 온 까닭은 무엇일지 쓰시오.

_____

7. 반갑다, 국어사전

16 다음 낱말 가운데에서 국어사전에 세 번째로 싣는 낱말은 무엇인지 쓰시오.

안개꽃	모자	사람
가방	타조	허수아비

(   )

17~18 다음 글을 읽고, 물음에 답하시오.

오성의 집 마당에 있는 큰 감나무에는 빨간 감이 탐스럽게 열려 있었습니다. 이 감나무 가지는 담 너머 옆집인 권 판서 댁까지 뻗어 있었습니다.

"야, 저 감 참 맛있겠다!"

한음이 담 너머에 있는 감을 가리키며 말했습니다. 오성은 한음의 마음을 알아채고 감을 따려고 했습니다.

"우리 집 감을 왜 허락도 없이 따려고 하시오?"

옆집 하인이 말했습니다.

"무슨 말인가? 우리 감나무에 달린 감이야."

"도련님 댁 감이라고요? 그건 우리 감이에요. 보시다시피 우리 집으로 가지가 넘어왔잖아요."

옆집 하인이 그쪽으로 넘어간 감나무 가지를 자기네 것이라고 우기며 감을 따지 못하게 했습니다.

"그런 경우가 어디 있나? 그 감은 우리 것이네. 아무리 담 너머로 가지가 넘어갔어도 감나무는 우리 집에서 심고 가꾸었기 때문이야."

8. 의견이 있어요

17 오성과 하인이 다투는 까닭으로 알맞은 것에 ○표를 하시오.

(1) 오성이 하인에게 감을 던졌다. (   )

(2) 감이 서로 자기의 것이라고 우겼기 때문이다. (   )

8. 의견이 있어요

18 하인이 감을 따지 못하게 하는 의견에 대한 까닭은 무엇인지 쓰시오.

_____

_____

9. 어떤 내용일까

19 파란색으로 표시된 낱말의 비슷한 낱말을 떠올려 쓰시오.

아이들은 오른손을 들고 닉이 쓴 서약서를 읽었다.

나는 오늘부터 영원히 펜이라는 말을 쓰지 않겠다. 그 대신 프린들이란 말을 쓸 것이며, 다른 사람들도 그렇게 하도록 최선을 다할 것을 맹세한다.

여섯 명 모두 서약서에 서명을 했다. 닉의 프린들로.

이 계획은 꼭 성공할 것이다.

(   )

10. 문학의 향기

20 다음 시를 읽고 재미있거나 감동적인 부분을 찾고 그 까닭을 쓰시오.

그냥 놔두세요.
하루 종일
말똥구리는
말똥을 굴리게.
하루 종일
베짱이는
푸른 나무 그늘에서
노래 부르게.

하루 종일
사과나무에는
사과 열매가 열리게.
달팽이는
느릅나무 잎에서
하루 종일
꿈을 꾸게.

「그냥 놔두세요」, 이준관

(1) 재미있거나 감동적인 부분	
(2) 그 까닭	

교과서에 실린 작품

실린 단원	영역	제재 이름	지은이	나온 곳
1 재미가 톡톡톡	국어	소나기	오순택	『꽃 발걸음 소리』, 아침마중, 2016.
		공 튀는 소리	신형건	『아! 깜짝 놀라는 소리』, ㈜푸른책들, 2016.
		바삭바삭 갈매기	전민걸	『바삭바삭 갈매기』, 한림출판사, 2014.
		으악, 도깨비다!	손정원	『으악, 도깨비다!』, (주) 느림보, 2002.
		강아지 풀	강현호	『바람의 보물찾기』, 청개구리, 2011.
	국어 활동	산 샘물	권태응	『감자꽃』, 보물창고, 2014.
4 내 마음을 편지에 담아	국어	2번 글(원제목: 「리디아의 정원」)	사라 스튜어트 글, 이복희 옮김	『리디아의 정원』, 시공주니어, 1998.
	국어 활동	리디아의 정원	사라 스튜어트 글, 이복희 옮김	『리디아의 정원』, 시공주니어, 1998.
5 내용을 정리해요	국어	민화 (원제목: 「민화와 불화의 매력」)	장세현	『한눈에 반한 우리 미술관』, ㈜사계절출판사, 2012.
		플랑크톤이란?	김종문	『플랑크톤의 비밀』, (주) 예림당, 2015.
6 일이 일어난 까닭	국어	행복한 짹짹콩콩이	박성배	『행복한 비밀 하나』, ㈜푸른책들, 2012.
		하늘을 나는 거북	한국교육 방송공사	한국교육방송공사, 『생각이 자라나는 동화-하늘을 나는 거북이』
7 반갑다, 국어사전	국어	먹을 수 있는 꽃 요리	오주영	『명절 속에 숨은 우리 과학』, 시공주니어, 2009.
8 의견을 찾아요	국어	아씨방 일곱 동무	이영경	『아씨방 일곱 동무』, (주) 비룡소, 1998.
9 어떤 내용일까	국어	다람쥐는 왜 쉬지 않고 딱딱한 걸 갉아 댈까요?	왕입분	『개구쟁이 수달은 무얼 하며 놀까요?』, 재능아카데미, 2006.
		프린들 주세요	앤드루 클레먼츠 글, 햇살과 나무꾼 옮김	『프린들 주세요』, ㈜사계절출판사, 2001.
		반딧불이	김태우 · 함윤미	『알고 보면 더 재미있는 곤충 이야기』, 뜨인돌어린이, 2006.
		나비 박사 석주명	조신애	『아프리카 까마귀, 석주명』, 한국차일드아카데미, 2012.
		지진 발생 시 장소별 행동 요령		행정안전부 누리집(http://mois.go.kr)
	국어 활동	담쟁이덩굴은 뿌리 덕분에 벽에 잘 달라붙는다?	김진옥	『씨앗부터 나무까지 식물이 좋아지는 식물책』, 다른세상, 2011.
10 문학의 향기	국어	빗길	성명진	『축구부에 들고 싶다』, ㈜창비, 2011.
		만복이네 떡집	김리리	『만복이네 떡집』, ㈜비룡소, 2010.
	국어 활동	바위나리와 아기별	마해송	『바위나리와 아기별』, 길벗어린이㈜, 1998.

선생님이 강력 추 천하는

개념+ PLUS
단원평가

국어

정답과 풀이

3-1

정답과 풀이

1 재미가 톡톡톡

개념을 확인해요
11쪽

1 감각적   2 귀   3 생생하게   4 이야기   5 내용
6 마음   7 장면   8 감각적   9 장이   10 장이,
쟁이

개념을 다져요
12~13쪽

1 ⑤   2 감각적 표현   3 ③   4 ⑩ 이야기책에서
감각을 살려 어떻게 표현했는지를 주의 깊게 읽는다.
5 ③   6 ③   7 (1) ㉡ (2) ㉠

풀이

1 '미끌미끌하다'는 외부의 자극이 피부 감각을 통하여
  전해지는 촉감을 표현한 것으로 손으로 느낀 느낌을
  표현한 것입니다.
2 추상적인 것을 구체적인 감각을 활용해 생생하게 표
  현하는 것입니다.
3 감각적 표현을 사용하면 더 생생하고 실감 나게 표
  현할 수 있습니다.
4 이야기 속 인물이 느낀 것을 감각적으로 표현한 부
  분을 찾아봅니다.
5 이야기의 내용도 정확하게 알고 있어야 이야기에 대
  한 생각이나 느낌을 이야기할 수 있습니다.
6 시를 읽을 때 리듬감을 살려 읽어야 느낌을 잘 살릴
  수 있습니다.
7 '-장이'와 '-쟁이'를 구분하여 씁니다.

1회 단원 평가 도전
14~17쪽

1 봄꽃   2 ①   3 (1) 개나리가 피는 소리 (2) 진달래
가 피는 소리   4 ③   5 (2) ○   6 ①   7 비슷하게
8 ⑩ 비가 내리는 모습이 더 생생하고 실감 나게 느
껴진다.   9 ⑤   10 ⑩ 그건 마치 훌쩍 날아오른 뒤
에 바다 한쪽이 "쿵!" 무너져 내린 거대한 구멍 속으
로 바닷물과 함께 빨려 드는 느낌이었어.   11 ②, ⑤
12 ②   13 ⑩ 과자   14 ②   15 날이 밝은 줄도
모르고 숨어 있어서   16 ⑤   17 살랑살랑   18 ①,
② 19 (1) ㉡ (2) ㉠   20 (1) 옹기장이 (2) 멋쟁이

풀이

1 봄의 느낌에 대하여 이야기하고 있습니다.
2 진희는 개나리가 노랗게 불을 켜고 진달래가 분홍빛
  물을 들였다며 눈으로 본 것을 감각적으로 표현하였
  습니다.
3 진수는 봄의 느낌을 소리로 표현하였습니다.
4 눈으로 보고, 귀로 듣고, 입으로 맛보고, 코로 냄새
  맡고, 손으로 만지면서 느낀 사물에 대한 느낌을 생
  생하게 표현한 것을 감각적 표현이라고 합니다.
5 땅에서 새싹이 나오는 모습을 표현한 말을 찾습니다.
6 이 시의 제목은 「소나기」입니다.
7 비유하는 두 대상 사이에는 서로 닮은 점이 있어야
  합니다.
8 ㉠은 비가 내리는 모습을 더 생생하게 만들어 주는
  감각적 표현입니다.
9 갈매기들은 사람들이 던져 주는 바삭바삭을 먹기 위
  해서 큰 배를 따라갔습니다.

더 알아볼까요!

> 시에 나타난 감각적 표현은 대상을 직접 보거나 듣는 것처럼 생
> 생하게 느껴지도록 합니다.

10 감각적 표현을 사용하면 더 실감 나게 표현할 수 있
   습니다.
11 ②는 놀란 상태를 표현한 것입니다.
12 ㉠은 놀란 갈매기의 감각적 상태를 표현한 감각적
   표현입니다.
13 갈매기들이 처음 과자를 먹는 순간을 재미있게 표현
   한 글입니다.
14 밤이 되면 팔다리가 생겨 마음껏 뛰어놀 수 있기 때
   문입니다.
15 장승들은 날이 밝기 전에 제자리로 돌아오지 않으면
   꼼짝할 수 없습니다.
16 '나'는 강아지풀이 살랑살랑 흔들리는 것을 보고 정
   답게 부르면 쫓아올 것 같다고 생각했습니다.
17 강아지풀이 바람에 흔들리는 모습을 '꼬리를 살랑살
   랑'이라고 표현하였습니다.
18 감각적 표현은 사물에 대한 느낌을 생생하게 표현한
   것입니다.
19 대장장이는 '대장일을 하는 기술직 노동자.'를 말합니
   다. 기술을 가진 사람 뒤에 붙는 것이 '-장이'입니다.
20 '-장이'와 '-쟁이'의 차이를 살펴봅니다.

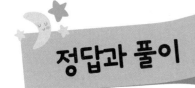

정답과 풀이

1 ③ 2 ② 3 ⑤ 4 ⑩ 잠들려다가 공 튀는 소리를 듣고 깼고, 공이 내 몸속으로 들어가서 튀는 것처럼 느껴졌기 때문이다. 5 (2) ○ 6 감각적 표현
7 ㉠ 8 행복해서 바삭바삭을 꽉 물고 달렸다. 9 ② 10 ③ 11 ⑤ 12 ⑤ 13 (2) ○ 14 ①
15 ⑩ 이대로 마을을 영영 떠나게 될까 봐 두렵고 슬펐을 것이다. 16 강아지 17 (2) ○ (3) ○ 18 (1) 요요요 / 요요요요 (2) ⑩ 생생해 19 (1) 송송송 (2) 졸졸졸 20 ⑩ 산뜻한 느낌이 들어.

풀이 ▶

1 '나'는 이틀째 앓아누워 학교에 못 가고 잠에 취해 있습니다.

2 공 튀기는 소리를 표현하여 마치 귀에 들리는 듯한 느낌이 듭니다.

3 아파서 집에 누워 있지만 밖에 나가서 놀고 싶은 마음이 담긴 것을 찾습니다.

4 밖에 나가서 공놀이를 하고 싶은 마음을 표현했습니다.

5 실제로 공이 방 안으로 들어온 것은 아닙니다.

6 오감을 이용해서 사물을 실감 나게 표현하는 것은 '감각적 표현'입니다.

더 알아볼까요!

눈, 코, 입, 귀, 손으로 느껴지는 감각을 표현해 봅니다.
• 눈으로 보이는 모습: 봄눈을 표현해 봅시다.
  – ⑩ 작은 초록 주머니에 뒤덮인 하얀 솜털
• 코로 맡아지는 냄새: 귤 냄새를 표현해 봅시다.
  – ⑩ 향긋하고 은은하게 퍼지는 귤 향기
• 입에서 느껴지는 맛: 떡볶이의 맛을 표현해 봅시다.
  – ⑩ 입에서 불이 난 듯하다.
• 귀로 들리는 소리: 소라에서 들리는 소리를 표현해 봅시다.
  – ⑩ 쉬이익쉬이익 파도가 친다.
• 손으로 만져지는 느낌: 곰 인형의 느낌을 표현해 봅시다.
  – ⑩ 보들보들 폭신폭신 부드럽다.

7 ㉠은 오감을 이용한 '감각적 표현'으로 보기 어렵습니다.

8 주어진 글의 끝부분을 읽어 봅니다.

9 기차와 버스를 타고도 걸어서 반나절이나 가는 바람만 아는 깊은 산골에 장승 마을이 있습니다.

10 뻐드렁니 장승은 놀림을 받아서 마음이 언짢았을 것입니다.

11 장승들은 날이 밝으면 움직일 수 없습니다.

12 친구들이 놀러 왔지만 멋쟁이는 하나도 즐겁지 않았습니다.

13 멋쟁이 장승이 움직일 수 없는 부분입니다.

14 장승 친구들은 멋쟁이를 구하기 위해 도둑들에게 장승들이 살아 움직이는 모습을 보여 주며 놀래 주었습니다.

15 도둑들에게 잡혀갈 때의 마음을 상상하여 씁니다.

16 귀여운 강아지라고 표현했습니다.

17 2연에는 손으로 만져지는 느낌, 3연에는 소리가 들리는 듯한 느낌이 잘 드러나 있습니다.

18 귀로 들리는 듯한 소리를 흉내 내는 말로 표현한 것을 찾아봅니다.

19 '송송송'은 샘물이 샘솟는 모습을, '졸졸졸'은 샘물이 넘쳐흐르는 모습을 표현한 말입니다.

20 이 시의 내용, 떠오르는 장면, 분위기 등을 떠올려 봅니다.

1 2연 2 (1) 잘 익은 콩이 쏟아지는 소리 (2) ⑩ 소나기가 내리는 소리와 콩을 쏟는 소리가 비슷하게 느껴졌기 때문이다. 3 ⑩ 총총 내리는 봄비 4 ⑩ 얼굴에 곰팡이가 슬고 조금씩 썩어 가고 있었기 때문이다. 5 (1) 끝까지 마을을 지키겠다고 (2) 밤마다 자유롭게 움직일 수 6 ⑩ 평생 움직이지 못하고 썩게 될까 봐 두려웠습니다.

풀이 ▶

1 눈, 코, 귀, 입, 손의 오감 가운데 귀로 소리가 들리는 것처럼 표현한 부분을 찾아봅니다.

상	소리가 들리는 것처럼 표현한 부분을 찾아 정확하게 썼다.
중	청각이 아닌 다른 감각적 표현을 사용한 곳을 찾았다.
하	정답을 쓰지 못하였다.

2 1연을 잘 읽어 봅니다.

상 소나기가 내리는 감각적 표현을 찾아 정확하게 썼다.

중 소나기가 내리는 감각적 표현을 찾아 썼으나 문장이 어색하다.

하 정답을 쓰지 못하였다.

3 비가 내리는 모습을 보고 평소 떠오르는 감각적 표현이 있었다면 써 봅니다.

상 어울리는 감각적 표현을 정확하게 사용했다.

중 어울리는 감각적 표현을 사용하였으나 문장이 어색하다.

하 정답을 쓰지 못하였다.

4 멋쟁이는 이상해진 자신의 얼굴을 보고 엉엉 울었습니다.

상 인물이 한 행동을 잘 찾아 썼다.

중 인물이 한 행동을 썼으나 문장이 어색하다.

하 정답을 쓰지 못하였다.

5 옹기 할아버지와 한 약속을 잘 지켰기 때문에 장승 친구들은 밤마다 움직일 수 있었습니다.

상 이야기를 읽고 답을 정확하게 썼다.

중 이야기를 읽고 답을 썼으나 문장이 어색하다.

하 정답을 쓰지 못하였다.

6 인물이 이야기 속 상황에서 어떤 생각이나 느낌이 들었는지 물어볼 수 있습니다.

상 인물 면담하기 놀이 방법을 잘 이해하고 답을 썼다.

중 인물 면담하기 놀이 방법을 이해하고 답을 썼으나 문장이 어색하다.

하 정답을 쓰지 못하였다.

더 알아볼까요!

인물 면담하기 놀이 방법
1. 모둠에서 이야기 속 인물의 역할을 할 친구를 정한다.
2. 다른 친구들은 이야기 속 인물에게 할 질문을 정한다.
3. 이야기 속 인물이 된 친구는 다른 친구들의 질문에 답한다.
4. 인물이 이야기 속 상황에서 어떤 생각이나 느낌이 들었는지 물어볼 수 있습니다. 또 앞으로 어떻게 행동할 계획인지 물어볼 수도 있습니다.

---

2 문단의 짜임

개념을 확인해요 25쪽

1 중심 2 문단 3 한 4 줄 5 중심 6 뒷받침
7 하나 8 이해 9 예 10 안

개념을 다져요 26~27쪽

1 로봇은 여러 가지 일을 합니다. 2 문단 3 (2) ○
4 ③ 5 (1) ㄹ (2) ㄱ, ㄴ, ㄷ 6 예 선생님은 학생들을 가르치는 직업이다. 7 안

풀이

1 글쓴이가 하려는 말이 무엇인지 찾아봅니다.
2 문단에는 한 개의 중심 문장이 있습니다.
3 한 문단에는 하나의 중심 생각을 담습니다.
4 문단에서 예를 들어서 설명하는 것은 뒷받침 문장입니다.
5 ㄹ이 중심 문장이고 나머지는 모두 뒷받침 문장입니다.

더 알아볼까요!

문단의 내용을 대표하는 문장을 중심 문장이라고 합니다. 중심 문장은 항상 문단에 첫 부분에 있는 것은 아닙니다. 문단의 시작과 끝을 잘 살펴봅니다. 간혹 문단의 중간에 위치하기도 합니다.

6 중심 문장을 자세히 설명할 수 있는 문장을 떠올려 씁니다.
7 뒤에 오는 말의 반대 뜻을 나타낼 때에는 '안'으로 쓰는 것이 바른 표기입니다.

1회 단원 평가 도전
28~31쪽

1 ⑤   2 도둑이 집에 들어오는지 살피는, 의료용 로봇   3 로봇은 여러 가지 일을 합니다.   4 장승은 여러 가지 구실을 했습니다.   5 ③, ⑤   6 ②   7 ②, ④, ⑤   8 불은 원시인들의 삶을 크게 바꾸어 놓았습니다.   9 ㉣   10 예 한 칸 들여쓰기를 한 곳이 세 군데이다.   11 (1) 강정은 찹쌀가루를 반죽해 기름에 튀긴 뒤에 고물을 묻힌 과자입니다. (2) 엿은 곡식이나 고구마 녹말에 엿기름을 넣어 달게 졸인 과자입니다.   12 ①   13 엿치기   14 예 바다에서 얻는 것   15 ⑤   16 (1) ㉠ (2) ㉡, ㉢, ㉣   17 ①   18 예 우리 주변에는 다양한 직업이 있습니다.   19 (1) 안 갔다 (2) 안 나아서   20 (1) 안 (2) 않고 (3) 않았다면

풀이 ▶

1 그림 ❶에서 이모가 한결이에게 '여기가 로봇 박물관이란다.'라고 말씀하신 것을 보면 알 수 있습니다.

2 한결이가 보고 온 로봇과 그 로봇들이 하는 일을 찾아 씁니다.

3 로봇이 하는 일에 대해 말하고 있습니다.

4 전체적인 문단의 내용을 가장 잘 표현한 문장을 찾아봅니다.

5 장승은 나그네에게 길을 알려 주고 마을과 마을 사이를 구분해 줍니다.

6 이 글에서는 첫 번째 문장이 중심 문장이고 나머지는 뒷받침 문장입니다.

더 알아볼까요!

문단의 구조를 알아봅시다.

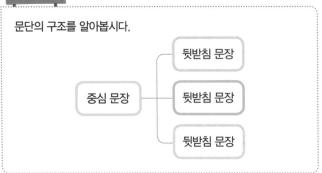

7 장승의 모습에는 할아버지처럼 친근한 얼굴도 있고 도깨비처럼 무서운 얼굴도 있으며 우스꽝스러운 장난꾸러기 얼굴을 한 장승도 있다고 하였습니다.

8 문단의 내용을 대표하는 문장을 찾아 씁니다.

9 중심 문장인 ㉠이 중심 생각을 나타냅니다.

10 문단을 구분하는 방법을 생각하며 나누어 봅니다.

11 각 문단의 내용을 대표하는 문장을 찾습니다.

12 강정을 만드는 차례를 정리하여 봅니다. ③ → ⑤ → ④ → ② → ①의 차례로 강정을 만든다는 점을 알아 둡니다.

13 옛날에는 가락엿을 부러뜨려, 그 속의 구멍이 더 많고 더 큰 쪽이 이기는 엿치기라는 놀이를 하기도 하였습니다.

14 우리가 바다에서 얻는 것을 이야기하고 있습니다.

15 뒷받침 문장은 중심 문장을 구체적으로 설명하는 문장이어야 알맞습니다.

16 ㉠이 중심 문장이고 나머지는 모두 뒷받침 문장입니다.

17 ㉠은 중심 문장으로 문단을 대표하는 내용을 담고 있습니다.

18 문단에서 가장 중요한 내용을 중심 문장으로 삼아야 합니다.

19 뒤에 오는 말과 반대의 뜻을 나타낼 때에는 '안'으로 쓰는 것이 바른 표기이므로 '안 갔다', '안 나아서'로 써야 합니다.

20 '안'과 '않'의 쓰임을 잘 구분합니다.

2회 단원 평가 실전

32~35쪽

1 감시용   2 (1) ㉠ (2) ㉡   3 두   4 ③, ④   5 나무나 돌에 사람의 얼굴 형태를   6 (1) 우리나라에는 명절마다 하는 놀이가 있습니다. (2) 정월 대보름에는 쥐불놀이를 합니다. (3) 단오에는 씨름이나 그네뛰기를 합니다.   7 예 언니가 시험을 볼 때 부모님께서 엿을 사 주셔서 엿을 먹은 적이 있다.   8 한과   9 ④   10 ㉢ → ㉠ → ㉡   11 처음   12 (2) ○   13 가락엿을 부러뜨려, 그 속의 구멍이 더 많고 더 큰 쪽이 이기는 놀이다.   14 ③   15 (2) ○   16 ①   17 지수   18 예 가을이 되면 가을의 전령사 잠자리를 볼 수 있다.   19 (1) 동물들은 보호색으로 자신의 몸을 지킵니다. (2) 나뭇잎을 기어 다니는 애벌레는 초록색이어서 눈에 잘 띄지 않습니다. (3) 카멜레온은 주변 환경에 따라 색깔을 바꾸는 대표 동물입니다.   20 ②

풀이

1 감시용 로봇이 도둑이 들어오는지 감시합니다.

2 로봇이 하는 일을 종류에 따라 알려 주고 있습니다.

3 장승의 역할을 설명한 부분과 장승의 모습을 설명한 부분으로 구분할 수 있습니다.

더 알아볼까요!
> 문단은 생각의 단위로, 여러 문장으로 이루어진 문단은 하나의 생각을 나타냅니다.

4 한 문단에는 한 개의 중심 내용이 있습니다. 이 글은 장승이 중요한 역할을 한 것과 장승의 모습이 다양하다는 두 개의 중심 문장이 있습니다.

5 장승은 아주 다양한 모습을 하고 있다고 하였습니다.

6 ⑴에는 중심 문장을 ⑵, ⑶에는 뒷받침 문장을 쓰도록 합니다. 중심 문장은 글의 처음에만 있지 않습니다.

7 전통 과자를 먹어 본 경험을 떠올려 씁니다.

8 우리 조상이 만들어 먹던 전통 과자는 한과입니다.

9 약과의 모양과 만드는 방법에 대해 설명하였습니다.

10 약과는 밀가루를 꿀과 기름 등으로 반죽하여 기름에 지진 과자입니다. 꿀물이나 조청에 넣어 두어 속까지 맛이 배면 꺼내어 먹습니다.

11 이 글은 두 개의 문단 모두 중심 문장은 첫 번째 문장입니다.

12 한과 가운데에서 강정에 대한 설명입니다.

13 엿치기의 뜻을 찾아봅니다.

14 ③은 산에서 얻을 수 있는 것을 뒷받침하는 내용입니다.

15 ㉠은 중심 생각을 나타내는 중심 문장입니다.

16 이 글에서는 공으로 하는 운동의 예를 들어서 중심 문장을 뒷받침하고 있습니다.

17 문단에서 가장 중요한 내용을 중심 문장으로 써야 합니다.

18 곤충의 종류를 생각해 보고 중심 문장에 대한 예를 듭니다.

더 알아볼까요!
> 가지나 잎이 나무의 기둥에 붙어서 나무를 이루는 것처럼 뒷받침 문장은 중심 문장을 구체적으로 설명하기도 하고, 예를 들어 설명하기도 합니다.

19 중심 문장과 뒷받침 문장을 구분합니다.

20 뒷받침 문장을 대표할 수 있는 내용을 고릅니다.

창의서술형 평가

36～37쪽

1 ⑴ 밀가루를 꿀과 기름 따위로 반죽한다. ⑵ 기름에 지진다. ⑶ 꿀물이나 조청에 넣어 둔다.　2 지금은 국화 모양을 본떠서 많이 만들지만, 옛날에는 새, 물고기 같은 모양으로 만들었다.　3 ⑴ 곡식이나 고구마 녹말에 엿기름을 넣어 달게 졸인다. ⑵ 고구마, 쌀, 찹쌀, 옥수수, 조, 엿기름, 호두, 깨, 콩 등　4 예 다양한 직업에 대해 쓰고 싶다.　5 풀이 참조　6 예 우리 주변에는 다양한 직업이 있다. 우리의 안전을 지켜 주시는 경찰관이 있다. 우리를 가르쳐 주시는 선생님이 있다. 또 맛있는 음식을 만들어 주시는 요리사도 있다.

풀이

1 약과는 밀가루를 꿀과 기름 등으로 반죽해 기름에 지진 과자입니다. 꿀물이나 조청에 넣어 두어 속까지 맛이 배면 꺼내어 먹습니다.

> **상** 글을 읽고 약과를 만드는 과정을 차례대로 정확하게 썼다.
>
> **중** 글을 읽고 약과를 만드는 과정을 차례대로 정확하게 썼지만 문장이 어색하다.
>
> **하** 정답을 쓰지 못하였다.

2 옛날에 만들어 먹던 약과와 요즈음 만들어 먹는 약과는 모양이 달랐습니다.

> **상** 차이점을 정확하게 썼다.
>
> **중** 차이점을 썼으나 문장이 어색하다.
>
> **하** 정답을 쓰지 못하였다.

3 엿을 만드는 방법과 엿을 만들 때 필요한 재료로 나누어 정리합니다.

> **상** 글의 내용을 파악하여 메모를 잘 썼다.
>
> **중** 글의 내용을 파악하여 메모를 잘 썼으나 문장이 어색하다.
>
> **하** 정답을 쓰지 못하였다.

4 자신이 써 보고 싶은 것을 주위에서 찾아봅니다.

상 알려 주고 싶은 글의 주제를 잘 골랐다.

중 알려 주고 싶은 글의 주제를 잘못 골랐다.

하 정답을 쓰지 못하였다.

5

자신이 쓰고 싶은 것과 관련하여 소개할 수 있는 점을 생각해 봅니다.

상 자신이 알려 주고 싶은 내용에 맞는 소개할 점을 잘 골라 썼다.

중 자신이 알려 주고 싶은 내용에 맞는 소개할 점을 잘 고르지 못했다.

하 정답을 쓰지 못하였다.

더 알아볼까요!

무엇에 대해 글을 쓸지 생각한 다음 자신이 쓰고 싶은 것에 대해 자세히 알아봅니다. 그리고 자신이 쓸 내용을 생각그물로 정리해 봅니다. 자신이 쓸 내용을 가운데에 적고, 곁가지에 뒷받침 문장으로 쓸 것들을 적습니다.

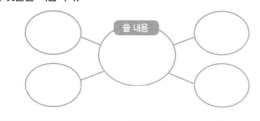

6 중심 문장과 뒷받침 문장의 관계를 생각하며 써 봅니다.

상 쓰고자 하는 글의 중심 문장과 뒷받침 문장을 구분하여 정확하게 썼다.

중 쓰고자 하는 글의 중심 문장과 뒷받침 문장을 구분하여 썼으나 문장이 어색하다.

하 정답을 쓰지 못하였다.

---

3 **알맞은 높임 표현**

개념을 확인해요 39쪽

1 높임 표현 **2** 공경 **3** 웃어른 **4** 누구에게 **5** 요 **6** 시 **7** 진지 **8** 물건 **9** ㅋ **10** 싸치

개념을 다져요 40~41쪽

1 높임 표현 **2** ④ **3** (1) 다녀왔습니다 (2) 습니다
4 ③ **5** 어머니께서 공원에 가신다. **6** 안코

풀이

1 웃어른께 공경하는 마음을 담아 하는 말로 상대방을 높여서 이르는 말은 높임 표현입니다.

2 웃어른에게 높임 표현을 사용합니다.

3 '-습니다'를 써서 문장을 끝맺어 높인 경우입니다.

4 사물(물건)은 높이는 높임 표현을 사용하지 않습니다.

5 '어머니'에 '께서'를 붙이고, '간다'는 '-시-'를 넣어 높임 표현으로 바꿉니다.

6 받침 'ㅎ'은 뒤따르는 소리에 따라 발음이 달라지는데 'ㄱ'을 만나면 [ㅋ]으로 발음됩니다.

1회 단원 평가 42~45쪽

1 ③ **2** 듣는 사람 **3** 요 **4** (1) ⓒ (2) ㉠ **5** ㉠
6 (1) ○ (2) ○ **7** ②, ③ **8** ⑩ 듣는 사람이 웃어른이기 때문이다. **9** (1) 진지 (2) 께 (3) 다녀왔습니다
10 ④ **11** 할머니께서도 한번 보실래요? **12** ⑩ 높임 표현을 바르게 사용해야 한다. **13** (2) ○ **14** ② **15** ㉯, ㉰ **16** (1) ⑩ 선생님을 높여 '선생님께서 뭐라고 하셨어?'라고 해야 하는데 '선생님이 뭐라고 했어?'라고 했다. (2) 정음아, 선생님께서 뭐라고 하셨어? **17** ⑤ **18** ③ **19** (1) 할머니 (2) 높임의 뜻이 있는 특별한 낱말을 사용하였어. **20** 싸치

풀이

1 높임 표현은 주로 웃어른을 공경하는 마음을 담아서 하는 말로 할아버지, 할머니, 부모님, 선생님 등 웃어른께 높임 표현을 사용해야 합니다.

더 알아볼까요!

어른과 대화할 때에는 바른 자세로 듣는 사람을 바라보며 말해야 합니다. 또 알맞은 높임 표현을 사용해서 예의 바르게 말해야합니다.

2 대화 ㉮는 듣는 사람이 동생이고, 대화 ㉯는 듣는 사람이 아버지입니다.

3 문장을 '요'로 끝맺어 듣는 사람을 높이기도 합니다.

4 대화 ㉮는 선생님, 대화 ㉯는 아버지를 높인 표현입니다.

5 모두 높임을 나타내는 '-시-'를 썼습니다.

6 '할아버지께서'에서 '께서'를 사용하였고, '오셨어요'에서 '-시-'를 넣었습니다.

7 ②의 '아버지께'와 ③의 '할아버지께'에서 '께'를 넣어 높임을 나타내었습니다.

8 '물어보다'는 친구나 동생에게 사용하고, '여쭈어보다'는 웃어른께 사용합니다.

9 '밥'의 높임 표현은 '진지'입니다.

10 듣는 사람이 좋아하는 낱말을 사용한다고 해서 높임을 나타낼 수 있는 것은 아닙니다.

11 '할머니께서도'에서 '께서'를, '보실래요'에서 '-시-'를 넣어 높임을 나타내는 것이 알맞습니다.

12 할머니께서는 정음이가 높임 표현을 바르게 사용하지 않고 바른 자세도 아니어서 기분이 좋지 않으실 것 같습니다.

13 동물, 사물 등에는 높임 표현을 사용하지 않습니다.

14 웃어른이거나 여러 명이 들을 때에는 높임 표현을 사용하여 말합니다.

15 웃어른께 여쭈어보는 상황이기 때문에 '드릴 말씀'이라고 해야 합니다.

16 선생님 뒤에 '께서'를 붙이고 선생님께서 말씀하신 것이므로 '하시다'로 표현하는 것이 알맞습니다.

17 '집'을 '댁'으로, '있으실까요'를 '계실까요'로 고쳐야 합니다.

18 '주다'의 높임 표현은 '드리다'입니다.

19 (1)에는 높인 대상을, (2)에는 높임을 나타낸 방법을 써야 합니다.

20 받침 'ㅎ'은 뒤따르는 소리에 따라 발음이 달라지는데 'ㅈ'을 만나면 [ㅊ]으로 발음됩니다.

1 (나), (라)   2 ②, ⑤   3 (3) ○ (4) ○   4 ②   5 (1) 다녀왔습니다 (2) 어머니   (3) 문장을 '–습니다'를 써서 끝맺었다.   6 ③   7 드릴게요   8 (1) 할아버지 (2) 높임의 뜻이 있는 특별한 낱말   9 ③   10 할머니, 여쭈어볼 것이 있어요.   11 (1) ○   12 지난겨울에 찍은 제 사진이에요. 할머니께서도 한번 보실래요?   13 ⑤   14 (1) ㉠ (2) ㉠   15 (2) ○   16 ⑤   17 오라고 하셔 / 오라셔   18 오시라고 → 오라고   19 (1) ①, ④ (2) ①   20 (1) 안코 (2) 싸치

풀이

1 대화 ㉯에서는 선생님을, 대화 ㉣에서는 어머니를 높인 표현을 사용하였습니다.

2 대화 ㉯에서는 선생님을 높이기 위하여 '께서', '가신다'와 같은 높임 표현을 사용하였고, 대화 ㉣에서는 어머니를 높이기 위하여 '께', '드릴'과 같은 높임 표현을 사용하였습니다.

3 대화 ㉣에서 '께', '드릴'을 사용하였습니다.

4 ②에서 아버지를 높이기 위해 '께'를 사용하여 높임을 나타내었습니다.

5 어머니를 높이기 위해 '다녀왔습니다'를 사용하는 것이 알맞습니다.

6 '가'는 높임을 나타내는 표현이 아니고 '께서'가 높임을 나타내는 표현입니다.

7 할머니를 높이기 위하여 '주다'를 높인 '드릴게요'가 들어가야 합니다.

8 할아버지를 높이기 위해 높임의 뜻을 가진 특별한 낱말 '진지'를 사용하였습니다.

9 '묻다'는 '여쭙다'로 표현합니다.

10 '물어볼'을 높임의 뜻이 있는 특별한 낱말 '여쭈어볼'로 고쳐 씁니다.

11 정음이는 높임 표현을 사용하지 않고 대화를 하고 있습니다.

12 '내', '사진이야', '할머니도', '볼래'를 '제', '사진입니다(사진이에요)', '할머니께서도', '보실래요' 등으로 모두 바르게 고쳐 씁니다.

13 ⑤는 손님이 아니라 물건을 높였기 때문에 바른 높임 표현이 아닙니다.

14 대화 ㉠에서 정음이가 높여야 할 대상은 거실에 있는 사람, 즉 할머니입니다.

15 사물에 높임 표현을 사용하지 않습니다.

16 선생님께서 수현이를 찾고 계신 것을 훈민이가 수현이에게 알려 주었습니다.

17 선생님을 높여야 하기 때문에 문장을 끝맺는 말에 '-시-'를 넣어야 합니다. '오라고 하셔.' 또는 '오라셔'가 됩니다.

18 '오다'는 행동을 하는 사람이 수현이인데, 친구에게 높임을 나타내는 '-시-'를 넣었기 때문에 알맞은 높임 표현이 아닙니다.

19 어떤 높임 표현을 사용했는지 생각해 봅니다.

20 받침 'ㅎ'은 뒤따르는 소리에 따라 발음이 달라집니다.

창의서술형 평가   50~51쪽

1 ㉠ 선생님께 궁금한 것을 여쭈어 볼 때   **2** 젊었을 때부터 고기를 파는 바우라는 노인을 가리킨다.   **3** ㉠ 자신을 '바우야'라고 부른 양반의 말을 들었을 때는 기분이 나쁘고, '박 서방'이라고 불러주었을 때는 기분이 좋았을 것이다.   **4** ㉠ 버릇이 없다고 생각해 화가 나실 것 같다.   **5** ㉠ 할아버지, 진지 잡수세요.   **6** ㉠ 웃어른께 높임 표현을 사용하면 공경하는 마음을 나타낼 수 있기 때문이다.

풀이

1 웃어른께는 높임 표현을 써야 합니다.

상	언제 높임 표현을 사용하는지 정확하게 알고 썼다.
중	언제 높임 표현을 사용하는지 정확하게 썼으나 문장이 어색하다.
하	정답을 쓰지 못하였다.

더 알아볼까요!

높임 표현을 바르게 사용하기 위해서는 상대를 존중하는 마음이 중요합니다.

2 박 서방과 바우는 둘 다 고기를 파는 노인을 가리키는 말입니다.

상	글에 나오는 인물을 정확하게 파악하여 썼다.
중	글에 나오는 인물을 파악하여 썼으나 문장이 어색하다.
하	정답을 쓰지 못하였다.

3 노인은 자신을 낮춰 부르는 말을 들었을 때와 존중해 주는 말을 들었을 때 기분이 달랐을 것입니다.

상	인물이 상황을 짐작하여 정확하게 썼다.
중	인물이 상황을 짐작하여 썼으나 문장이 어색하다.
하	정답을 쓰지 못하였다.

4 여자아이는 버릇없게 이야기하고 있습니다. 바른 자세로 말해야 합니다.

상	높임 표현을 사용해야 하는 까닭과 연관지어 할머니의 마음을 파악하여 썼다.
중	높임 표현을 사용해야 하는 까닭과 연관지어 할머니의 마음을 파악하여 썼으나 문장이 어색하다.
하	정답을 쓰지 못하였다.

5 '집'은 '댁'으로, '밥'은 '진지'로 높여 말할 수 있습니다.

상	높임의 뜻을 가진 특별한 낱말을 정확하게 알고 사용했다.
중	높임의 뜻을 가진 특별한 낱말을 알고 있으나 문장이 어색하다.
하	정답을 쓰지 못하였다.

6 높임 표현은 주로 웃어른께 공경하는 마음을 담아 하는 말입니다.

상	높임 표현을 사용해야 하는 까닭을 정확하게 썼다.
중	높임 표현을 사용해야 하는 까닭을 썼으나 문장이 어색하다.
하	정답을 쓰지 못하였다.

4 내 마음을 편지에 담아

개념을 확인해요

53쪽

1 마음 2 고마운 3 ⑩ 힘내 4 칭찬 5 일 6
말 7 경험 8 편지 9 표현 10 끝인사

개념을 다져요

54~55쪽

1 ⑩ 위로하는 2 ① 3 ⑩ 화남 4 느낌 5 전
하고 싶은 말 6 고마운 마음

풀이

1 따뜻한 말이나 행동으로 괴로움을 덜어 주거나 슬픔
  을 달래 주려는 마음이 나타난 말입니다.
2 '재빠르다'는 '동작 등이 재고 빠르다.'라는 뜻입니다.
3 자신의 물건을 마음대로 가져가서 화가 나 한 말입
  니다.

「어머니와 물감」에서 민서의 말이나 행동에 나타난 마음을 짐작
해 봅니다. ⑩

말이나 행동	마음
물감을 가방에 넣었는지 물으시는 어머니의 말씀에 대꾸도 하지 않음.	서운함, 화남
"제 머리핀인데 왜 민주가 꽂고 갔어요?"	화남
책상에 엎드림	속상함

4 어떤 생각이나 느낌이 들었는지 잘 드러나게 써야
  합니다.
5 편지를 쓴 목적을 알 수 있는 부분입니다.
6 고맙다고 말하고 있습니다.

1회 단원 평가 도전

56~59쪽

1 고마운 2 ⑤ 3 ⑩ 넘어져서 속상했지? / 다음
에는 더 잘할 수 있을 거야. 4 민경, 나리 5 ④
6 ⑤ 7 ⑷ × 8 ⑤ 9 물감 10 ⑤ 11 ①
12 ⑩ 기쁜 13 ⑤ 14 ⑩ 참 잘됐어. 정말 축하
해. 15 ③ 16 ① 17 ⑤ 18 ⑩ 정말 축하해.
19 ④,⑤ 20 ③

풀이

1 짝이 책을 빌려주는 상황입니다.

더 알아볼까요!

  마음을 나타내는 말을 사용해 친구들과 '이럴 때에는 이렇게 말
해요'놀이를 하며 상황에 알맞은 마음을 전하는 말을 써 봅니다.

〈놀이 방법〉
1 서너 명씩 짝을 짓는다.
2 상황 카드를 그림이 보이지 않게 책상 위에 뒤집어 놓는다.
3 가위바위보를 해서 이긴 사람이 상황 카드를 하나 골라 그 상황
  에 알맞은 마음을 나타내는 말을 한다.
4 알맞게 대답했으면 고른 상황 카드는 자기에게 두고 다음 사람
  에게 차례를 넘긴다. 상황 카드가 모두 없어지면 놀이를 마친다.

2 찬영이가 달리기를 하다가 넘어진 상황입니다.
3 위로하는 마음을 전하는 말을 써 봅니다.
4 가장 앞에 '누구에게', 가장 뒤에 '누가'가 나타나 있
  습니다.
5 민경이가 팔을 다쳤을 때 자신을 도와준 친구 나리
  에게 고마운 마음을 전하는 글입니다.
6 민재 형이 호준이를 위로하기 위해 쓴 편지입니다.
7 줄넘기 대회에서 상을 받지 못해 실망한 호준이를
  위로하고 격려하는 마음을 나타내는 말을 찾아봅니
  다.
8 민서는 자기가 한 행동을 후회하고 어머니께 죄송한
  마음이 들었습니다.
9 소은이 손에 들려 있던 것은 민서의 물감이었습니
  다.
10 민서는 어머니의 말씀에 대꾸도 하지 않고 학교에 왔
   기 때문에 어머니께 한 행동을 후회하고 있습니다.
11 첫인사가 빠졌습니다.
12 이 편지에는 가슴이 쿵쿵거릴 정도로 설레는 리디아
   의 마음이 잘 나타나 있습니다.
13 집으로 돌아가는 리디아의 기쁜 마음이 잘 나타나
   있습니다.
14 축하하는 마음을 전하는 말을 생각해 봅니다.
15 '굉장하다'는 '엄청나다, 대단하다, 훌륭하다, 놀랍다'
   등의 말과 비슷한말입니다.
16 ㉠은 공부를 가르쳐 주시는 선생님의 모습이므로 고
   마운 마음을 전하고 싶은 사람들입니다.
17 팔을 다친 친구에게는 위로하는 마음을 전해야 합니
   다.
18 축하하는 마음을 전하는 말을 생각해 봅니다.

19 다리를 다쳐 병원에 입원한 영주를 위로하고 격려하려고 편지를 썼을 것입니다.

20 지수는 영주에게 마음이 잘 드러나게 편지를 쓰지 않았습니다. 전하고 싶은 말을 더 적어 봅니다.

2회 단원 평가 실전

60~63쪽

1 ④   2 ㉠   3 ①, ⑤   4 ㉠ 생신 ㉡ 축하   5 ②,
④   6 ⑤   7 ㉤   8 ⑩ 힘내.   9 ⑩ 서운한 마음일
거야.   10 ②, ③, ⑤   11 ②   12 ⑩ 저한테는 그
케이크 한 개가 외삼촌이 천 번 웃으신 것만큼이나
의미 있었어요.   13 ⑩ 내 마음도 하늘을 나는 것
같이 기뻐.   14 ⑤   15 ②   16 ⑤   17 축하해. /
네가 내 친구라서 정말 자랑스러워. 등   18 ⑩ 책
속의 주인공에게 칭찬하는 편지를 쓸 거야. / 아픈 친
구에게 격려하는 편지를 쓸 거야.   19 ①, ②, ④
20 ①

풀이

1 달리기를 하다가 넘어진 친구에게는 위로하는 마음을 전해야 합니다.

2 친구에게 미안한 마음을 전해야 합니다.

3 고마운 마음을 전하기에 알맞지 않은 말은 어느 것인지 찾아봅니다.

4 할아버지의 생신을 맞아 할아버지께 축하하는 마음을 전하기 위하여 글을 썼습니다.

5 편지를 쓴 까닭과 축하하는 마음을 나타내는 말이 잘 나타나 있습니다.

6 민재 형이 상을 받지 못해서 실망한 호준이를 위로하기 쓴 편지입니다.

7 ㉠~㉣은 위로하는 마음을 표현하는 말이고, ㉤은 끝 인사입니다.

8 위로하고 격려하기 위해 '힘내.', '실망하지 마.' 등과 같은 말을 해 줄 수 있습니다.

9 글쓴이의 서운하고 화난 마음이 나타난 행동입니다.

10 글쓴이의 마음을 짐작할 때에는 인물의 말과 행동, 그와 같은 말과 행동을 한 까닭 등을 살펴보아야 합니다.

11 글쓴이의 마음을 짐작할 때에는 마음을 직접 표현한 부분이나 모습이나 행동을 표현한 부분을 찾아봅니다.

12 행복하고 설레는 마음이 잘 드러난 부분을 찾아봅니다.

13 글쓴이의 상황을 알아본 다음, 그와 같은 상황에 알맞은 마음을 직접 표현할 수 있는 말을 써 봅니다.

14 외삼촌은 꽃으로 뒤덮인 케이크를 들고 나타나 아빠의 취직 소식이 담긴 편지를 꺼내셨습니다.

15 '뛰는'은 '두근거리는'이라는 낱말과 바꾸어 쓸 수 있습니다.

16 글쓴이는 나라 사랑 그리기 대회에서 금상을 받은 민지를 축하하는 편지를 썼습니다.

17 축하하는 마음을 나타낸 표현을 찾아 씁니다.

18 상을 받은 친구에게 칭찬하는 마음을 전하기에 알맞은 말을 생각해 봅니다.

19 리디아는 아빠, 엄마, 할머니께 편지를 썼습니다.

20 리디아는 엄마와 할머니께 고마운 마음을 전하고 있습니다.

창의서술형 평가

64~65쪽

1 ⑩ 할머니, 생신 축하드려요!   2 나리, 민경   3
⑩ 희준이에게 / 희준아, 체육 시간에 줄넘기를 빌려
줘서 고마워. 줄넘기를 못 챙겨 와서 몹시 당황스러
웠는데, 내 차례가 되었을 때 네가 줄넘기를 빌려줘
서 줄넘기 연습을 무사히 할 수 있었어. 다음에 네가
힘든 일이 있으면 내가 도와줄게.   4 ⑩ 물감을 가
져다주신 어머니께 죄송하고 고마운 마음이 들었기
때문이에요.   5 ⑩ 어머니, 제가 오늘 아침에 어머
니 말씀에 대꾸도 하지 않고 학교에 갔는데, 어머니
께서는 출근하느라 바쁘신데도 학교까지 오셔서 물
감을 주고 가셔서 정말 죄송하고 감사했어요.   6 인
물의 말과 행동을 주의 깊게 살펴본다. / 인물이 그
런 말과 행동을 한 까닭을 찾아본다. 등

풀이

1 생신을 맞으신 할머니께는 축하하는 마음을 전하는 말을 해야 합니다.

상	상황에 맞게 축하하는 말을 정확하게 썼다.
중	상황에 맞게 축하하는 말을 썼으나 문장이 어색하다.
하	정답을 쓰지 못하였다.

2 편지를 쓴 사람은 민경이고, 받을 사람은 나리입니다.

상	누가 누구에게 편지를 썼는지 편지의 형식을 제대로 이해하고 썼다.
중	편지의 형식을 제대로 이해하지 못해서 정확하게 쓰지 못했다.
하	정답을 쓰지 못하였다.

3 고마운 마음을 전할 상황을 떠올리고 다양한 말로 고마움을 전해 봅니다.

상	고마운 마음을 표현하는 말과 그 까닭을 정확하게 썼다.
중	고마운 마음을 표현하는 말과 그 까닭을 썼으나 문장이 어색하다.
하	정답을 쓰지 못하였다.

4 민서는 어머니께 죄송하다고 말씀드려야겠다고 하였습니다.

상	인물의 마음을 짐작하여 인물이 어떤 말을 했을지 정확하게 파악했다.
중	인물의 마음을 짐작하여 인물이 어떤 말을 했을지 썼으나 문장이 어색하다.
하	정답을 쓰지 못하였다.

5 잘못한 일에 대해 죄송하다고 말씀드리는 것이 바람직합니다.

상	인물에게 있었던 일을 파악하여 죄송한 마음을 전하는 말을 정확하게 썼다.
중	인물에게 있었던 일을 파악하여 죄송한 마음을 전하는 말을 썼으나 문장이 어색하다.
하	정답을 쓰지 못하였다.

6 글에서 마음을 직접 나타내기도 하지만 인물의 말과 행동을 통해 짐작해 보아야 하는 경우도 있습니다.

상	글쓴이의 마음을 짐작하는 방법을 정확하게 썼다.
중	글쓴이의 마음을 짐작하는 방법을 썼으나 문장이 어색하다.
하	정답을 쓰지 못하였다.

---

5 중요한 내용을 적어요

개념을 확인해요 67쪽

1 메모　2 메모　3 중요한　4 생각　5 중요한
6 간단히　7 중요한　8 이어 주는 말　9 제목
10 얕게

개념을 다져요 68~69쪽

1 메모　2 메모　3 (1) ○ (3) ○　4 (1) 낱말 (2) 필요한　5 이어 주는 말　6 ②　7 (1) 널따 (2) 밥찌

풀이

1 메모는 짧게 대충 쓴 글입니다.
2 잊어버리기 쉬운 내용을 간략하게 적는 것이 메모입니다.
3 메모를 하면 중요한 내용을 정확하게 빠뜨리지 않고 기억할 수 있습니다.
4 메모할 때에는 낱말 중심으로 간단히 적되 중요한 내용이 잘 드러나야 합니다.
5 문장과 문장을 이을 때에는 먼저 문장 사이의 연결 관계가 어떠한지 파악한 후, 알맞은 이어 주는 말을 넣어 자연스럽게 연결시켜야 합니다.
6 책의 내용을 중심으로 소개합니다.
7 'ㄼ'이 말의 끝이나 자음자 앞에 올 때에는 [ㄹ]로 소리 나고, [ㅂ]으로 발음되는 예외도 있습니다.

1회 단원 평가 70~73쪽

1 과학 지식　2 예 선생님의 말씀을 기억하지 못했기 때문이다.　3 ⑤　4 (1) ㉡ (2) ㉢ (3) ㉠　5 메모
6 ⑤　7 ⑤　8 중요한　9 (1) 강남 (2) 홀수　10 (2) ○　11 민화　12 ②　13 민화의 쓰임새는 여러 가지였다.　14 동물, 식물, 상상의 동물과 같이 다양한 소재를 사용했다.　15 (2) ○　16 『세상을 돌고 도는 놀라운 물의 여행』　17 ③　18 ①　19 근호　20 우리나라의 전통 놀이를 새롭게 바꾸어 만든 운동에는 한궁이 있다.

풀이

1 그림 ❶에 나타나 있습니다.
2 한꺼번에 많은 내용을 들으면 오래 기억하기 어렵기 때문입니다.
3 기억해야 할 내용이 너무 많을 때에는 외우기 어렵습니다.
4 모두 메모가 필요한 상황입니다.
5 중요한 내용을 들을 때, 기억해야 할 내용이 너무 많을 때 잊지 않으려고 할 때 메모가 필요합니다.
6 제비가 집에 들어와 둥지를 틀면 좋은 일이 생길 것이라고 믿고 반겼습니다.
7 좋은 날에 떠나 좋은 날에 돌아오는 제비는 영리하고 행운을 가져다주는 동물일 것이라고 생각한 것입니다.
8 메모한 내용은 중요한 내용을 빠뜨린 채 간단한 낱말만 적었습니다. 설명을 듣고 메모할 때에는 중요한 내용을 낱말 중심으로 간단히 적어야 합니다.
9 제비는 길일에 강남에 갔다가 돌아오는 좋은 새라고 여겼습니다.
10 메모는 중요한 내용을 듣고 적은 것을 나중에 볼 수 있습니다.
11 민화입니다.
12 오래 두고 감상하는 그림은 선비들이 그린 격조 높은 산수화나 솜씨 좋은 화원이 그린 작품들입니다.
13 각 문단 안에서 가장 중요하다고 생각하는 내용을 찾아 정리합니다.
14 ❸ 문단의 내용을 어울리게 씁니다.
15 각각의 문장을 이을 때 사용하는 말을 '이어 주는 말'이라고 합니다.

더 알아볼까요!

각 문단의 중요한 내용을 이어 전체의 내용을 하나로 만들 때 사용하면 문장을 자연스럽게 만들어 줍니다.
⑩ 민화는 옛날 사람들이 널리 사용하던 그림으로, 쓰임새가 여러 가지였어요. 그리고 동물, 식물, 상상의 동물과 같이 다양한 소재를 사용했어요.

16 『세상을 돌고 도는 놀라운 물의 여행』이라는 책을 소개하겠다고 하였습니다.
17 책에서 알게 된 물에 대한 정보를 소개하려고 합니다.
18 물의 중요성을 느끼게 해 준 책을 소개하겠다고 하였습니다.
19 글에서 가장 중요한 내용을 파악해 정리해야 합니다.
20 가장 중심이 되는 내용을 찾아 씁니다.

2회 단원 평가 실전

74~77쪽

1 어린이 박물관 2 ⑤ 3 「흥부와 놀부」, 체험활동, 이야기 세상 4 ⑤ 5 ② 6 (1) 복과 재물을 가져다 줌. (2) 좋은 날에 떠나고 좋은 날에 돌아오므로 영리하고 행운을 가져다줄 것이라고 생각함. 7 운이 좋은 날(길일) 8 ② 9 진호 10 ④ 11 ① 12 관악기 13 (나) 14 민화는 동물, 식물, 상상의 동물과 같은 다양한 소재를 사용했다. 15 (1) 호랑이, 까치, 물고기, 사슴, 학, 거북, 토끼, 매 (2) 식물 (3) 해태, 용 16 살아가는 모습 17 ① 18 물에 둥둥 떠다니는 생물을 통틀어서 '플랑크톤'이라고 한다. 19 ①, ⑤ 20 ㄹ

풀이

1 '지금부터 어린이 박물관을 안내하겠습니다.'라고 했습니다.
2 아이들은 들은 내용을 적지 않아서 어디로 가야 할지 모르고 있습니다.
3 설명을 듣고 중요한 내용만 적은 메모입니다.
4 나중에 기억을 잘 떠올리기 위해 메모한 것입니다.
5 들은 그대로 적으면 되지 내 생각을 더해서 적을 필요는 없습니다.
6 복을 물어다 주는 제비에 대한 내용을 정리해 봅니다.
7 우리 조상은 홀수가 겹치는 날을 운이 좋은 날이라 하여 길일이라고 불렀습니다.
8 한비의 메모에는 중요한 내용이 간단하게 정리되어 있습니다.
9 진호의 메모는 너무 깁니다.
10 수영이의 메모는 너무 간추려서 중요한 내용이 빠져 있습니다.
11 악기를 타악기, 현악기, 관악기 세 종류로 나누었습니다.

12 입으로 불어서 소리를 내는 악기는 관악기입니다.

13 글 ㈏는 전체 내용을 한 문장으로 짧게 간추렸습니다.

14 글의 첫 부분에 중요한 내용이 나와 있습니다.

15 동물에 포함되는 낱말, 소나무, 대나무, 불로초 등을 포함하는 낱말, 상상의 동물에 포함되는 낱말을 각각 찾아 써 봅니다.

16 물에 사는 생물들을 살아가는 모습을 기준으로 나누었습니다.

17 앞의 내용과 뒤의 내용이 상반된 내용일 때는 '그러나'를 사용합니다.

18 ㈏ 문단의 중요한 내용은 문단의 끝에 있습니다.

19 메모를 할 때에는 낱말 중심으로 중요한 내용을 빠뜨리지 않고 적습니다.

20 모두 'ㄹ'이 자음자 앞에 와서 [ㄹ]로 소리 납니다.

창의서술형 평가
78~79쪽

1 동물 병원에서 동물의 병을 치료해 주는 직업이다.
2 (1) 가축 (2) 희귀 동물 3 동물을 사랑하는 마음과 생명을 소중하게 여기는 4 (1) 예 중요한 내용을 낱말 중심으로 짧게 썼다. (2) 예 읽거나 들은 내용을 빠르게 정리할 때 필요하다. 5 혼례식이나 잔치를 치를 때 장식용으로 사용한다. 대문이나 벽에 부적처럼 걸어둔다. 자신의 소망을 빌거나 누군가를 축하하기 위해 사용한다. 6 예 민화의 쓰임새는 여러 가지가 있다. 그리고 동물, 식물, 상상의 동물과 같이 다양한 소재를 사용했다.

풀이

1 수의사는 동물을 치료해 주는 직업입니다.

상 글에서 수의사에 대해 정확히 찾아 썼다.

중 글에서 수의사에 대해 찾아 썼으나 문장이 이상하다.

하 정답을 쓰지 못하였다.

2 포함하는 낱말을 생각해 봅니다.

상 글에서 동물의 뜻에 포함되는 낱말을 정확히 찾아 썼다.

중 글에서 동물의 뜻에 포한되는 낱말을 일부분만 찾아 썼다.

하 정답을 쓰지 못하였다.

3 글의 내용을 간추려 봅니다.

상 글을 읽고 빠진 내용을 잘 간추려 썼다.

중 글을 읽고 빠진 내용을 간추렸으나 문장이 어색하다.

하 정답을 쓰지 못하였다.

4 낱말 중심으로 간단하게 적은 메모입니다.

상 어떤 형태의 메모인지 파악하여 특징과 필요한 상황을 알맞게 썼다.

중 어떤 형태의 메모인지 잘 파악하지 못해 특징과 필요한 상황을 정확하게 쓰지 못했다.

하 정답을 쓰지 못하였다.

더 알아볼까요!

메모의 형태는 다를 수 있지만 중요한 내용을 정리해 간단하게 쓰는 것은 달라지지 않습니다.

5 ㈎ 문단에서 찾아봅니다.

상 글에서 설명하는 내용을 잘 파악하여 썼다.

중 글에서 설명하는 내용을 썼으나 문장이 어색하다.

하 정답을 쓰지 못하였다.

6 문단 ㈎와 ㈏의 중요한 내용을 '그리고'를 사용하여 이어 봅니다.

상 중요한 내용을 찾아 이어 주는 말을 알맞게 사용하였다.

중 중요한 내용을 찾았으나 적절한 이어 주는 말을 사용하지 못했다.

하 정답을 쓰지 못하였다.

6 일이 일어난 까닭

개념을 확인해요 81쪽

1 원인 **2** 결과 **3** 일 **4** 사건 **5** 중요한 **6** 이어 주는 말 **7** 듣는 사람 **8** 기억 **9** 결과 **10** 원인

개념을 다져요 82~83쪽

1 (1) ⓒ (2) ⓐ **2** (1) ○ (3) ○ **3** ①, ③ **4** ①, ②, ③ **5** 원인 **6** (3) ○

풀이

1 먼저 일어난 일이 그 뒤에 일어나는 일에 큰 영향을 주게 되면, 먼저 일어난 일을 '원인'이라고 하고, 원인 때문에 그 뒤에 일어난 일을 '결과'라고 합니다.

2 원인과 결과를 파악할 때에는 어떤 일이 먼저 일어났는지 살펴보고, 먼저 일어난 일 때문에 그 뒤에 일어난 일이 어떻게 달라지는지 찾아봅니다.

3 '그래서', '때문에', '왜냐하면' 등이 원인과 결과를 이어 주는 말입니다.

더 알아볼까요!

이어 주는 말을 잘 사용하면 원인과 결과가 잘 드러나게 말할 수 있습니다.

4 꼭 재미있었던 일 뿐만 아니라 짜증난 일, 슬픈 일, 자랑하고 싶은 일 등을 말할 수 있습니다.

5 어떤 일이 있었는지 원인이 되는 이야기를 잘 꾸밉니다.

6 원인을 보고 이어질 알맞은 결과를 예측해 봅니다.

1회 단원 평가 (도전) 84~87쪽

1 ②, ⑤ **2** 쓰레기 정거장 **3** (2) ○ (3) ○ **4** 예 마을 골목이 더 깨끗해질 것이다. **5** ④, ⑤ **6** 야구 **7** (2) ○ **8** 원인 - ⓐ, 결과 - ⓒ **9** ④ **10** 예 겪은 일을 다시 한번 생각해 볼 수 있다. / 말하는 내용을 듣는 사람이 쉽게 이해할 수 있다. **11** 짹짹콩콩 **12** ③ **13** ⓐ, ⓒ, ⓒ **14** 차례 **15** 그래서 **16** 예 친구이다, 쌍둥이이다. **17** (1) ○ **18** (가) 예 빨

간색, 보라색 막대와 비밀 지도를 얻은 두 아이를 보라색 새가 발견한다. (나) 예 보라색 새의 안내를 받아 빨간색, 보라색 자전거를 타고 큰 문에 도착한다. (다) 예 문에서 나온 신기한 할아버지가 주황색 막대를 꺼냈다. **19** (1) 연기 (2) 콩 **20** (1) ⓒ (2) ⓐ (3) ⓒ

풀이

1 쓰레기를 버릴 때 어두워지면 밖에 나가기가 무서웠고, 골목 입구에 쓰레기가 쌓여 있어서 다닐 때 불편했다고 하였습니다.

2 쓰레기를 종류별로 나누어서 버릴 수 있도록 만들어 놓은 곳입니다.

3 쓰레기를 많이 모으기 위해서 쓰레기 정거장이 생기게 된 것은 아닙니다.

4 사람들이 더 철저하게 쓰레기 분리배출을 하여 버릴 것입니다.

5 글에서 사건을 파악하려면 글을 읽고 일어난 일이 무엇인지 알아보고, 일어난 일 가운데에서 가장 중요한 일을 찾아봅니다.

6 승호는 야구공을 찾으려다가 아기 참새를 발견했습니다.

7 아기 참새는 길에서 깡충깡충 뛰어다니기만 했습니다.

8 아기 참새가 잘 날지 못해서 승호가 아기 참새를 교실로 데리고 들어갔습니다.

9 선생님과 반 친구들은 아기 참새가 날 수 없어서 잘 날 수 있을 때까지만 키우기로 하였습니다.

10 듣는 사람이 쉽게 이해할 수 있습니다.

11 '짹짹콩콩'으로 이름을 붙였습니다.

12 승호는 교실에 혼자 있는 짹짹콩콩이 걱정되었습니다.

13 언제 어디에서 누구와 있었던 일인지 떠올려 정리합니다.

14 일의 차례를 생각하며 원인과 결과에 맞게 써야 합니다.

15 '그래서', '때문에', '왜냐하면' 등이 이어 주는 말입니다.

16 그림 속 아이들이 어떤 사이일지 상상하여 씁니다.

17 바닷속으로 들어가지 않았습니다.

18 이야기의 차례에 맞게 원인과 결과를 생각하며 상상해 봅니다.

더 알아볼까요!

원인과 결과를 생각하며 말하는 방법은 그 일이 일어난 까닭과 그 까닭 때문에 생긴 일, 달라진 점을 찾아 말하면 됩니다.

19 원인이 없으면 결과가 있을 수 없음을 빗대어 나타내는 말로 '아니 땐 굴뚝에 연기 날까'라는 속담이 있습니다.
20 일어난 일 다음에 생길 일이 무엇인지 살펴봅니다.

 2회 단원 평가 실전

88~91쪽

1 ① 　2 쓰레기 정거장 　3 ⑤ 　4 ⑴ ○ 　5 ⑴ 원인 ⑵ 결과 　6 아기 참새 　7 ② 　8 예 교실에서 참새를 키우게 된 원인(까닭)을 말하지 않았기 때문이다. / 저녁에 교실에 선생님과 친구들이 모여 있었던 일을 말하지 않았기 때문이다. 　9 원인과 결과 10 ② 　11 예 승호는 저녁에 교실로 갔다. 　12 왜냐하면 　13 ⑤ 　14 ① 　15 예 동화책 속의 세계로 이동할 때 있었던 일인 것 같다. 　16 예 ⑺, 예 ⑻, 예 ⑼, 예 ⑽ 　17 ⑴ 예 빨간색, 보라색 막대와 비밀 지도를 얻은 두 아이를 보라색 새가 발견함. ⑵ 예 보라색 새의 안내를 받아 빨간색, 보라색 자전거를 타고 큰 문에 도착함. ⑶ 예 문에서 나온 신기한 할아버지가 주황색 막대를 꺼냄. ⑷ 예 비가 그치고 무지개가 뜨고 아름다운 곳으로 변함. 　18 ㉠, ㉡, ㉢ 　19 ② 　20 ⑶ ○

풀이

1 좁은 장소에 한꺼번에 쓰레기를 버리니까 몹시 지저분하고 다니기도 불편하다고 하였습니다.
2 좁은 장소에 한꺼번에 쓰레기를 버리니까 몹시 지저분하고 다니기도 불편해서 쓰레기를 종류별로 버릴 수 있는 쓰레기 정거장이 생겼습니다.
3 쓰레기 정류장은 쓰레기를 종류별로 나누어서 버릴 수 있도록 만든 곳을 말합니다.
4 쓰레기 정거장이 생겨서 쓰레기를 버리기가 더 좋아졌습니다.
5 일이 일어난 까닭을 원인이라고 하고, 그로 인해 일어난 일을 결과라고 합니다.
6 장미꽃 속에서 야구공을 찾다가 아기 참새를 발견했습니다.

7 잘 날지 못해서 길에서 깡충깡충 뛰어다녔습니다.

더 알아볼까요!

승호는 어머니께 왜 그런 결과가 생겼는지 원인을 말하고 있지 않습니다. 승호가 경험한 일의 원인과 결과에 따라 정리해 봅시다.

원인		결과
아기 참새가 잘 날지 못했다.	⇨	승호는 아기 참새를 교실로 데리고 갔다.
⇨ 승호는 교실에 혼자 남은 아기 참새가 걱정되었다.	⇨	승호는 저녁에 교실로 갔다.

8 승호는 결과만 말하고 있습니다.
9 원인과 결과를 생각하며 말하면 듣는 사람이 잘 이해할 수 있습니다.
10 승호는 짹짹콩콩이가 혼자 남아 있어 걱정이 됐습니다.
11 아기 참새가 걱정되었기 때문에 승호는 저녁에 교실로 갔습니다.
12 '왜냐하면'은 원인과 결과를 나타낼 때 사용하는 이어 주는 말로서, '때문이다'와 호응하는 말입니다.
13 원인과 결과를 파악하기 위해서는 어떤 일이 먼저 일어났는지 살펴보아야 하고, 먼저 일어난 일 때문에 그 뒤에 일어난 일이 어떻게 달라지는지 찾아보아야 합니다.
14 일기는 일어났던 사실을 쓰는 것이기 때문에 꾸며서 쓰면 안 됩니다. 그리고 동화나 소설을 쓸 때 등장인물을 누구로 할 것인지 생각하지만 일기를 쓸 때에는 등장인물에 대해서는 생각할 필요가 없습니다.

더 알아볼까요!

일기를 쓸 때에는 자신이 경험한 일의 원인이 무엇인지, 그 결과 어떻게 됐는지 살펴서 순서에 맞게 써야 합니다.
– 생각이나 느낌이 잘 드러나게 씁니다.
– 경험한 일의 원인과 결과가 잘 드러나게 씁니다.
– 이어 주는 말을 적절하게 씁니다.

15 그림을 보고 언제 어디에서 있었던 일인지 상상하여 씁니다.
16 그림의 차례를 상상하여 봅니다.
17 이야기의 차례를 생각하며 원인과 결과가 잘 이어지게 써 봅니다.
18 이야기를 소개할 때에는 일이 일어난 차례와 원인과 결과를 알아봐야 합니다. 그리고 꼭 필요한 내용만 간단히 정리해서 소개해야 합니다.

19 모든 일은 원인에 따라 거기에 걸맞은 결과가 나타나는 것임을 빗대어 나타내는 속담입니다.

20 영희는 날마다 달리기 연습을 해서, 달리기 대회에서 좋은 성적을 거두었습니다.

창의서술형 평가   92~93쪽

1 ㉎ 몹시 지저분하고 다니기도 불편하다.   2 ㉎ 쓰레기를 종류별로 나누어서 버릴 수 있도록 만들어 놓은 곳이다.   3 ㉎ 마을 골목이 더 깨끗해질 것이다. / 사람들이 더 철저하게 분리배출을 할 것이다.   4 ㉎ 거북이 매를 찾아가 높은 곳에 데려다 달라고 간절히 부탁하였다.   5 ㉎ 높은 곳에 오른 거북이 자신도 날 수 있다고 생각하고 매에게 내려 달라고 하였다.   6 ㉎ 거북은 그만 땅에 떨어지고 말았답니다.

풀이

1 메모를 하면 중요한 내용을 빠뜨리지 않고 오래 기억할 수 있습니다.

상	원인과 결과를 파악하여 정확하게 썼다.
중	원인과 결과를 파악하여 썼지만 문장이 어색하다.
하	정답을 쓰지 못하였다.

2 쓰레기 정거장은 쓰레기를 종류별로 나누어서 버릴 수 있도록 만들어 놓은 곳입니다.

상	글의 내용을 파악하여 정확하게 썼다.
중	글의 내용을 파악하여 썼지만 문장이 어색하다.
하	정답을 쓰지 못하였다.

3 쓰레기 정거장이 생기게 된 원인을 생각해 봅니다.

상	결과에 대한 원인을 파악하여 정확하게 썼다.
중	결과에 대한 원인을 썼지만 문장이 어색하다.
하	정답을 쓰지 못하였다.

더 알아볼까요!

「쓰레기 정거장」에서 쓰레기 정거장이 생긴 원인과 결과 알아보기

원인	쓰레기를 버리러 가기 편리하게 하기 위해서입니다. / 쓰레기 분리배출을 잘할 수 있게 하기 위해서입니다.

⬇

결과	쓰레기 정거장이 생겼습니다.

4 거북이 매를 찾아가 높은 곳에 데려다 달라고 간절히 부탁하였습니다.

상	인물이 한 말과 행동을 파악하여 정확하게 썼다.
중	인물이 한 말과 행동을 썼지만 문장이 어색하다.
하	정답을 쓰지 못하였다.

5 높은 곳에 오른 거북이 자신도 날 수 있다고 생각하고 매에게 내려 달라고 하였습니다.

상	인물이 말한 의도를 파악하여 바르게 썼다.
중	인물이 말한 의도를 파악하여 썼으나 문장이 어색하다.
하	정답을 쓰지 못하였다.

6 매가 거북의 부탁대로 높은 곳에서 내려 주자, 거북은 날지 못하고 땅에 떨어졌을 것입니다.

상	다음에 일어날 일(결과)을 바르게 짐작하여 썼다.
중	다음에 일어날 일(결과)을 썼으나 문장이 어색하다.
하	정답을 쓰지 못하였다.

더 알아볼까요!

원인과 결과를 생각하며 이야기를 꾸밀 수 있습니다. 일의 순서를 생각하며 이어질 내용을 써 봅니다.

7 반갑다, 국어사전

개념을 확인해요

95쪽

1 이름   2 국어사전   3 차례   4 뜻   5 모음자
6 문장   7 문맥   8 움직임   9 기본형   10 바뀌는

개념을 다져요

96~97쪽

1 ②   2 ③   3 ②   4 ③   5 예 국어사전에서 모르는
낱말의 뜻을 찾아 정확한 뜻을 알 수 있다.   6 받다

풀이

1 국어사전에는 한글 자음과 모음의 차례대로 낱말을
  싣고, 시작하는 쪽에는 해당하는 자음이 크게 표시
  되어 있습니다.
2 첫 자음자가 같은 경우에는 모음자를 살펴봅니다.
  '가게'는 모음자가 'ㅏ'이므로 모음자가 'ㅓ'인 '거미'
  보다 먼저 싣습니다.
3 낱말의 뜻이 문장에 어울리는지 살펴보고, 여러 가
  지 뜻을 가진 낱말이면 앞뒤 문맥을 살펴보고 여러
  가지 뜻 가운데에서 어떤 것이 문장에 어울리는지
  알아봅니다.
4 형태가 바뀌는 낱말 가운데 ①, ②, ④, ⑤는 움직임
  을 나타내는 낱말이고, ③은 성질이나 상태를 나타
  내는 낱말입니다.
5 글의 내용을 더 잘 이해할 수 있습니다.
6 형태가 바뀌는 부분에 '-다'를 붙여 기본형을 만듭니다.

1회 단원 평가 도전

98~101쪽

1 국어   2 ②   3 ③   4 예 주말에 가족과 함께 시
골 할머니 댁에 갔는데, 주춧돌만이 여러 개 남아 있
는 별채가 있었다.   5 ④   6 ④   7 ③   8 ㅊ   9
⑤   10 (1) 하늘 (2) 차림새 (3) 까꿍 (4) 가게   11 (1)
사슬 → 사슴 → 사진 (2) 삵 → 삶 → 상 (3) 고구마
→ 고슴도치 → 고양이 (4) 바다 → 발등 → 발자국
12 (1) 먹다, 작다, 달리다, 높다, 웃다, 넓다, 많다, 일
어서다 (2) 동생, 소금, 도서관   13 ⑤   14 ④   15
⑤   16 ①   17 ⑤   18 ⑤   19 (1) 받다 (2) 솟다
(3) 낚아채다 (4) 뒤쫓다 (5) 낚아채다, 뒤쫓다, 받다,
솟다   20 (1) ㅅ, ㅐ, ㅇ (2) ㅇ, ㅣ, ㄹ

풀이

1 낱말을 설명하는 부분입니다.
2 「명사」는 낱말의 종류를 알려 주는 표시입니다. 'ㄱ'
  과 비슷한말은 쓰여 있지 않습니다.

더 알아볼까요!

약호는 '본말'을 「본」이라고 나타내는 것처럼 알기 쉽고 간단하게
만든 부호입니다. 기호는 발음 표시를 [ ]로 나타내는 것처럼 어떤
뜻을 나타내기 위한 문자나 부호를 말합니다. 명사는 '사물의 이름
을 나타내는 말'이란 뜻으로 낱말의 종류를 알려 주는 것입니다.

3 낱말의 뜻풀이와 함께 싣는 사진을 보고 '주춧돌'이
  라는 것을 짐작할 수 있습니다.
4 '주춧돌'이라는 낱말을 넣어 짧은 문장을 만들어 봅
  니다.
5 '친구'의 뜻을 찾을 때 어떻게 찾는지 차례를 예로 들
  어 설명하고 있습니다.
6 국어사전에는 첫 번째 글자의 첫 자음자가 같은 낱
  말들끼리 모여 있으므로 ㉠에는 'ㄱ'으로 시작하는
  낱말이, ㉡에는 'ㄲ'으로 시작하는 낱말이 들어가야
  알맞습니다.
7 한글 글자는 첫 자음자, 모음자, 받침으로 이루어지
  는데, 국어사전에는 이들 각 글자의 낱자 차례대로
  낱말을 싣습니다.
8 '친구'는 국어사전에서 'ㅊ'을 찾아야 합니다.
9 누리집의 정보를 알려 주지는 않습니다. 〈예〉는 예
  문의 약호입니다.
10 받침이 없는 '하'로 시작하는 '하늘'을 받침이 있는
   '학'으로 시작하는 '학교'보다 먼저 싣습니다.
11 국어사전에는 첫 글자의 첫 자음자, 모음자, 받침 차
   례대로 싣습니다.
12 움직임을 나타내는 낱말, 성질이나 상태를 나타내는
   낱말은 상황에 따라 형태가 바뀝니다.
13 '먹겠다'라는 낱말에서 형태가 바뀌지 않은 부분은
   '먹'이고, 형태가 바뀌는 부분은 '겠다'입니다.
14 낱말의 기본형이란 상황에 따라 형태가 바뀌는 낱말
   을 대표하는 낱말입니다.
15 낱말의 기본형은 낱말에서 형태가 바뀌지 않는 부분
   에 '-다'를 붙여서 만듭니다.
16 형태가 바뀌지 않는 부분 '높'에 '다'를 붙이면 기본형
   '높다'가 됩니다.
17 형태가 바뀌는 낱말의 기본형을 정하는 까닭은 형태
   가 바뀌는 낱말을 모두 국어사전에 실을 수 없어서

입니다.

18 글을 읽을 때 국어사전을 사용하면 모르는 낱말의 뜻을 찾아 정확한 뜻을 알 수 있고, 글의 내용을 더 잘 이해할 수 있습니다.

19 낱말의 기본형을 만들 때에는 낱말에서 형태가 바뀌지 않는 부분에 '-다'를 붙여서 만듭니다.

더 알아볼까요!

국어사전에 낱말의 기본형만 싣는 까닭 알아보기
국어사전에 형태가 바뀐 낱말을 모두 실으면 국어사전이 너무 두꺼워질 것입니다. 따라서 형태가 바뀌는 낱말은 국어사전에 기본형만 실려 있습니다.

먹겠다: ~	높겠다: ~
먹고: ~	높고: ~
먹는다: ~	높다: ~
먹어: ~	높아: ~
먹었다: ~	높았다: ~
먹으니: ~	높으니: ~
먹으면: ~	높으면: ~
먹지: ~	높지: ~

20 뜻을 모르는 낱말을 국어사전에서 찾을 때에는 낱말의 첫 글자부터 첫 자음자, 모음자, 받침 차례대로 찾으면 됩니다.

2회 단원 평가 실전

102~105쪽

1 ② 2 ⑤ 3 (1) 예 고구마 (2) 예 누룽지 (3) 예 뒤
4 ⑤ 5 (1) ㅃ (2) ㄴ (3) ㄵ (4) ㄾ 6 ① 7 예 받침이 'ㄱ'인 '학'으로 시작하는 '학교'를 받침이 'ㄴ'인 '한'으로 시작하는 '한국'보다 먼저 싣는다. 8 ②
9 (1) 먹다, 작다, 웃다, 넓다, 일어서다, 달리다, 많다, 높다 (2) 동생, 도서관, 소금 (3) 먹다, 웃다, 일어서다, 달리다 (4) 넓다, 작다, 많다, 높다 10 (1) 높, 은데 (2) 높, 고 (3) 높, 은 (4) 높, 아서 11 ④ 12 얇다, 입다, 좁다 13 예 여름에는 더워서 얇은 옷을 입는다. 14 ⑤ 15 ③ 16 오늘날의 프라이팬이라고도 할 수 있는 것이다. 17 (3) ○ 18 진달래, 벚꽃, 매화, 국화, 장미, 금잔화, 삼색제비꽃, 제비꽃 등
19 (1) 고, 으니, 아서 (2) 받다 20 ②

풀이 ▶

1 식물의 종류나 한살이를 알아보기 위해서는 식물도감을 찾아보아야 합니다. 국어사전은 낱말의 뜻을 모를 때 찾아보는 것입니다.

2 시작하는 쪽에는 해당하는 자음이 크게 표시되어 있습니다.

3 첫 자음자 'ㄱ'인 낱말은 첫 번째인 글자인 '개'보다 뒤에 나오거나 첫 번째 글자가 '개'일 경우에는 두 번째 글자인 '교'보다는 뒤에 나오는 글자로 짜인 낱말을 써야 합니다.

4 첫 번째 글자의 첫 자음자를 먼저 찾아야 하고, 그다음에 모음자를 찾고, 받침 차례로 찾아야 합니다.

5 한글의 자음, 모음의 차례를 알아야 사전을 찾을 수 있습니다.

더 알아볼까요!

글자 낱자의 차례를 알아봅시다.

첫 자 음 자	ㄱ	ㄲ	ㄴ	ㄷ	ㄸ	ㄹ	ㅁ	ㅂ	ㅃ	ㅅ	ㅆ
	ㅇ	ㅈ	ㅉ	ㅊ	ㅋ	ㅌ	ㅍ	ㅎ			
모 음 자	ㅏ	ㅐ	ㅑ	ㅒ	ㅓ	ㅔ	ㅕ	ㅖ	ㅗ	ㅘ	ㅙ
	ㅚ	ㅛ	ㅜ	ㅝ	ㅞ	ㅟ	ㅠ	ㅡ	ㅢ	ㅣ	
받 침	ㄱ	ㄲ	ㄳ	ㄴ	ㄵ	ㄶ	ㄷ	ㄹ	ㄺ	ㄻ	ㄼ
	ㄽ	ㄾ	ㄿ	ㅀ	ㅁ	ㅂ	ㅄ	ㅅ	ㅆ	ㅇ	ㅈ
	ㅊ	ㅋ	ㅌ	ㅍ	ㅎ						

6 받침이 없는 글자를 받침이 있는 글자보다 먼저 싣고, 첫 번째 글자가 같으면 두 번째 글자로 차례를 비교하여 싣습니다.

7 첫 번째 글자에서 첫 자음과 모음자가 같으면 받침을 비교하여서 먼저 나오는 자음에 따라 그 낱말이 실리는 차례가 결정이 됩니다.

8 첫 번째의 글자 첫 자음을 살펴보고, 그 다음에 모음자, 그 다음에는 받침의 차례로 살펴보면 됩니다. ①의 '삵'을 '삶'보다 먼저 싣습니다.

9 형태가 바뀌는 낱말에는 '동사'와 '형용사'가 있고, 형태가 바뀌지 않는 낱말에는 '명사' 등이 있습니다. 움직임을 나타내는 낱말과 성질이나 상태를 나타내는 낱말은 모두 형태가 바뀌는 낱말입니다.

10 '높은데, 높고, 높은, 높아서'에서 형태가 바뀌지 않

는 부분은 '높'이고, 그 나머지 부분은 형태가 바뀌는 부분입니다.

11 형태가 바뀌는 낱말을 모두 국어사전에 실을 수 없기 때문에 기본형만을 국어사전에 싣습니다. 그래서 기본형을 알아야 국어사전에서 낱말의 뜻을 찾아볼 수 있습니다.

12 시작하는 첫 자음자를 본 다음, 모음자를 비교하여 봅니다.

13 '얇다'를 가지고 문장을 만들어 씁니다.

14 기후에 따라 사람들이 생활하는 모습이 다르다며 입는 옷, 먹는 음식 등을 이야기하고 있습니다.

15 까슬까슬한 옷감을 사용하는 것은 여름 한복입니다.

16 프라이팬처럼 쓸 수 있는 것입니다. 불을 피워 화전을 구웠습니다.

17 꽃을 눈으로 보기도 하고 먹기도 해서 눈으로도 즐기고 입으로도 즐겼다고 표현한 것입니다.

18 모든 꽃을 먹을 수 있는 것은 아니라고 하였습니다.

19 '받고, 받으니, 받아서'의 기본형은 '받다'입니다.

20 형태가 바뀌는 낱말을 사전에 다 실을 수 없어서 기본형이 필요합니다.

창의서술형 평가

106~107쪽

1 입는 옷, 먹는 음식, 사는 집이 관련이 있다. 2 (1) 입다 예 겨울에는 두꺼운 옷을 입었다. (2) 얇다 예 여름에는 더워서 얇은 옷을 입는다. (3) 좁다 예 강아지가 좁은 골목으로 들어갔다. 3 낱말의 변하지 않는 부분에 '-다'를 붙여 만들었다. 4 독성 5 먹을 수 있는 꽃은 '참꽃'이고 먹을 수 없는 꽃을 '개꽃'이라고 불렀다. 6 (1) 예 삼짇날 (2) 예 삼월 (3) 음력 삼월 초사흗날

풀이

1 사람들은 기후에 따라 생활하는 모습이 다르다고 했습니다.

상	지문을 잘 파악하여 답을 정확하게 썼다.
중	지문을 잘 파악하여 답을 썼으나 문장이 어색하다.
하	정답을 쓰지 못하였다.

2 낱말의 뜻이 문장에 어울리는지 살펴보면서 씁니다.

상	글의 앞뒤 내용에 따라 낱말의 뜻을 정확하게 짐작하여 문장을 썼다.
중	글의 앞뒤 내용에 따라 낱말의 뜻을 짐작하여 문장을 썼으나 문장이 어색하다.
하	정답을 쓰지 못하였다.

3 낱말의 기본형을 만드는 방법을 써 봅니다.

상	낱말의 기본형을 만드는 방법을 정확하게 이해하여 썼다.
중	낱말의 기본형을 만드는 방법을 썼으나 문장이 어색하다.
하	정답을 쓰지 못하였다.

더 알아볼까요!

글을 읽을 때 모르는 낱말의 기본형을 생각하며 글을 읽습니다.

4 진달래는 수술에 약한 독성이 있어서 그냥 먹으면 안 된다고 했습니다.

상	글의 내용을 파악하여 정확하게 썼다.
중	글이 내용을 제대로 파악하지 못해 잘못 썼다.
하	정답을 쓰지 못하였다.

5 세 번째 문단을 살펴봅니다.

상	글에서 설명하는 내용을 정확하게 이해하여 썼다.
중	글에서 설명하는 내용을 썼으나 문장이 어색하다.
하	정답을 쓰지 못하였다.

6 자신이 뜻을 잘 모르겠는 낱말을 찾고 짐작한 뜻과 사전에서 찾을 뜻을 비교해 봅니다.

상	문맥에 어울리는 뜻을 짐작하고, 사전에서 바르게 찾아 썼다.
중	문맥에 어울리는 뜻을 제대로 짐작하지 못했지만, 사전에서 뜻을 바르게 찾아 썼다.
하	정답을 쓰지 못하였다.

8 의견이 있어요

개념을 확인해요
109쪽

1 의견 2 까닭 3 제목 4 생각 5 중심 문장
6 내용 7 까닭 8 팻말 9 글쓴이 10 제목

개념을 다져요
110～111쪽

1 ② 2 까닭 3 ⑤ 4 ③ 5 까닭 6 예 복도
에서 뛰지 않아요 7 자전거를 안전하게 타는 방법
을 아는 것만큼 실천도 중요합니다.

풀이

1 글쓴이나 인물이 어떤 대상에게 지니는 생각을 의견
   이라고 합니다.
2 의견에 어울리는 까닭을 파악해야 합니다.
3 제목은 글쓴이가 어떤 말을 하고 싶은지 짐작할 수
   있게 해 줍니다.
4 글을 읽고 글쓴이의 의견을 파악할 때 글을 쓰게 된
   시간적 배경을 생각해 보는 것과는 거리가 멉니다.
5 왜 그런 의견을 말하는지 까닭을 써야 합니다.
6 자신의 의견이 잘 드러나도록 씁니다.
7 글에서 중심 문장을 찾습니다.

1회 단원 평가 도전
112～115쪽

1 오성, 한음, 옆집 하인 2 ④ 3 (1) ○ 4 ③ 5
우리 집에 가지가 일부분 넘어왔어도 나무의 뿌리는
오성의 집에 있기 때문이다. 6 ③ 7 (1) ○ 8 (1)
ⓛ (2) ㉠ (3) ㉢ 9 까닭 10 ①, ④ 11 ⑤ 12
④ 13 ② 14 ①, ③ 15 쓰레기를 분리해서 버
린다. / 음식을 먹을 만큼 덜어서 먹어야 한다. 등
16 우리 모두 좋은 습관을 기를 수 있도록 꾸준히 노
력하자. 17 (2) ○ 18 매일 운동하면 몸과 마음이
건강해지기 때문이다. 19 예 자전거를 안전하게 탑
시다 20 ③, ⑤

풀이

1 한음과 오성이 감을 따려고 하자 옆집 하인이 못하
   게 하였습니다.

더 알아볼까요!

이야기의 등장인물들이 어떤 말을 했는지 찾아보고, 의견에 대해
어떤 까닭을 말했는지 살펴봅니다. 모두 감나무의 감이 자신의 감이
라고 말하고 있습니다.

등장인물	의견에 대한 까닭
옆집 하인	우리 집으로 가지가 넘어왔기 때문이다.
오성	아무리 담 너머로 가지가 넘어갔어도 감나무는 우리 집에서 심고 가꾸었기 때문이다.

2 오성이 감을 따려고 하자 옆집 하인은 자기네 감을
   왜 먹냐고 했습니다.
3 오성은 자신의 집에서 감나무를 심고 가꾸었기 때문
   에 자기네 감나무라고 하였습니다.
4 오성은 대감의 방으로 팔을 집어넣어 팔이 누구의
   것이냐고 물어봤습니다.
5 권 판서의 의견이 지닌 까닭은 무엇인지 찾아 씁니다.
6 바느질할 때 필요한 자, 가위, 바늘, 실, 골무, 인두,
   다리미가 나옵니다.
7 서로 자기가 바느질할 때 가장 중요하다고 말하고
   있습니다.
8 일곱 동무가 자신이 중요한 까닭으로 무엇을 말했는
   지 살펴봅니다.

더 알아볼까요!

이야기 속 각 인물은 모두 자신이 가장 중요하다고 말하고 있습
니다. 그 의견에 대한 까닭을 알아봅시다.

인물	의견에 대한 까닭
자	옷감의 넓고 좁음, 길고 짧음은 자신이 아니면 알 수 없다.
가위	옷감을 잘라 줘야 일이 된다고 했습니다.
바늘	바늘이 없으면 옷을 만드는 바느질은 절대로 할 수 없다.
실	실이 없는 바늘은 소용이 없다.
골무	아씨 손이 다칠까 봐 밤낮으로 시중을 들기 때문이다.
인두	들쑥날쑥 울퉁불퉁 바느질한 것을 구석구석 살피고 뾰족 뾰족 다듬어서 제 모양을 잡아 주기 때문이다.
다리미	구겨지고 접힌 곳을 말끔히 펴 주기 때문이다.

9 까닭입니다.
10 글 제목을 주의 깊게 살펴보고, 문단의 중심 문장을
   정리한 뒤, 글쓴이가 그 글을 쓴 목적이 무엇인지 짐

작해 보아야 합니다.

11 첫 번째 문장과 두 번째 문장에 나타나 있습니다.

12 이 글은 '지구를 깨끗이 가꾸자'라는 제목으로 글쓴 이의 의견이 드러난 글입니다.

13 일회용품을 많이 사용하면 지구가 병이 든다고 하였습니다.

14 일회용품은 평소에 사람들이 자주 사용하는 비닐봉지, 일회용 컵, 일회용 나무젓가락 등을 말합니다.

15 일회용품 사용을 줄이는 것 외에도 많은 방법이 있습니다.

16 제목에서도 알 수 있듯이 좋은 습관을 기르자고 말하고 있습니다.

더 알아볼까요!

글의 제목을 보거나 문단의 중심 문장을 정리하며 글쓴이의 의견을 짐작해 봅니다.

17 문단의 처음이나 끝에 있는 문장을 유심히 살펴봅니다.

18 의견에 대한 까닭을 찾습니다.

19 글 전체의 내용을 짐작할 수 있는 제목을 지어 씁니다.

20 자전거를 안전하게 타자는 의견에 어울리는 내용이 와야 합니다.

2회 단원 평가 실전

116~119쪽

1 권 판서 2 (2) ○ 3 우리 집에 가지가 일부분 넘어왔어도 나무의 뿌리는 오성의 집에 있기 때문이다. 4 예 오성이 정성스럽게 키운 감이니까 가지가 넘어왔다고 하인이 자기 것이라고 우기는 것은 너무 한 것 같다. 5 ③ 6 자기 자신 7 (1) ○ 8 ③ 9 ③ 10 예 실이 가장 중요하다. 왜냐하면 실이 있어야 천을 튼튼히 묶을 수 있기 때문이다. 11 우리는 지구를 깨끗이 하려고 노력해야 합니다. 12 지구는 앞으로 우리가 살아갈 터전이기 때문이다. 13 ② 14 ② 15 ④ 16 ④ 17 (1) ⓒ (2) ⓛ (3) ㉠ 18 예 복도를 사용할 때 규칙이 있으면 더 뛰지 않을 것 같기 때문이다. 19 예 책을 많이 읽어야 한다. 20 ①, ③, ⑤

풀이

1 오성은 권 판서 대감을 찾아갔습니다.

더 알아볼까요!

이 이야기의 순서를 알아봅시다.
　오성네 집의 감이 잘 익어서 오성과 한음이 감을 따 먹으려고 함. → 그러자 오성네 하인이, 옆집에서 담을 넘어서 자란 감은 자기네 것이라고 우긴다며 감을 따지 못하게 말림. → 오성이 옆집 주인인 권 판서 대감을 찾아가서 주먹으로 쳐서 방문을 뚫고 이 주먹이 누구 것인지 물음. → 그 주먹은 너의 것이라고 권 판서 대감이 대답하자 그렇다면 담을 넘어서 자란 감을 왜 못 따게 하는지 다시 물음. → 권 판서 대감이 다시는 그러지 못하게 하겠다고 대답함.

2 오성은 감나무가 자신의 집 감나무인 것을 말하고 싶었습니다.

3 권 판서가 말한 의견과 그에 대한 까닭을 구분하여 살펴봅니다.

4 어떤 대상에게 사람들이 지니는 의견은 같을 수도 있고 다를 수도 있습니다.

5 어떤 대상에 대해 가지는 자신, 혹은 등장인물의 생각을 의견이라고 합니다.

6 서로 자기가 잘났다고 자랑하고 있습니다.

7 자는 길이를 재는 물건입니다.

8 골무는 손을 보호하는 도구입니다.

더 알아볼까요!

골무는 손가락에 끼워 바느질할 때 손을 보호하는 도구입니다.

9 서로 잘난 척을 하고 있습니다.

10 자신의 의견에 대한 까닭을 알맞게 씁니다.

11 문단의 처음이나 끝부분을 살펴봅니다.

12 지구를 깨끗하게 하려고 노력해야하는 까닭은 앞으로 우리가 살아갈 터전이기 때문이라 하였습니다.

13 모두가 함께 노력해야 깨끗한 지구를 만들 수 있다고 말하고 있습니다.

14 지구를 깨끗이 가꾸자는 내용을 짐작할 수 있습니다.

15 사용하기 편리하다고 일회용품을 낭비하면 안 됩니다.

16 학교에서 생길 수 있는 문제점을 보여 주고 있습니다. 즐거워하는 친구도 있고, 슬퍼하는 친구도 있습니다.

17 그림을 보고 어울리는 것을 찾습니다. 그림 ㉮는 쓰레기가 운동장에 떨어져 있는 모습입니다.

18 적절한 까닭을 써야 합니다.

19 의견과 그 의견에 대한 까닭이 이어지도록 찾아 씁니다.

20 '전기를 아껴 써야 한다.'라는 의견에 어울리는 까닭은 ①, ③, ⑤입니다.

상	자신의 의견이 잘 드러나도록 까닭을 바르게 썼다.
중	자신의 의견이 잘 드러나도록 까닭을 썼으나 문장이 어색하다.
하	정답을 쓰지 못하였다.

더 알아볼까요!

학용품이 되어 자신이 왜 중요한지를 말해 봅니다. 예

학용품	중요한 까닭
연필	연필이 없으면 공책에 배운 것을 쓸 수가 없어서 기억하기 힘들어진다.
색종이	색종이가 없으면 다양한 색깔로 예쁘게 종이접기를 하고 싶어도 하지 못한다.
풀	풀이 없으면 붙이고 싶은 것이 있어도 붙이지 못한다.

창의서술형 평가 120~121쪽

1 (1) 옷감을 잘라야 바느질을 할 수 있다. (2) 내가 있어야 꿰매고 옷을 만들 수 있다. **2** (1) 예 실 (2) 예 실이 있어야 바늘이 일을 할 수 있기 때문이다. **3** (1) 예 연필 (2) 예 연필이 없으면 공책에 배운 것을 쓸 수가 없어서 기억하기 힘들어진다. **4** 어떤 행동을 오랫동안 되풀이하면서 저절로 몸에 익은 행동이다. **5** 우리 모두 좋은 습관을 기를 수 있도록 꾸준히 노력하자. **6** (1) 예 고마움을 잘 표현하는 (2) 예 고마움을 표현할수록 나도 기분이 좋아지기

풀이

1 등장인물들이 말한 까닭을 찾아 씁니다.

상	일곱 동무 가운데 누가 어떤 까닭을 들어 말했는지 구분하여 썼다.
중	정확하게 의견에 대한 까닭을 파악하지 못했다.
하	정답을 쓰지 못하였다.

2 자신이 고른 인물이 중요한 까닭을 생각해 봅니다.

상	의견에 대한 까닭을 바르게 썼다.
중	의견에 대한 까닭을 바르게 썼으나 문장이 어색하다.
하	정답을 쓰지 못하였다.

3 고른 학용품의 쓰임을 생각하여 적절한 까닭을 씁니다.

4 글에서 설명하는 습관에 대한 것을 찾아 씁니다.

상	글의 내용을 바르게 파악하여 썼다.
중	글의 내용을 바르게 파악하여 썼으나 문장이 어색하다.
하	정답을 쓰지 못하였다.

5 글은 좋은 습관을 기르자고 의견을 말하고 있습니다.

상	글쓴이가 말하고자 하는 것(의견, 목적)을 정확하게 썼다.
중	글쓴이가 말하고자 하는 것(의견, 목적)을 썼으나 문장이 어색하다.
하	정답을 쓰지 못하였다.

6 자신이 기르고 싶은 좋은 습관을 생각하여 씁니다.

상	자신의 의견과 의견에 어울리는 까닭을 잘 썼다.
중	자신의 의견과 의견에 어울리는 까닭을 썼으나 문장이 어색하다.
하	정답을 쓰지 못하였다.

더 알아볼까요!

친구가 제시한 의견과 그 까닭을 잘 파악해 봅니다. 친구가 말한 의견을 잘 파악해야 하고, 의견을 지닌 까닭까지 살펴봅니다.

9 어떤 내용일까

개념을 확인해요
123쪽

1 어른께 2 앞뒤 3 예 4 시간 5 단서 6 경험 7 단서 8 낱말 9 절약 10 실감 나게

개념을 다져요
124~125쪽

1 ⑤ 2 ③ 3 (2) ○ (3) ○ 4 ② 5 예 어두운 밤 6 ①, ② 7 예 달라붙다

풀이

1 글을 읽다가 모르는 낱말이 나올 때 할 수 있는 일로 ⑤는 알맞지 않습니다.

2 글을 읽을 때 낱말의 뜻을 짐작하는 방법으로 낱말을 사용한 시기를 찾아보는 것은 알맞지 않습니다.

3 낱말의 뜻을 짐작하여 글을 읽으면 국어사전을 찾지 않아도 되어 시간을 절약할 수 있고, 중간에 읽기를 멈추지 않아도 되어 더 재미있게 책을 읽을 수 있습니다.

4 단서란 어떤 일이나 사건이 일어난 까닭을 풀어 나갈 수 있는 실마리를 말합니다.

5 반딧불이를 언제 관찰하면 좋을지 단서와 경험을 읽고 짐작하여 씁니다.

6 짐작하며 글을 읽을 때 생략된 내용을 짐작하면 글을 더 잘 이해하면 실감 나게 읽을 수 있습니다. ⑤는 모르는 낱말을 짐작하여 읽을 때 좋은 점입니다.

7 앞뒤 내용을 보고 뜻을 짐작하여 봅니다.

1회 단원 평가   도전
126~129쪽

1 ④ 2 다람쥐 3 ⑤ 4 ③ 5 (1) ○ 6 (1) 닳다 (2) 예 갈리거나 오래 쓰여서 어떤 물건이 낡아지거나 그 물건의 길이, 두께, 크기 등이 조금씩 줄다. 7 ①, ③, ④ 8 ① 9 예 가게에 가서 펜을 '프린들'이라고 부르는 것이다. 10 ⑤ 11 분명한 12 ④ 13 서식지 14 (1) ⓒ (2) ⓖ 15 ① 16 ①, ④ 17 ② 18 ② 19 ③ 20 (1) 예 달라붙다. (2) 예 떨어지지 않게 붙임. 또는 그렇게 붙이거나 닮.

풀이

1 글을 읽다가 모르는 낱말이 나왔을 때 ④와 같은 방법은 알맞지 않습니다.

2 글쓴이는 다람쥐에 대하여 설명하고 있습니다.

3 다람쥐가 좋아하는 먹이는 도토리, 밤, 땅콩, 호두, 잣과 같은 껍질이 딱딱한 열매입니다.

4 다람쥐는 가을이 되면 겨울잠을 자기 위해서 많은 먹이를 먹어 둡니다.

5 '닳게'를 국어사전에서 찾으려면 먼저 '닳게'의 기본형을 찾아야 합니다.

6 '닳게'의 기본형은 '닳다'입니다. 뜻은 '갈리거나 오래 쓰여서 어떤 물건이 낡아지거나, 그 물건의 길이, 두께, 크기 등이 조금씩 줄다.'입니다.

더 알아볼까요!

낱말의 기본형을 만드는 방법은 형태가 변하지 않는 부분에 '-다'를 붙이는 것입니다.

형태가 바뀌지 않는 부분	형태가 바뀌는 부분	기본형
닳	게	닳다

7 글을 읽을 때 낱말의 뜻을 짐작하려면 앞뒤의 문장이나 낱말을 살펴보고, 짐작한 뜻과 비슷한 뜻의 낱말을 넣어 보거나, 그 낱말을 사용한 예를 떠올려 봅니다.

8 닉과 친구들은 팬트리 가게에 가서 펜을 가리키며 "프린들 주세요."라고 말했습니다.

9 닉이 뒤쪽 선반에 있는 볼펜을 가리키며 말한 것을 통하여 '프린들'은 볼펜임을 알 수 있습니다.

10 아주머니가 '프린들'이 무엇인지 알게 된 까닭은 여섯 명이 계속해서 볼펜을 '프린들'이라고 불렀기 때문입니다.

11 글에 어울리는지 낱말을 넣어 읽어 봅니다. '어엿한'은 '행동이 거리낌 없이 당당하고 떳떳하다.'라는 뜻입니다.

12 반딧불이가 반짝반짝 빛을 내는 까닭은 서로 의견을 나누기 위해서입니다.

13 '서식지'란 '생물이 일정한 곳에 자리를 잡아 사는 곳이라는 뜻'입니다.

14 어른이 된 반딧불이는 이슬을 먹고, 반딧불이의 애벌레는 다슬기나 달팽이를 먹고 삽니다.

15 단서란 어떤 일이나 사건이 일어난 까닭을 풀어 나갈 수 있는 실마리를 말합니다.

더 알아볼까요!

「반딧불이」를 읽고 우리나라에서 반딧불이를 관찰할 때 주의할 점을 짐작해 봅니다.

• 어디에서 관찰해야 할지 짐작하기
1. 글에서 찾은 단서: 반딧불이의 애벌레는 다슬기나 달팽이를 먹고 산다. / 반딧불이는 애벌레의 먹이가 많고 물이 깨끗한 곳에서 산다.
2. 자신의 경험 떠올리기: 반딧불이는 자연환경이 맑고 깨끗한 곳에서 관찰해야 한다.
3. 반딧불이는 자연환경이 맑고 깨끗한 곳에서 관찰해야 한다.

16 글을 읽으며 생략된 내용을 짐작하는 방법은 글에서 찾을 수 있는 단서를 확인하고, 자신의 경험을 떠올립니다.

17 석주명은 어렸을 때 친구와 어울려 다니며 뛰어 놀기를 좋아했다고 하였습니다.

18 석주명에게 일본인 선생님이 한 말을 살펴보면 알 수 있습니다.

19 부착 뿌리에 대한 내용이 나타나 있습니다.

20 앞뒤 문장이나 낱말을 살펴보면서 ㉠ '부착'이라는 낱말의 뜻을 짐작하여 보고, 국어사전에서 낱말의 뜻을 찾아봅니다.

2회 단원 평가 실전

130~133쪽

1 ⑤   2 ④   3 ①   4 ①   5 ①   6 프린들   7 예 나는 어엿한 학생이 되었다.   8 ①   9 다슬기나 달팽이   10 예 옛날보다 애벌레의 먹이가 줄어들고, 물이 더러워졌기 때문이다.   11 ①, ⑤   12 ④ 13 ⑤   14 ①   15 (1) ○ (4) ○   16 ⑤   17 (2) × 18 대피   19 예 끈끈이   20 흡반처럼 생긴 담쟁이덩굴의 뿌리 때문이다.

풀이

1 물에 빠지는 사고가 발생한다는 말을 통해서 '수심'이라는 말을 짐작할 수 있습니다.

더 알아볼까요!

글을 읽다가 모르는 낱말이 나오면 어른께 여쭈어보거나 국어사전을 찾아봅니다. 또 인터넷에서 검색을 하거나 앞뒤 내용을 보고 미루어 짐작해 봅니다.

2 모르는 낱말의 뜻을 알 수 있는 방법을 알아봅니다. ④는 폭포에 대해 더 알고 싶을 때 할 수 있는 행동입니다.

3 가을이 되면 다람쥐는 겨울잠을 자기 위해서 많은 먹이를 먹어 둔다고 하였습니다.

4 '닳다'는 '갈리거나 오래 쓰여서 어떤 물건이 낡아지거나, 그 물건의 길이, 두께, 크기 등이 조금씩 줄다.'라는 뜻이므로 '줄게'로 바꾸어 써도 문장의 뜻이 자연스럽습니다.

5 형태가 변하는 낱말의 뜻을 국어사전에서 찾으려면 기본형으로 찾아야 합니다. 기본형은 변하지 않는 부분에 '-다'를 붙인 형태입니다.

6 친구들은 볼펜을 가리켜서 '프린들'이라고 불렀습니다.

7 '어엿한'을 국어사전에서 찾으려면 '어엿하다'라는 기본형을 찾아야 합니다.

8 영원히 '펜'이라는 말을 쓰지 않고, 다른 사람들한테 '프린들'이라는 말을 알리도록 최선을 다하기로 한 서약서입니다.

9 반딧불이는 이슬을 먹고, 반딧불이 애벌레는 다슬기나 달팽이를 먹고 산다고 하였습니다.

10 반딧불이가 애벌레의 먹이가 많고 물이 깨끗한 곳에서 산다고 하였는데 그 조건이 잘 갖추어져 있지 않아서 반딧불이가 사라져 갔을 것입니다.

11 석주명은 동물을 좋아했고, 친구와 어울려 다니며 놀기를 좋아했습니다.

12 우리나라가 일본에 나라를 빼앗긴 시대라고 했습니다.

13 석주명이 나비에게 나비를 잡기 위해 노력하는 모습을 통해 그가 나비를 좋아했고, 새로운 나비를 찾는 일을 중요하게 생각하고 있다는 것을 알 수 있습니다.

14 마지막 문장에 석주명이 나비를 연구하기로 마음먹었다는 내용에서 석주명이 나비 연구를 할 것이라는 것을 알 수 있습니다.

15 글에서 단서를 찾아 확인하고 그것에 더해 자신의 경험을 떠올려 보면 글에서 생략된 내용을 짐작할 수 있습니다.

16 지진이 발생했을 때 장소별로 어떻게 행동해야 하는지 알려 주고 있습니다.

17 지진이 발생해서 승강기가 멈추면 갇히게 될 위험이 있습니다.

18 앞뒤 문장의 내용을 짐작해 봅니다. '붕괴'는 '무너지고 깨어짐.'이라는 뜻입니다.

19 앞뒤 문장이나 낱말을 살펴보며 '끈끈이, 달라붙게 하는 것, 착 붙어 있게 하는 것' 등의 뜻을 짐작하여 볼 수 있습니다.

20 담쟁이덩굴의 뿌리 때문에 붙어 있을 수 있다고 하였습니다.

창의서술형 평가

134～135쪽

1 ⑩ 학교의 아이들이 모두 사용하게 된다. / 사람들이 모두 사용해 사전에도 나오게 된다.   2 (1) ⑩ 약속을 하고 서명을 하는 것. (2) ⑩ 맹세하고 약속하는 글. 또는 그런 문서. (3) ⑩ 나는 앞으로 절대 지각을 하지 않겠다고 서약서에 서명했다.   3 ⑩ 낱말의 뜻을 짐작하며 읽으면 국어 사전을 찾지 않아도 되어 시간을 절약할 수 있다.   4 조선에 있는 모든 나비를 연구해 책으로 써 달라고 하였다.   5 ⑩ 일본어로 된 나비 이름을 우리말 이름으로 바꾸었다. / 일본 학자들이 우리나라 나비에 대해 잘못 쓴 부분들을 바로잡았다.   6 (1) ⑩ 친구가 모르는 것을 물어보면 잘 가르쳐 주고 싶고 뿌듯해진다. (2) ⑩ 뿌듯하고 자랑스러웠을 것 같다.

풀이 ▶

1 '프린들'이라는 낱말이 앞으로 어떻게 될지 생각해 봅니다.

상	글의 흐름을 파악하여 앞으로의 일을 바르게 짐작했다.
중	글의 흐름을 파악하여 앞으로 일어난 일을 썼지만 문장이 어색하다.
하	정답을 쓰지 못하였다.

2 '서약서'라는 낱말의 뜻을 짐작해 보고, 국어사전에서 '서약서'의 뜻을 찾아 쓴 뒤 자신이 짐작한 뜻과 비교해 봅니다.

상	앞뒤 내용을 살펴 낱말의 뜻을 바르게 짐작하여 썼다.
중	앞뒤 내용을 살펴 낱말의 뜻을 바르게 짐작하여 썼으나 문장이 어색하다.
하	정답을 쓰지 못하였다.

3 이 밖에도 중간에 읽기를 멈추지 않아도 되어 더 재미있게 책을 읽을 수 있습니다.

상	낱말의 뜻을 짐작하여 읽으면 좋은 점을 잘 썼다.
중	낱말의 뜻을 짐작하여 읽으면 좋은 점을 썼으나 문장이 어색하다.
하	정답을 쓰지 못하였다.

4 조선에 있는 나비를 연구해 책으로 만들어 달라고 했습니다.

상	인물이 겪은 일을 알고 정확하게 썼다.
중	인물이 겪은 일을 알고 썼으나 문장이 어색하다.
하	정답을 쓰지 못하였다.

5 석주명은 나비를 연구했습니다. 특히 일본어로 된 나비 이름을 우리말 이름으로 바꾸고, 일본 학자들이 우리나라 나비에 대해 잘못 쓴 부분을 바로 잡았습니다.

상	인물이 한 일을 정확하게 썼다.
중	인물이 한일을 썼으나 문장이 어색하다.
하	정답을 쓰지 못하였다.

6 석주명과 비슷한 경험을 떠올리며 마음을 짐작해 봅니다.

상	글을 읽고 인물의 마음을 짐작하여 정확하게 썼다.
중	글을 읽고 인물의 마음을 짐작하여 썼으나 문장이 어색하다.
하	정답을 쓰지 못하였다.

10 문학의 향기

137쪽

개념을 확인해요

1 경험 2 제목 3 듣는 4 감동 5 줄거리 6
장면 7 경험 8 주인공 9 글 10 준비물

개념을 다져요

138~139쪽

1 ③, ④ 2 ④, ⑤ 3 ④ 4 (2) ○ (3) ○ 5 (1) ○
(2) ○ 6 ④

풀이

1 같은 책을 읽어도 느낌이 서로 다른 까닭은 사람마다 경험이나, 생각, 알고 있는 것이 다르기 때문입니다.

2 책을 소개할 때에는 제목을 먼저 이야기하고, 줄거리만 너무 길게 이야기하지 않으며, 듣는 사람이 이해하기 쉬운 말로 소개합니다.

3 시에서 감동적인 부분을 찾는 방법으로 ④는 알맞지 않습니다.

4 작품에서 재미와 감동을 찾을 때에는 주인공의 말이나 행동을 살펴봅니다.

5 재미있거나 감동적인 부분은 글이 아닌 그림이나 만화로 표현하는 방법도 있습니다.

6 독서 잔치란 읽었던 책으로 여러 가지 활동을 하는 것이므로 독서 잔치 계획을 세우는 데에 가장 인기 있는 작가를 초대하는 것은 알맞지 않습니다.

1회 단원 평가

140~143쪽

1 ②, ④ 2 (1) ○ 3 ⑤ 4 (1) 두꺼비가 편지를 받는 부분 (2) 개구리가 편지를 쓰는 부분 5 ③ 6
ⓒ 7 ①, ③ 8 ④ 9 예 우산이 없는 친구에게 우산을 씌워 주었던 일이 있다. / 동생과 함께 우산을 쓰고 걸어가면서 장난을 쳤던 일이 떠오른다.
10 ① 11 ④ 12 입에 척 들러붙어 말을 못하게 되는 찹쌀떡 13 ④ 14 예 다른 사람의 마음속 생각이 쑥덕쑥덕 들려왔다. 15 ④ 16 ③ 17 예 자신이 쓸모없고 세상에서 가장 더럽다고 생각하였기 때문이다. 18 강아지 똥 19 ② 20 친구를 기다리며 바위나리는 훌쩍훌쩍 울기도 했습니다.

풀이

1 책을 읽고 재미있거나 감동적인 부분에 대해 생각을 나누고 있습니다.

더 알아볼까요!

친구들과 서로 책을 소개하면 좋은 점을 알아봅시다.
– 읽은 내용을 다시 떠올릴 수 있습니다.
– 친구들이 소개한 책을 찾아서 읽을 수 있습니다.
– 혼자 읽었을 때 잘 이해되지 않는 부분도 이해할 수 있습니다.
– 책을 읽었을 때의 감동을 다시 떠올릴 수 있습니다.

2 사람마다 생각과 경험이 모두 다르기 때문에 같은 책을 읽어도 느낌이 서로 다릅니다.

3 덕무는 "기웃기웃 살핀다.", "콕 집어 먹는다." 등 재미있는 부분이나 말을 소리 내어 읽어 보면 더 재미있다고 하였습니다.

4 사람마다 생각과 경험이 다르기 때문에 같은 책을 읽어도 느끼는 것이 다릅니다.

5 책을 소개할 때 제목, 줄거리, 출판사와 작가 이름, 그 책을 소개하는 까닭 등이 들어가면 좋습니다.

6 우산을 나란히 쓰고 가는 모습이 알맞습니다.

7 좁은 길에선 일부러 빗물 고인 자리를 디딜 때 그걸 알고 우산을 친구 쪽으로 당겨 줄 때에는 고마운 마음이 들었을 것입니다.

8 친구가 우산을 같이 쓰자고 한 까닭은 내가 우산 없이 걸어가는 것을 보았고, 뒷모습이 너무 쓸쓸해 보여서 같이 쓰자고 했습니다.

9 시 속의 인물과 비슷한 경험을 써 봅니다.

10 감동적인 장면은 슬픈 부분을 말하는 것이 아니라 인상 깊은 장면을 말하는 것입니다.

더 알아볼까요!

어떤 부분이 기억에 오래 남는지 떠올리며 감동적인 부분을 찾아 봅니다.
또 시를 읽을 때에 어떤 장면이 떠오르는지, 시에 나오는 인물이 어떤 마음일지 등을 생각해 봅니다.

11 만복이는 욕쟁이, 깡패 등으로 불리다가 신기한 떡을 먹고 나쁜 말을 하지 않아 칭찬을 받게 되었습니다.

12 '입에 척 들러붙어 말을 못하게 되는 찹쌀떡'을 먹고 나쁜 말을 하지 않았습니다.

13 학교가 끝나고 주인공인 만복이는 '만복이네 떡집'으로 달려가 맛있는 쑥떡을 먹었습니다.

14 주인공인 만복이가 쑥떡을 먹자 다른 사람의 마음속

생각이 쑥덕쑥덕 들리기 시작했습니다.

15 은지에게 먼저 다가가 말을 걸어 준 만복이의 행동으로 외로워하는 은지를 도와주고 싶은 만복이의 마음을 알 수 있습니다.

16 「강아지 똥」에 등장하는 인물은 강아지 똥, 참새, 흙덩이, 암탉, 노란 꽃입니다.

17 인물을 소개하는 처음 부분을 통하여 강아지 똥이 슬퍼하는 까닭을 알 수 있습니다.

18 봄이 되자 강아지 똥이 거름이 되어 준 덕분에 노란 꽃을 피었습니다.

19 바위나리는 울다가도 힘을 내어 노래하며 친구를 기다렸습니다.

20 슬픈 감정을 느낄 수 있는 부분을 찾아 씁니다.

 2회 단원 평가 실전

144~147쪽

1 예 책을 읽고 느낀 점을 이야기하고 있다.　2 ⑤
3 ④　4 ⑤　5 ③　6 ①　7 ②　8 예 미안해하는 주인공의 마음을 눈치채고 친구가 우산을 기울여 주는 부분이 특히 감동적이었다.　9 ③　10 ⑤
11 ③　12 예 장군이를 용서하고 싶다.　13 예 장군이가 착한 아이가 될 차례가 되었기 때문이다.
14 영희, 철수　15 (2) ○ (3) ○　16 ③, ⑤　17 ④
18 ④　19 ③　20 (2) ○

풀이

1 『훨훨 간다』와 『개구리와 두꺼비는 친구』를 읽고 그 책에 대한 느낌을 말하고 있습니다.

2 덕무는 "기웃기웃 살핀다.", "콕 집어 먹는다."와 같이 재미있는 부분이나 말을 소리 내어 읽어 보면 더 재미있다고 하였습니다.

3 같은 책이라도 사람마다 생각과 경험이 서로 다르기 때문에 그 책을 읽은 느낌이 서로 다를 수 있습니다.

4 자신이 읽었던 책을 친구에게 소개할 때에는 책을 구입한 곳이나 책의 가격은 굳이 소개하지 않아도 됩니다.

5 친구들에게 책을 소개하면 다른 친구들이 그 책을 찾아서 읽을 수 있어서 좋습니다. 잘난 체를 하기 위해서 책을 소개하는 것은 아닙니다.

6 친구끼리 서로 배려해 주는 마음이 느껴져 따스한 분위기가 느껴지는 시입니다.

7 서로 친구가 비를 안 맞게 하려는 모습을 통하여 서로 배려해 주려는 마음을 엿볼 수 있습니다.

8 이 시에서는 친구를 배려해 주는 마음이 잘 나타나 있습니다. 구체적으로 어떤 부분이 그런 마음이 잘 나타나 있는지 찾아서 써 볼 수 있습니다.

9 이 시는 글쓴이가 비 오는 날 친구와 우산을 함께 쓰고 온 경험을 쓴 것입니다. 따라서 친구와 다툰 일은 이 시를 쓴 글쓴이의 경험과는 다릅니다.

10 시에서 감동적인 부분을 찾기 위해서는 시를 읽고 기억에 남는 장면, 시에 나오는 인물의 마음, 시와 비슷한 자신의 경험이나 느낌을 떠올리거나 생각하며 읽는 것이 좋습니다.

11 장군이의 후회하는 마음을 만복이가 알게 되자, 장군이에 대한 미운 마음이 사라졌습니다.

12 쥐고 있던 주먹을 푼 만복이의 행동을 통해 장군이에 대한 미운 마음이 사라져 장군이를 용서하겠다는 만복이의 마음을 헤아릴 수 있습니다.

더 알아볼까요!

「만복이네 떡집」 등장인물의 말이나 행동을 보고, 인물의 마음 헤아리기 예

말이나 행동	인물의 마음
만복이는 은지한테 먼저 다가가서 말을 걸어 주었어.	외로워하는 은지를 도와주고 싶다.
만복이는 쥐고 있던 주먹을 풀었어.	장군이를 용서하고 싶다.

13 장군이가 마음과 다르게 나쁜 행동을 하고 있습니다.

14 등장인물과 비슷한 경험을 말한 친구는 영희와 철수입니다. 마지막 문장에서 장군이의 마음을 안 만복이의 마음이 눈 녹듯 사라진 것을 통해 친구를 도와주고 기분이 좋았음을 알 수 있습니다.

15 이 밖에도 주인공의 특이한 말이나 행동을 살펴보면 재미있는 부분을 찾을 수 있습니다.

더 알아볼까요!

이야기에서 흉내 내는 말이나 반복되는 말이 나오는 부분을 살펴보는 것도 재미있는 부분을 찾을 수 있는 방법입니다.

16 강아지 똥은 너구리와 암탉, 병아리는 만나지 않았습니다.

17 강아지 똥이 민들레 싹의 거름이 되어서 민들레꽃이 피어나도록 도왔습니다.

18 도서관을 방문하여 책을 정리하는 것은 봉사활동에 해당합니다.

19 아기별이 무서워 몸을 벌벌 떨며 말하는 부분을 통해 두려운 마음이 들었을 것입니다.

20 '미어지는'은 '가슴이 찢어지는 것처럼 몹시 심한 고통이나 슬픔을 느끼는'이라는 뜻입니다.

창의서술형 평가 　　　　148~149쪽

1 ㉠ 비 오는 날, 길에서 일어난 일이다. 　2 ㉠ 미안해하는 주인공의 마음을 눈치 채고 친구가 우산을 기울여 주는 부분이 감동적이었다. 　3 ㉠ 비 오는 날 좁은 길을 걸었던 일 / ㉠ 친구에게 물건을 빌려 준 일 　4 ㉠ 장군이의 속마음을 알았기 때문이다. 5 ㉠ 후회하는 장군이를 용서하려는 마음이 느껴진다. 　6 ㉠ 이 글을 읽고 나니 형이 떠오른다. 형과 나는 툭하면 싸운다. 속마음은 안 그런데 자꾸 버릇없이 굴게 되고 형과 싸우게 된다.

풀이

1 시의 내용을 통하여 비 오는 날, 길에서 일어난 일이라는 것을 알 수 있습니다.

상	시의 배경을 파악해 정확하게 썼다.
중	시의 배경을 파악해 썼으나 문장이 어색하다.
하	정답을 쓰지 못하였다.

2 시를 읽고 어떤 점이 감동적이었는지 써 봅니다.

상	시에서 감동적인 부분을 잘 찾아 썼다.
중	시에서 감동적인 부분을 잘 찾아 썼으나 문장이 어색하다.
하	정답을 쓰지 못하였다.

더 알아볼까요!

재미있는 표현이나 특별히 기억에 남는 부분, 자신의 경험과 비슷한 일을 찾아보고 그 까닭을 떠올려 봅니다.

3 시 속 인물이 겪은 일과 비슷한 일을 떠올려 씁니다. 친구에게 도움을 받거나 준 일, 비를 같이 맞은 일 등을 떠올려 봅니다.

상	시 속 인물이 겪은 일을 파악하여 비슷한 자신의 경험을 떠올려 썼다.
중	시 속 인물이 겪은 일을 파악하여 비슷한 자신의 경험을 떠올려 썼으나 문장이 어색하다.
하	정답을 쓰지 못하였다.

4 이 밖에도 만복이가 장군이와 싸우지 않은 까닭은 장군이가 미안해하는 것을 알았기 때문입니다.

상	인물의 마음을 잘 짐작하여 썼다.
중	인물의 마음을 잘 짐작하여 썼으나 문장이 어색하다.
하	정답을 쓰지 못하였다.

5 쥐고 있던 주먹을 푼 만복이의 행동으로 후회하는 장군이를 용서하려는 마음이 느껴집니다.

상	인물의 말이나 행동을 파악하여 마음을 잘 헤아려 정확하게 썼다.
중	인물의 말이나 행동을 파악하여 마음을 잘 헤아려 썼으나 문장이 어색하다.
하	정답을 쓰지 못하였다.

6 자신의 경험과 비교해 보고 느낀 점을 써 봅니다.

상	자신의 경험과 인물의 경험을 잘 비교하여 썼다.
중	자신의 경험과 인물의 경험을 잘 비교하여 썼으나 문장이 어색하다.
하	정답을 쓰지 못하였다.

1회 100점 예상문제

152~155쪽

1 감각적 2 (1) ○ 3 ② 4 예 후드드드득 후드
득, 촤아아악 5 (1) ○ 6 (1) 할아버지처럼 친근한
얼굴도 있고, 도깨비처럼 무서운 얼굴도 있습니다.
(2) 우스꽝스러운 장난꾸러기 얼굴을 한 장승도 있습
니다. 7 우리 조상은 여러 가지 한과를 만들어 먹
었습니다. 8 ⑤ 9 오시니? 10 ○ 11 예 이에
요 12 ④ 13 ○ 14 예 상대가 공경받고 있다는
느낌을 받아 기분이 좋을 것 같다. 15 예 나리에게
달리기에서 져서 속상했는데, 오히려 다친 자신을 걱
정해주고 가방도 들어 주었기 때문이다. 16 응원하
는 17 ③ 18 (1) 민화의 쓰임새는 여러 가지가
있다. (2) 민화는 동물, 식물, 상상의 동물과 같은 다
양한 소재를 사용했다. 19 너무 작아서 보이지 않
는다. 20 예 플랑크톤의 모양, 플랑크톤의 종류, 플
랑크톤의 역할 등을 알고 싶다.

풀이

1 감각적 표현에 대한 설명입니다.
2 비가 내리는 모습에 어울리는 표현을 찾아봅니다.
3 빗방울이 떨어지는 소리를 감각적으로 표현하고 있
  습니다.
4 평소에 느꼈던 비 내리는 소리를 표현하여 씁니다.
5 (2)는 ⑷ 문단에서 설명한 것입니다. (3)은 ㈎ 문단의
  뒷받침 문장입니다.
6 ⑷ 문단의 중심 문장은 '장승은 나무나 돌에 사람의
  얼굴 모습을 조각해 만들었습니다.'입니다.
7 한 문단의 내용을 대표할 수 있는 문장을 찾습니다.
8 엿치기는 가락엿을 부러뜨려 그 속에 구멍이 많은
  사람이 이기는 것입니다.
9 선생님은 웃어른이므로 높임 표현을 사용해야 합니
  다.
10 '신발이세요.'라며 신발에게 높임 표현 '-시-'를 사
   용하고 있습니다.
11 사물에는 높임 표현을 사용하지 않습니다.
12 선생님께서 수현이를 찾고 계십니다.
13 선생님께서 수현이를 오라고 한 것이기 때문에 '오라
   고 하셔.'라고 해야 합니다.
14 높임 표현에는 상대를 공경하는 마음이 담겨 있습니다.
15 마음을 표현하는 말을 잘 찾아봅니다.

더 알아볼까요!

이어 주는 말을 사용하여 원인과 결과를 자연스럽게 이어봅시다. 예

원인	결과
준서는 집에서 리코더 연습을 열심히 했어요.	그래서 학예회에서 자신 있게 리코더를 연주했어요.

16 글 ⑷에는 호준이를 응원하는 민재의 마음이 드러나
   있습니다.
17 선비나 화원이 그린 작품은 오래 감상하는 그림입니다.
18 각 문단 안에서 중요하다고 생각되는 내용을 찾아봅
   니다.
19 맨눈으로는 볼 수 없을 만큼 작기 때문입니다.
20 글을 읽고 더 알고 싶은 것을 씁니다.

2회 100점 예상문제

156~159쪽

1 잘 날지 못하는 2 ① 3 (1) 교실에서 참새를 키
우게 된 원인을 말하지 않았다. (2) 저녁에 교실에 선
생님과 친구들이 모여 있었던 까닭을 말하지 않았다.
4 ④ 5 국어사전 6 ①, ②, ④ 7 ② 8 ④ 9
먹다, 웃다, 달리다, 일어서다 10 먹다 11 (1) ○
12 ② 13 내가 있어야 꿰매고 옷을 만들 수 있다.
14 지구는 앞으로도 우리가 살아갈 터전이기 때문이
다. 15 여러 번 사용할 수 있는 컵을 사용한다.
16 ④ 17 예 재미있고 신나는 일이 있으면 시간이
가는 줄도 모르고, 배가 고픈 줄도 모르고 집중해서
그 일을 했다. 18 ③ 19 용서하려는 20 예 주
인공의 특이한 행동을 살펴본다.

풀이

1 잘 날지 못하는 어린 참새를 발견했습니다.
2 아기 참새가 잘 날 수 있을 때까지 기르기로 했습니다.
3 승호는 결과만 말하고 있습니다. 일이 일어난 까닭
  을 말해야 듣는 사람이 이해할 수 있습니다.
4 '그래서', ' 때문에', '왜냐하면' 등 이어 주는 말을 사용
  하면 원인과 결과가 잘 드러나게 말할 수 있습니다.

더 알아볼까요!

마음을 표현하는 말을 알아봅시다.
• 미안한 마음
  – "미안해.", "많이 속상했지?", "내 잘못이야.", "용서해 줘." 등

- 축하하는 마음
  – "축하해.", "기뻐요.", "정말 대단하다." 등
- 고마운 마음
  – "고마워.", "너밖에 없어.", "잊지 않을게." 등
- 격려하는 마음
  – "힘들지?", "힘 내.", "응원할게.", "포기하지 마." 등

5 국어사전으로 낱말의 뜻을 자세히 찾아볼 수 있습니다.

6 낱말의 발음, 낱말의 뜻, 낱말이 사용되는 예 등의 정보가 들어 있습니다.

7 낱말이 시작하는 첫 자음자를 차례대로 나열한 것을 찾습니다.

8 '동생, 도서관, 소금'은 형태가 바뀌지 않는 낱말입니다.

9 사람이 움직이는 형태를 표현한 말을 찾습니다.

10 낱말의 형태가 변하지 않는 부분에 '–다'를 붙여 만듭니다.

11 글을 쓴 사람의 입장에서 글쓴이가 무슨 말을 하고 싶어 하는지 생각하며 읽어야 합니다.

12 서로 자기가 가장 중요하다고 말하고 있습니다.

13 바늘 각시의 의견은 자신이 가장 중요하다는 것입니다. 왜 그렇게 말하는지를 찾아봅니다.

14 일회용품은 지구를 병들게 합니다.

15 컵을 한 번만 사용해서 낭비하지 않습니다.

16 석주명은 처음 보는 나비를 잡기 위해 애썼습니다.

17 무엇인가 집중했던 경험을 떠올려 써 봅니다.

18 공부를 못한다며 속상해 하고 있습니다.

19 장군이를 용서하기 위해 주먹을 풀었습니다.

20 자신과 비슷한 경험을 찾거나, 가슴이 뭉클해지는 부분을 찾아봅니다.

3회 100점 예상문제
160~163쪽

1 감각적 표현 2 ㉸ 또로록 마당 가득 / 실로폰 소리 난다 3 (2) ○ 4 ㉠ 5 우리 조상은 여러 가지 한과를 만들어 먹었습니다. 6 ④ 7 신발이에요 8 ㉸ 듣는 사람이 웃어른인 경우, 듣는 사람이 여러 명인 경우 9 ⑤ 10 ㉸ 어머니와 동생 때문에 화가 나 있는 상태기 때문이다. 11 (3) × 12 ① 13 (1) ○ 14 ㉸ 교실에서 참새를 키우게 된 까닭을 말하지 않았기 때문이다. 15 쨱쨱콩콩이가 걱정됐

기 때문이다. 16 사람 17 (2) ○ 18 ㉸ 감나무 가지가 하인이 사는 옆집으로 넘어왔기 때문이다. 19 약속 / 계약서 등 20 (1) ㉸ 하루 종일 / 말똥구리는 / 말똥을 굴리게. (2) ㉸ 말똥구리가 즐겁게 말똥을 굴리는 장면이 떠올라서

풀이

1 사물에 대한 느낌을 생생하게 표현하는 것을 감각적 표현이라고 합니다.

2 이 시의 2연에 빗방울 소리를 '또로록 마당 가득 / 실로폰 소리 난다'라고 표현하였으니, 음표가 떨어지는 것처럼 느껴진다면 2연일 것입니다.

3 맑은 하늘이 떠오릅니다.

4 꿀은 전통 과자가 아니라 강정을 만들 때 쓰이는 재료입니다.

5 문단을 대표할 수 있는 내용이 담긴 문장을 찾습니다.

6 친구들 앞에서 발표할 때에는 높임 표현을 사용해야 합니다. 하지만 친구들과 대화할 때는 사용하지 않아도 됩니다.

7 사물에는 높임 표현을 붙이지 않습니다.

8 친구들과 대화할 때에는 높임 표현을 쓰지 않습니다.

9 ④는 학교에 간 후에 일어난 일입니다.

10 민서는 학교에 오기 전 어머니와 다투었기 때문에 짜증이 나 있었습니다.

11 메모는 중요한 것을 간략하게 적어 남기는 것입니다.

12 악기의 종류에 대해 설명하고 있습니다.

13 글 ㈎는 자세한 내용을 알고 싶을 때 필요한 글입니다.

14 왜 참새를 키우게 됐는지 말하지 않았습니다.

15 쨱쨱콩콩이가 걱정됐기 때문에 친구들이 교실로 왔습니다.

16 가방, 모자, 사람, 안개꽃, 타조, 허수아비 순으로 싣습니다.

17 감이 서로 자기 것이라고 의견을 말하고 있습니다.

18 왜 감을 따지 못하게 하는지 말하는 부분을 찾아봅니다.

19 '서약서'는 '맹세하고 약속하는 글. 또는 그런 문서.'라는 뜻입니다. 비슷한 낱말을 찾아 씁니다.

20 재미있는 표현이나 특별히 기억에 남는 부분, 자신의 경험과 비슷한 일을 찾아봅니다.

MEMO

MEMO

단원평가 총정리

변형 국배판 / 1~6학년 / 학기별

- 디자인을 참신하게 하여 학습 효율성을 높였습니다.
- 단원 평가에 완벽하게 대비할 수 있도록 전 범위를 수록 하였습니다.
- 교과 내용과 관련된 사진 자료 등을 풍부하게 실어 학습에 흥미를 느낄 수 있도록 하였습니다.
- 수준 높은 서술형 문제를 실었습니다.

정답과 풀이

선생님이 **강력 추**천하는

개념^{PLUS}+
단원평가